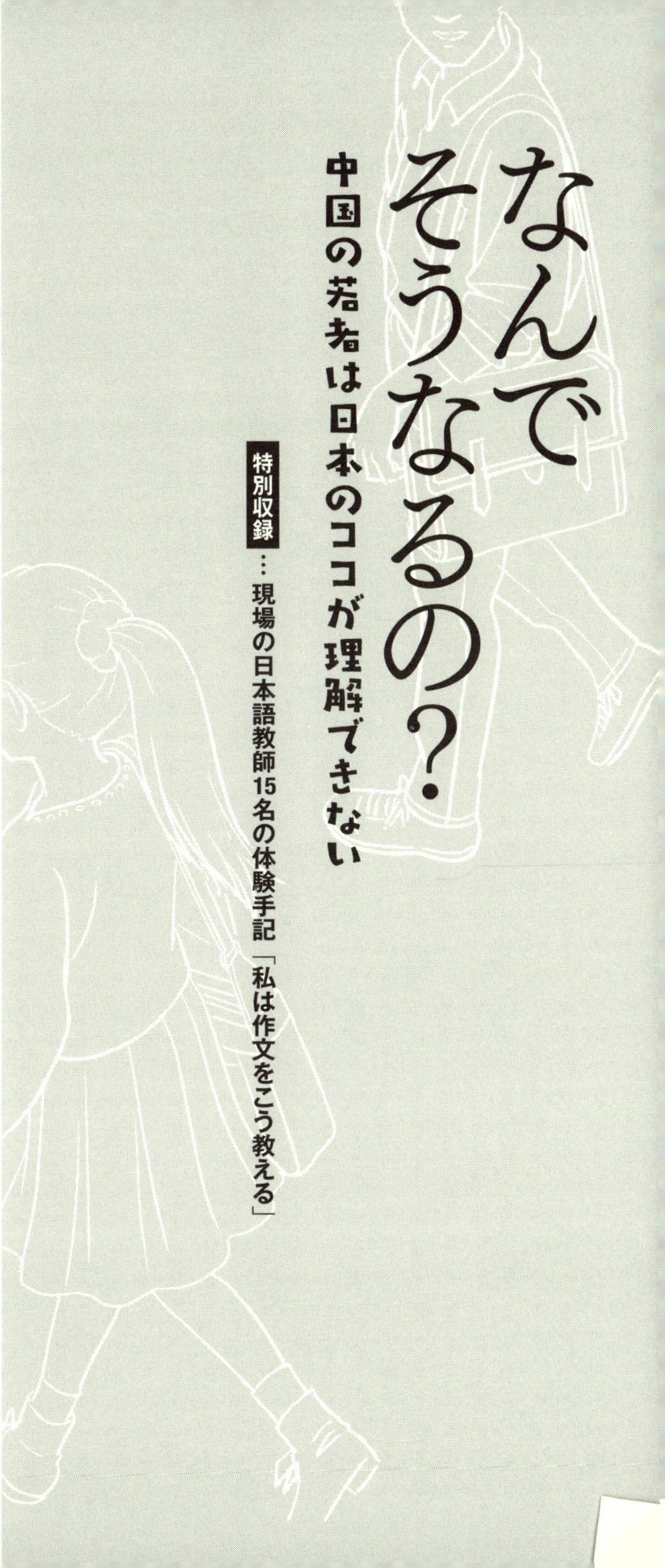

なんでそうなるの？

中国の若者は日本のココが理解できない

特別収録…現場の日本語教師15名の体験手記「私は作文をこう教える」

中国人の日本語作文コンクール

［第11回］受賞作品集

日中交流研究所 所長

段躍中 編

日本僑報社

推薦の言葉

石川 好（作家・元新日中友好二十一世紀委員会委員、日本湖南省友の会共同代表）

日本僑報社・日中交流研究所主催の「中国人の日本語作文コンクール」は今年で第11回目を迎えました。日中関係がようやく改善の兆しをみせつつも依然として厳しい状況にあるなか、今年は過去最多となる４７４９名の作品が中国各地から届けられました。また、本活動に共鳴していただいた中国全土の日本語教師の皆様からは長年培ってきたノウハウを「私の日本語作文指導方法」としてお送りいただきました。教師と学生が共に本活動を通じて日本語指導者、学習者としての誇りを高め、学習と指導に情熱を燃やしていると伺っています。ここで11年間努力を続け、中国における日本語教育に大きく貢献するとともに、両国関係に明るい未来への種を蒔くという意義ある活動を主催してきた日本僑報社・日中交流研究所の段躍中氏をはじめ、関係各社、団体、ご支援ご協力をいただいた全ての皆さんに、この場を借りて心より感謝と敬意の気持ちを表したいと思います。

このコンクールは11年の歩みにおいて、中国国内で「最も影響力のある日本語作文コンクール」として広く知られるようになりました。入賞者の中には現在、日中両国の経済、文化、科学技術など各分野の最前線で活躍している人も数多くいます。中国には「星星之火、可以燎原」という言葉がありますが、「小さな火花でも広野を焼き尽くす」と訳すことができます。初めは小さな友好の火花である学生たちも、やがては日中の未来を変えるほどの大きな可能性を秘めているのではないでしょうか。日本語を学び、日本文化を身につけ、ありのままの日本を理解できる若者が中国のいたるところで活躍すれば、日中の相互理解が進み、その未来はきっと理想的な方向に向かうと私は確信しています。本活動は日本語学習者が活躍できる架け橋、日本語・日本文化を紹介する舞台として、かけがえのないものだと思っています。様々な困難がこれからもあるかと思いますが、それらを乗り越え本活動を継続していただきたいと思っています。皆様も今後とも変わらぬご支援のほどよろしくお願いします。

４７４９編の応募作品から選考された上位入賞作品を編纂し今年も「中国人の日本語作文コンクール受賞作品集」が刊行される運びとなりました。マスコミの報道、翻訳書籍と違い、応募作品は中国の若者たちが直接日本語で書いた「生の声」です。等身大の中国の若者の姿、中国人の真実、ありのままの中国事情・日中観などを知ることができます。より多くの読者にこの貴重で特別な一冊を読んでいただけるよう願っています。

２０１５年11月吉日

目次

推薦の言葉　石川　好　5

上位入賞作品　11

◆最優秀賞（日本大使賞）

好きやねん、大阪　山東政法学院　張晨雨　12

◆一等賞

和歌で結びついた絆　東北大学秦皇島分校　雷雲恵　15

中日文化のつながりを構築しよう　華南理工大学　莫泊因　18

私の先生はすごい　嶺南師範学院　張戈裕　21

なんでそうなるの？―中国の若者は日本のここが理解できない　江西農業大学南昌商学院　翁暁暁　24

私は折り鶴になりたい――平和な世界のために　常州大学　陳静璐　27

◆二等賞

理江さんへの手紙　西安交通大学　陳星竹　30

心の中の壁　山東大学（威海）翻訳学院　孟　瑶　32

日中青年交流について　武漢理工大学　王　林　34

政治関係に影響されぬ中日友好へ……国際関係学院　羅暁蘭　36
先生のおかげで ― 私の先生はすごい……山西大学　任　静　38
国の交流は若者の交流にある……楽山師範学院　王　弘　40
嬉しいコミュニケーション……揚州大学　于　潔　42
声……中国人民大学　郭可純　44
一期一会にしたくない―アニメと教科書を超えて……南京理工大学　劉世欣　46
だから今、チェンジしましょう……黒竜江外国語学院　霍曉丹　48
その背中で、与えてくれた力……広東外語外貿大学　馮楚婷　50
今日も元気にトイレに行こう！……江西科技師範大学　周佳鳳　52
中国と日本における「心」の距離……遼寧大学　王昱博　54
「馬鹿」先生……同済大学　許芸瀟　56
流水は腐らない……吉林華橋外国語学院　鄒潔儀　58

◆三等賞

ベルリンでの出来事……天津科技大学　王羽迪　60
「色眼鏡」をはずそう……青島農業大学　張　敏　62
壁を打ち破り、本当の姿を見よう……山東財経大学　趙盼盼　64
日中青年交流について……北方工業大学　金慧晶　66
私の先生はすごい……重慶大学　劉世奇　68

わだかまりをとこう　西安財経学院　堯舜禹　70
日本にむけるまなざし　浙江師範大学　孔夢雪　72
受け継がれゆく伝統文化　山東大学（威海）翻訳学院　李思琦　74
交流は理解を促進する　山東科技大学　蒋雲芸　76
外人から友人へ　広東海洋大学　蘇芸鳴　78
日本人の美意識　鄭州大学　朱磊磊　80
なぜゴミを持ち帰るの　南京農業大学　譚文英　82
ぐるぐるの音　瀋陽薬科大学　楊　力　84
アニメは架け橋　青海民族大学　王瑪才旦　86
わたしの先生はすごい　四川外国語大学　宋文妍　88
「憧れ」が開ける未来への扉　運城学院　梁　露　90
自分の目を信じる　東華大学　張哲琛　92
素敵な字、素敵な先生　合肥学院　穀　柳　94
中日両国青年たちの未来志向の友情　南京師範大学　曹亜曼　96
文学の交流　長春工業大学　陳　婷　98
その国、不思議　上海海事大学　祁儀娜　100
私にもできた！　遼寧対外経貿学院　夏葉城　102
日本人の笑いの多様性　ハルビン工業大学　張雅晴　104

あなたは「夢」を語れますか？　北京師範大学　閔子潔　106
日中青年の交流について　雲南民族大学　文家豪　108
わたしの先生はすごい　長安大学　牛雅格　110
日中青年交流について　中南民族大学　謝東鳳　112
私の感じた日中青年交流　西南民族大学　万　健　114
明るい未来へ　貴州大学　陳蓓蓓　116
双方向に伝えるジャーナリストになりたい　海南師範大学　周　標　118
「愛」を簡単に口にしない日本人　天津工業大学　田天縁　120
冷たい優しさ　長春理工大学　白　露　122
わたしの先生はすごい　東莞理工学院　陳嘉敏　124
愛に満ちた日本への第一歩　江西財経大学　江　琼　126
中日ごみ捨て問題について　広東海洋大学　譚雯婧　128
中日友好関係に私のできること　東北財経大学　陳維益　130
心の中に神様がいる　南京大学金陵学院　王瀟瀟　132
日本文化から見る根性のある日本人　吉林大学　李　珍　134
蒼海を越える翼　浙江大学城市学院　顧宇豪　136
「あいうえお」体操　西北大学　王詣斐　138
なぜ豚骨だけ？　北京郵電大学　王超文　140

戦後七十年目の両国関係を考える……韶関学院　蔡　超　142
孫と爺の友情……煙台大学　孫秀琳　144
草の根外交官としての経験……外交学院　李如意　146
夢の専業主婦……西南科技大学　蒙秋霞　148
私達の現状を理解してほしい！—障害を乗り越えて仲良く交流しよう……嘉興学院　牛宝倫　150
微妙な距離感……北京科技大学　範紫瑞　152
私の先生……太原理工大学　畢　奇　154
化粧 — 自分との対話……大連外国語大学　劉秋艶　156
わたしの先生はすごい……南京師範大学　楊慧穎　158

特別収録

私の日本語作文指導法

〈面白み〉のある作文を……同済大学　宮山昌治　162
作文と論文のはざまで……重慶大学　木村憲史　166
時間がない！……対外経済貿易大学　寺田昌代　170
わたしの作文指導……広東省東莞市理工学院　入江雅之　174
「私」でなければ書けないことを大切に……上海交通大学　河崎みゆき　178
書いたものには責任を持つ……山西大学　堀川英嗣　182
学生と私の感想……嘉興学院　照屋慶子　186

思いや考えを表現する手段を身につけさせる作文指導……北京科技大学　松下和幸　190
中国人学習者の生の声よ、届け！……北京科技大学　松下和幸　194
パソコンで作成した学生の文章指導体験……河北師範大学　劉　敬者　198
作文指導の基本……元西南交通大学　金澤正大　202
短期集中マンツーマン講座……元四川理工学院　若林一弘　205
「書いてよかった」と達成感が得られる作文を……元南京信息工程大学　大内規行　208
より良い作文指導を目指して……北京第二外国語学院　雨宮雄一　212
力をつける作文指導法……大連理工大学城市学院　閻　萍　216
私の日本語作文指導法……武昌理工学院　半場憲二　220
第十一回　佳作賞受賞者……224
第十一回　開催報告と謝辞……228
園丁賞　230／優秀指導教師賞・指導教師努力賞　231
特別掲載
第十回中国人の日本語作文コンクール
授賞式開催報告と最優秀賞（日本大使賞）受賞者の日本滞在記……239
付録　過去の受賞者名簿……246

第11回

中国人の日本語作文コンクール

上位入賞作品

最優秀賞（日本大使賞）

張晨雨　山東政法学院

一等賞

雷雲恵　東北大学秦皇島分校

莫泊因　華南理工大学

張戈裕　嶺南師範学院

翁暁暁　江西農業大学南昌商学院

陳静璐　常州大学

二等賞　15名

三等賞　50名

☆最優秀賞（日本大使賞）

テーマ「なんでそうなるの？」

好きやねん、大阪

山東政法学院　張晨雨

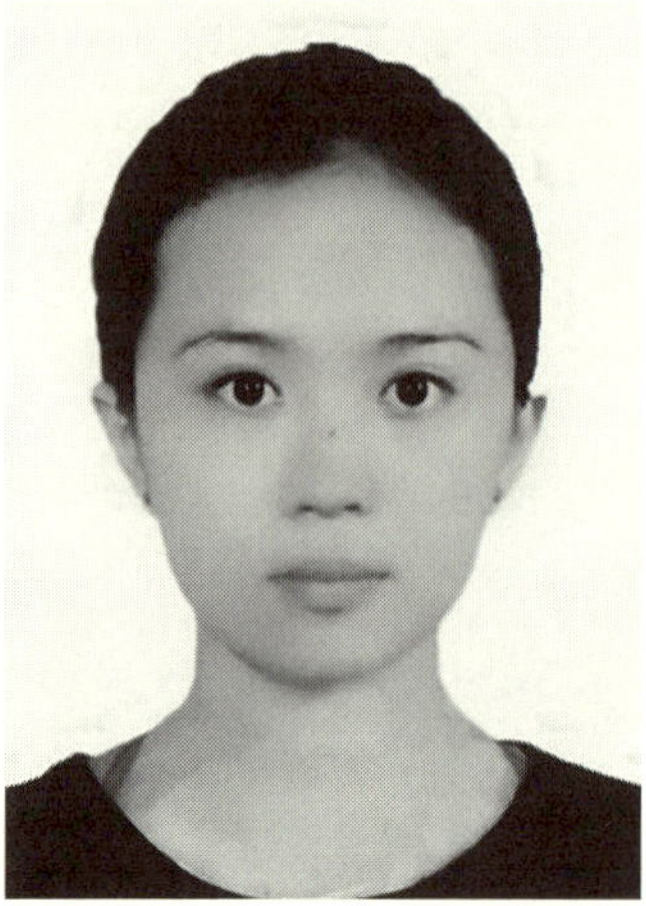

中国では北京人と上海人のお国自慢合戦が有名である。自慢するだけでなく相手を容赦なくののしる。有名作家秋雨は本の中で上海人のことを「傲慢で、自分勝手で、政治感覚がなく、浅はかだ」と書いている。上海嫌いな人は大喜びだ。

私自身は、北京と上海の自慢合戦にあまり興味がない。でも、日本語を勉強し始めて、日本にも北京と上海のような、大阪と東京の「砲煙なし戦争」があることを知った。大阪人は東京人に「ケチで俗っぽい」とばかにして笑われて、大阪人は「東京人は孤高を標榜するだけ」と反論しているが、やはり、分が悪い。

私の叔母は五年前から仕事で大阪に住んでいる。叔母は中国に帰ってくるたびに、よく私に大阪の話をしてくれる。「大阪人は日本人だけど、まるで中国人みたいだよ」。

叔母が最初に大阪に行ったとき、道に迷ってしまい、見知らぬおばあさんに道をたずねた。すると、そのおばあさんは目的地までついてきてくれたそうだ。その時、叔母は日本語を少ししか話せなかったが、「日本人がこんなに親切で優しい人たちだとは思わなかった」と話してくれた。

日本語を勉強し始めた時、「大阪弁はイントネーションが標準語と反対のものが多いので気をつけるように」と先生に言われたことがある。「雨」と「飴」、「箸」と「橋」などもともと覚えるのが難しいのにイントネーションをまちがえてよく注意される。

大阪のお笑い番組が大好きだ。大阪弁の漫才は私の故郷の「小品」にとても雰囲気が似ている。「ぼけ」と「つっこみ」は大阪弁でないと面白さが伝わらない。少しずつ、日本語が分かるようになるにつれて、ますます、大阪に興味がわいてくる。

小さな子供からおじいさんまで、大阪人はみんな大阪弁でしゃべる。関西学院大学の教授が調べたデータによると、「地元の言葉が好き」「どちらかと言えば好き」と答えた人は東京では58％。一方、大阪では92・1％。大阪弁を愛する大阪人は妙なイントネーションの大阪弁を使う人に厳しいらしい。大阪への愛情と誇りに溢れた人たちなのだ。

資料で見つけた大阪の特徴に、日本ではどこでもエスカレーターは左側に並んで乗るのに、大阪だけは右側に並ぶというのがある。同じ日本なのに「どうして？」と思ったら、万博のときイギリスやフランスに倣って、右側に並ぶようにしたそうだ。日本標準ではなくて、世界基準なのだ。こんなところにも大阪の誇りを感じる。

叔母は時々、大阪人が人に道を教える時のマネをしてくれる。「そこをピュッと行って、エレベーターに乗ってドーンと降りるんや」

私は「ピュッ」「ドーン」と言われてもよくわからないのだが、叔母はこれが大阪流の親切さと説明してくれた。

私は、もともと、お笑いやジョークがとても好きだ。

寮の中でネットを開いては大阪人を取り上げた番組にひとりでこっそり笑っている。

テレビのスタッフが街頭でインタビューをするのに、マイクの代わりにタワシを差し出した。東京の人が困った様子で「これ、タワシじゃないですか」と答えた。嫌な顔をする東京人と逆に、大阪の人は、すました顔でインタビューに答えている。連れの人も加わって、見事なジョークのコンビプレーを見せてくれる。

日本語を勉強し始めてもうすぐ、三年になる。大好きな大阪の漫才を見ても、実は、まだ半分しか味が分からない。でも、大阪人の表現の仕方は、言葉がまだまだの私にもとても面白い。なぜ、こんな素敵な大阪が東京人に嫌われるのか私にはわからない。

大学を卒業したら大阪に行く、というのが今の私の夢だ。

もっと、もっと、日本語を勉強して、いつか私はきっとこの目で本物の大阪を見に行く。大阪人と大阪弁で冗談を言えるような日を夢見ている。

（指導教師　藤田炎二）

◉一等賞　テーマ「日中青年交流について」

和歌で結びついた絆

東北大学秦皇島分校　雷雲恵

「瀬をはやみ　岩にせかるる　滝川の　われても末に　あはむとぞ思ふ」

葉書の真ん中に美しく書かれてある歌。彼女からの葉書だ。「今は別れていても再び会おう」という情熱的な恋の歌だ。ここ最近、小雨がしとしと降り続いている。冬の寒さに耐えながら静まりかえっていた植物が、知らず知らずのうちに若葉を生やし、この町に活気を与えている。彼女と別れて、もう一年が経つが、あの日々はいつまでも忘れることはない。

去年の冬休みに北京の大学合同日本語研修プログラムに参加した。ここには日本人留学生も来ていた。クラスに日本人の友達はいたが、親友と呼べるほどにはなれなかった。心の奥底にある不自然な感覚が、もっと親しくなりたいと願う気持ちとぶつかっていた。

しかし、たまたま和歌が好きな彼女と出会う機会があった。

「君がため　春の野に出て　若菜摘む　わが衣手に　雪は降りつつ」

この和歌は彼女が教えてくれた最初の歌だ。

「平安時代の光孝天皇が、大切な人を思いながら春の若菜を摘んだときの歌なんだよ」

「そうなんだ。でも、天皇ともあろう人が野草を摘むなんて、なんか不思議じゃない?」

「そうかもね。でも、どんなに偉い人でも好きな人への気持ちは同じなんじゃないかな。特に、新春の若菜は邪気を祓ってくれると考えられてたから、大切な人への気持ちが伝わってくるよね」

「うん、確かに伝わる」

「それに、このころの天皇は、みんなが順風満帆ではなかったから、不遇な時代を忘れないための質素な生活をしていたという背景もあるみたいよ」

たった31文字だけなのに、彼女の説明のおかげで、まるで目の前にあるシーンのように感じられた。言葉の優雅な美しさと野原に降る白い雪の趣は、歌人の純粋で優しい心と重なり、ひしひしと心に響いてきた。雨が上がり空が晴れ、夕日の光でだんだんと私たちの影が長く伸びていった。彼女と親しくなっているという実感を自然に感じて受け入れていることに気づいた。心が揺さぶられるような感動を覚えた。毎日、彼女と和歌の世界を漫遊する時間を楽しんでいた。

プログラムが終わり、彼女が駅まで送ってくれた。駅までの途中ずっと、私の手をしっかりと握りしめてくれていた。駅の前に着き、「学校に戻っても、和歌のことも、私のことも忘れないでね!」と彼女が言った。こぼれそうな涙が光の中でキラキラしていた。手から心に伝わる温かさがお互いの心を繋いでいた。国も文化も違う二人が和歌の橋を渡り、気心の知れた友人になった。不思議な導きを感じた。

歴史や社会の影響を受け、私たち中国人は日本人と接触するとき、不自然な感覚を抱かずにはいられない。中日両国はもう永遠に友人に戻れないと思う人も多いだろう。しかし、それは違うと彼女が私に教えてくれた。最初の不自然さも、あるきっかけによって自然に薄れて行く。彼女と私のきっかけは和歌だった。純粋に和歌が好きな二人の心は国境を越えて、重なり合い、わかり合うことができた。

そんなことを思い出しているとき、葉書の和歌がまた目に留まった。この歌は私たちが一番好きな和歌だった。

「ただの恋の歌じゃなくて何かを伝えようとしている」

そんな直感が私にひらめいた。彼女が冬休みに教えてくれた見立てをふと思い出したからだ。「今は中日関係が悪くて戦争という岩に割かれた状態だが、それでも別れた水が再び出会うように、私たちも両国の情勢に関係なくまた会いたい」という強い気持ちが込められている。何故かはわからないが、そう確信できた。冬休みに二人の絆が深まったように、もっと多くの中日の青年たちも交流することで絆を深めていける。友好の流れが合わさる日は必ず来る。

「思いを持ち続けていれば、また会える」と返事に書いた。離れていても心は重なる。また会える、そう確信できるから。

（指導教師　肖瀟、濱田亮輔）

◉一等賞　テーマ「日中青年交流について」

中日文化のつながりを構築しよう

華南理工大学　莫泊因

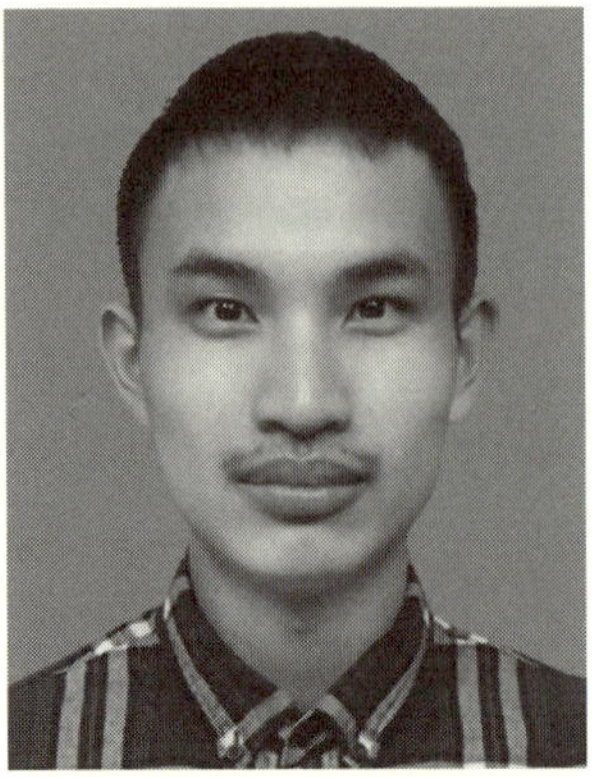

「キャップはパチンと音がするまでしっかり閉めて下さい」

これは私が初めて覚えた日本語だ。「こんにちは」ではなく、三菱の水性ペンのキャップに書いてあったその文だ。日本語が全く分からなかった私には、漢字と仮名を混ぜたその文に興味をそそられ、その意味を調べたり、何度も書いてみたりした。それがいわば日本語との出合いが始まったころだ。今になって思えば、その出合いは日中の緊密な経済交流のおかげだ。

愛用者が多いため、パイロットや三菱鉛筆の文房具が常に中国の書店の一角を閉めている。文房具のみならず、ニュース放送ための撮影機材、中国全土で走っている日本車、人気を博したラーメンと寿司……このように、日本製品が中国人の日常生活に浸透し、欠かせない存在になっている。

しかし、もし中日戦争が再び勃発し、両国の関係が氷点まで冷え込むと、日本製品の文房具まで売り場から姿を消し、日本料理店も閉店することが余儀なくされるのだろう。日本と関わっているものはすべて中国人の日常生活から排除され、経済のつながりが切られてしまうことも予想される。

だが、ただ一つ、切っても切れないつながりが残っている。それは文化だ。

前日、日本への郵便の送り状を郵便局員に見せた時、「日本の地名には漢字が多いな。日本人は中国のいいところをパクっているんだね」と言われた。

確かに、中国から伝来した日本語の骨格を務めている漢字が欠落すると、日本語は成り立たないのだろう。また、漢字だけではなく、仮名も、中国の草書から派生したものだ。日本語の源流が中国語にまで遡ることができると言えよう。

もし、日本が中国のいいところをパクっているといったら、中国も同じく日本のいいところをパクっていることになる。現代中国語の中に、日本から逆輸入された言葉が多く見られる。よく知られている「物理」や「哲学」のほか、「経済」や「時間」なども中国語で使用頻度が高い言葉だが、実はそれは和製漢語だったという。

中国語の不可欠な一部となっているこれらの和製漢語は、パクリより中日両国の途絶えることのない文化交流の証であると言えよう。たとえ戦争を引き起こされたとしても、日本が漢字を廃棄し、中国が「時間」や「文明」といった和製漢語を辞書から抹消することはしないのだろう。中日両国の文化のつながりは、想像以上に強靭なものだ。

この数十年、アニメ、ゲームやドラマは次第に漢字や漢語の役を受け継ぎ、新たな文化のつながりとなっている。

ウルトラマンに熱狂していた小学時代の私にとって、日本はしばしば怪獣や宇宙人に襲われていた国であり、それを恐れずに戦う科学特捜隊の勇士の故郷でもある。中学に入ってから、私は『太閤立志伝』というゲームを通じて、織田信長や豊臣秀吉を知り、日本が風雲児の輩出する国だと思うようになった。このように、日本への理解が徐々に深まってきて、真の日本像が浮き彫りになってきたのだ。

しかし、それはまだ不十分だ。

アマゾンで中国文学のベストセラーを調べてみたら、出てきたのが『西遊記』や『三国志』のような古臭いものばかりで、現代中国文学の傑作の邦訳がいっこうに見つからない。また、日本で中国社会の現状を描いた作品は稀であり、中国への理解を深めるのは難航していると言ってよい。中国マネーが日本に進出しているのに対し、中国の文化は日本まで伝わっていない。もし「中国についてどう思いますか」という質問を日本の方々に投げると、帰ってくる答えは、おそらく五千年余りの歴史を持つ絢爛たる中華文明ではなく、意味不明な言葉で声高に話したり、ゴミを散らしたりする中国人の姿だろう。文化交流が進まない限り、中国に対する誤解は深刻化の一途をたどるに違いない。

文化交流というのは、一方通行ではない。中国への理解を深めてもらうためには、お互いの文化の発信力強化が必要なのだ。一青年としての私は、そのために身に付けた日本語を生かし、微力ながらも中日両国の誤解を解く事業に捧げていきたいと思っている。

（指導教師　金華）

◉一等賞　テーマ「わたしの先生はすごい」

私の先生はすごい

嶺南師範学院　張戈裕

私の曽祖父は日中戦争で亡くなった。多くの中国の家庭と同じように、日本に対する恨みは、家訓の如く血にまじり、肉に入り、骨髄に徹している。私も生まれてから何の疑いもなく、この恨みを受け継いできた。

しかし、運命は不可抗力のものである。大学入試の点数が足りないので、志望した学部に入れなくて、日本語科に入ることになった。この結果は家族の人々にとって爆弾のようだった。父は浪人になって来年また頑張ろうと言った、母は浪人の苦労を考慮してくれた。議論の後、とりあえず入学して、チャンスがあればほかの学部に転入せよということになった。

こんな中途半端な気持ちで、私は大学に入った。日本に対する抵抗があったので、日本語の勉強はうまくいかず、成績が悪かった。日常生活においては、親から授業料を提供してもらったが、生活費は自分でアルバイトして負担しないといけない。毎日、あちこち走り回り、落ち着く暇もなかった。他学部への転入も簡単ではない。心配事が山ほどあって、退学さえ考えた。

ある日、学校付近のカレー屋でバイトをしていた。休日のため、お客さんが多くて、朝から夕方まで働き通しだった。貧血症に寝不足のせいか、夕方の頃、急に気を失った。折りよく店で食事していた矢野先生に見られた。矢野先生は日本語科の先生だが、授業以外の時間で会話することがなかった。しかし、数日後、矢野先生はいきなり「よかったら私の中国語の先生になってくれませんか」と家庭教師の話をしてくれた。断るわけにはいかないので、一応引き受けた。しかし先生の中国語のレベルは尋常ではなかった。普通に中国語で会話ができていた。先生に中国語を教えるというより、友達のように雑談をするだけのバイトだった。そして先生からもいろいろ教えてもらって、却って私のほうがいろいろ勉強になった。先生のおかげで、私は少しずつ日本という国を理解できるようになった。日本は行ったことのない世界だが、なぜか心が惹きつけられる場所のような気がしてきた。日本語に対する興味も次第に湧いてきた。

先生がバイトの話をしてくれた心遣いは、心の底から感謝している。先生は東京大学の出身で、教え方もすばらしく、多くの学生に敬愛されていた。しかし、私にとっては、それは一番重要なことではない。先生の好意は、凍り付いた学生の心を溶かす力があった。先生の存在が光のように、私の暗い道を照らしてくれた。しかし、私はまだ日本が好きだということを認める勇気がない。日本が好きだというのは道徳や家訓に反することだった。特に、私のような家庭では。

ある日、矢野先生の手に湿疹ができたので、私たちは先生と一緒に病院に行った。矢野先生が日本人だと分かると、担当の優しいお医者さんが一瞬にして冷たい表情に変わった。そのお医者さんは、矢野先生は中国語が分からないと思ったせいか、私たちに向かって思うがままに日本と日本人を批判し始めた。興奮して、かなりきつい言葉も口に出してしまった。矢野先生にはすべて理解できていた。しかしずっと黙っていて何も言わなかった。でも、先生の目に失望と悲しみが映っていた。突然、私は泣きたくなった。矢野先生は一人で国を離れて、真心をもって中国の学生を教えに来た。確かに過去に戦争があった。中国の人々が多くの被害を受けた。しかし矢野先生には何の悪い所もない。戦争があったからすべての日本人が悪いという思考回路がおかしい。矢野先生よりそのお医者さんのほうが恨めしかった。しかし同時に、以前の私もこのお医者さんと同じだったことに気付いた。

冬休みになって実家に帰った。両親から他学部への転入の話をされたので、矢野先生のことを話した。父と母は何も言わなかった。反対の声は二度と出てこなかった。

私の先生はすごい。彼一人の力で私の家の歴史を変えたのだ。日本を憎む歴史を。

（指導教師　李国寧）

◉一等賞　テーマ「なんでそうなるの？」

なんでそうなるの？―中国の若者は日本のここが理解できない

江西農業大学南昌商学院　翁暁暁

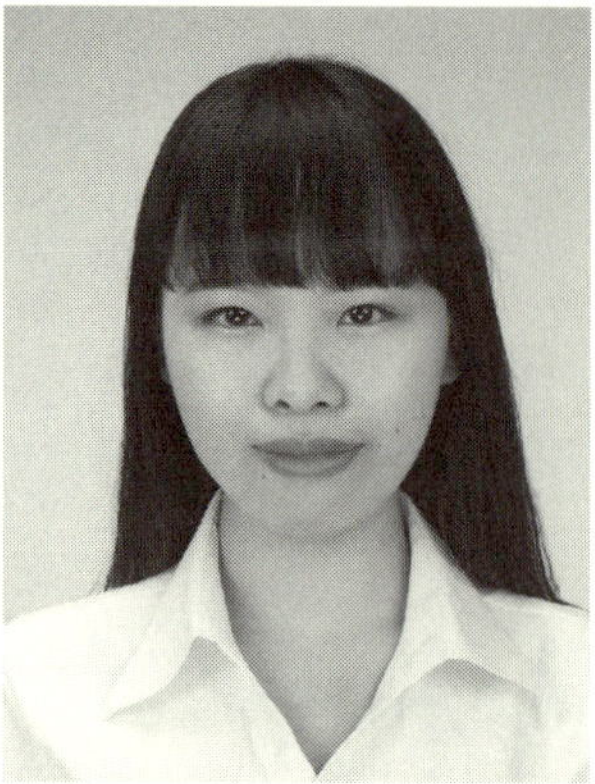

最近、私とルームメート、そして日本人先生の三人の間でちょっとした賭けが流行っている。大体は日本語コーナーに来る人数が奇数か偶数かや、ある単語が電子辞書に載っているかいないかなどである。私とルームメートは一度も先生に賭けで勝てずに、いつも悔しい思いをしていた。そこで運を天に任せ、一カ月後の日曜日の天気について賭けることにした。私たちはその日の天気を雨に、先生は晴れに賭けた。それ以外の天気は無効ということにした。

一カ月が経った。幸運の女神は私たちに微笑んでくれたのか、前日の快晴とうってかわって大雨が降った。賭けのご褒美はもともとリンゴ1つだったが、初めて勝ったので先生に無理を言って、食べ放題の鍋料理をご馳走してもらうことにした。どうせ先生がお金を払ってくれるのだから、私たち二人は思い切り食べてやろうと興奮していた。鍋の具材を皿に載せられるだけ載せた。しばらくも経たないうちに私たちのテーブルは野菜や肉を満載したお皿でいっぱいになった。先生は目を丸くしていた。食い意地が張っている私たちは具材を次から次へと鍋へ放り込んでいると、先生は私たちを見ながら手を胸の前で合わせ「いただきます」を敬虔に言った。その様はドラマで見たことがあるだけで、実際にまのあたりにしたのは初めてだった。私たち二人は「へえ~変なの」と心の中で不思議に思っただけで掻き込むのに忙しくて、その気持ちはすぐ忘れた。

三十分も過ぎると私たちはお腹がいっぱいになった。でも先生はまだ食べ続けていた。「先生はお腹が空いていたのか。痩せているのに結構食べるね」と私たち二人は先生に分からないよう中国語で話した。先生は「残したら駄目だよ」と言い食べ続けている。私たちも頑張ってみたがどうしてもお腹に入らず、お腹が破裂しては元も子もないと思い食べ続けるのを諦めた。しかし、先生はまた食べ続ける。「明らかにお腹いっぱいの様子なのに、どうしてやめないの」と思うばかりだった。先生はやっと箸を下ろした。これで私たちは帰れるのかと思ったが、先生は少し休んでからまた食べ始めた。このように、食べては休み、休んでは食べと繰り返し、結局二時間半でなんとか完食した。最後、先生は「ご馳走様でした」と言って、席を立った。ルームメートと私は思わず顔を見合わせて、やっぱり不思議だと感じた。

それから一カ月後、久しぶりに日本に留学している先輩と連絡した。彼は日本で体験したことをいろいろ教えてくれた。彼が居酒屋でのアルバイトについて話してくれた時、「日本では残飯が少ないから、お皿を洗うのは本当に楽だよ」と言った。彼は日本に行く前に学校の食堂で机の上の食器の後片付けのアルバイトをしたことがあるのだが、日本と比べると、残飯が多く、汚くて洗いにくいと教えてくれた時、ふと食べ放題の鍋料理店で一生懸命食べていた先生の姿が思い浮かんだ。先生がどうしても食べ物を残したくないと必死になって食べた行動は、食べ物を大切にしているからなのではないかと思えてならない。確かに農民たちは苦労して、私たちに食物を提供してくれている。そして、コックは心を込めて料理を作ってくれている。食べ物があってこそ、私たちの命を維持し生存することができるのだ。だから、きちんと残さず食べきることは食物への敬意を表しているのではないか。そして、食事する前に「いただきます」と言い、完食した後「ご馳走様でした」と言う言葉の意味は私はよく分からないが、この言葉もきっと食べ物への感謝と敬意を表しているものなのだろう。

それから、私たちの食べ物に対する考え方や食事のスタイルが大きく変わったのは言うまでもない。

（指導教師　森本卓也）

◉一等賞　テーマ「日中青年交流について」

私は折り鶴になりたい――平和な世界のために

常州大学　陳静璐

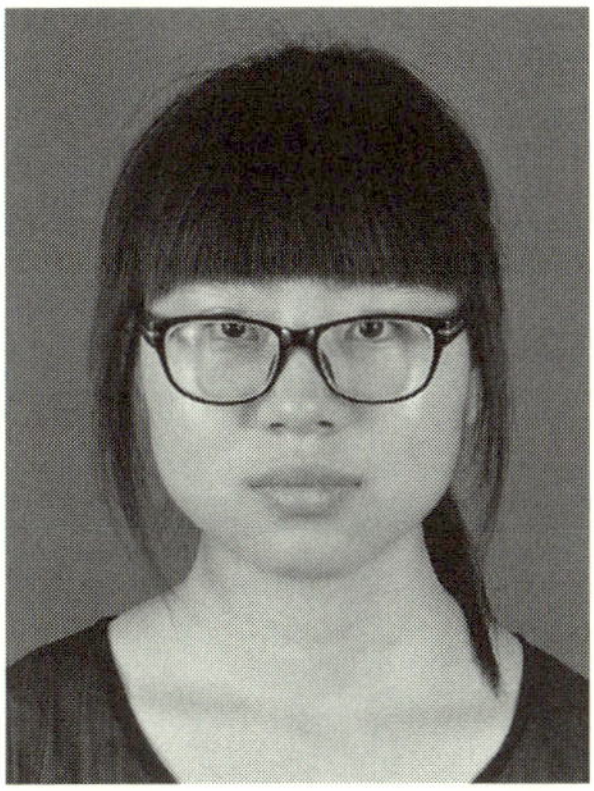

あれは私が小学校の時でした。

「なによ。こんなバカな話があってたまるものですか！」。いつもやさしい担任の先生が、顔を真っ赤にして怒鳴ったのです。初めて怒った先生の顔を眺めて、小学生だった私はショックを受けました。先生の言葉で教室の空気は一瞬にして冷え込みました。

「皆、知っているの？　折り鶴は、日本から伝わったものよ。大虐殺を悼むのに、なんでわざわざ日本の折り鶴で悼むのよ！」と先生は言いました。私たちの故郷南京で起きた大虐殺の慰霊祭に、地元の小中学校では手作りの折り鶴を作り、犠牲になった人々に供えることになっていたのです。私たちの学校でも、折り鶴をたくさん作りました。用意された紙は数えきれないほどたくさんで、私達は時間を見つけては折り続けました。たくさんの先生たちも手伝ってくれました。私たちの担任の先生も手伝おうとしてくれたその時の出来事でした。

あの時、私は、折り鶴が日本から伝わったものだと初めて知りました。担任の先生は理性のない反日派では決してありません。しかし、彼女ですら、このような考え方をしたのです。

一枚一枚きれいな紙で丁寧に作った折り鶴に、人々は世界平和への純粋な願望を込めます。でも、折り鶴の起源が日本という理由だけで、この一羽の折鶴は戦争の罪の象徴と考える人もいるのです。多くの中国人は「第二次世界大戦で、中国国民は日本人によって多大な犠牲を払った」と強く意識しています。

大学に進学するときもこのことを思い出しました。日本語科を選ぶのに、ためらいの気持ちがあったのも事実です。しかし、私が生まれて育ってくる間に、私の身近にあった国は、なんと日本なのです。知らず知らずのうちに一番詳しい外国は、日本だと気づいたのです。教科書や新聞に載っている日本、Jポップやドラマから知る日本、どれが真実の日本なのかと複雑な気持ちでした。日本のアニメの底辺にある人類愛や平和への思いもわかりました。だからこそ、私は真実を見つめ日本を知りたいと思ったのです。

しかし、年々日に日に中日関係は冷え込んでいきました。2014年9月、日本の民間団体、言論NPOと中国の英字新聞チャイナ・デイリーが行った調査結果が中国でも報道された時、私も級友もがっかりしたのです。なんと、日本側が中国に対してマイナスイメージを持っている人の割合が9割以上を占めました。一方、中国側も日本に対してマイナスイメージを持っている人が9割弱だったのです。

私は、お互いの相手の悪い点ばかりを取り上げているばかりの今の状態では友好関係は築くことができない、そう思います。日本に留学している中国人は現在約8万人で日本の全留学生の6割を占めます。また、日本への観光旅行者数は年々増えています。日本に対して好意を持っている中国人がいることを日本人に知ってほしいと強く思います。また、私達も真の日本、日本人を知る必要があるのです。

今学期、私は、日本の大学生や常州に住む日本人女性たちと心のこもった温かい交流を体験しました。交流した人々からは、純粋な思いやりの気持ちを感じました。やはり、実際の印象は想像したもの以上だったのです。

私達若者は、直接的な交流をもっと経験し、お互いの真の姿を見つめるべきです。私は南京で生まれ育ちましたが、両国の友好を実現できるのは、未来を握っている若者、即ち私たちなのです。歴史を忘れ捨て去るのではなくそのすべてを受け入れ、交流を通し、お互いの立場や思いを理解することが肝心です。

折り鶴は、作り手から注がれる願いや思いが生命力を与え、翼を開かせ優美な姿を表すのです。小さな羽を精いっぱい広げ、世界の平和の象徴として羽ばたく折鶴のように、私はなりたいと思います。今、私は担任の先生に胸をはってこのことを話したいです。きっと必ず先生は理解してくれると信じています。

（指導教師　陳林俊、古田島和美）

◉二等賞　テーマ「日中青年交流について」

理江さんへの手紙

西安交通大学　陳星竹

お元気ですか。

私は今年の夏に、また華山に行きました。去年一緒に登ったことを覚えていますか。

山登りという同じ趣味を持っている理江さんと出会って、本当によかった。私の大学のワンダーフォーゲル部の一回目のイベントの参加者リストで中国人の中に、「倉谷理江」という四文字の名前を見てびっくりしました。私は日本人の留学生だということに気がつき、理江さんの勇気に「すごいなあ！」と、とても興奮しました。その時、私はまだ一年生。共に山登りが大好きな私達はすぐに友達になりましたね。

それからの一年間、春から冬にかけて、秦嶺から、華山、驪山、武当山などなど、部活のみんなといろんな山に登りましたね。一緒につついた同じ鍋の料理、同じ狭いテント、山の強い日差し、ざあざあと降る雨。あの日私達は同じ日の出を見つめながら、新しい一日の最初の一歩を共に踏み出したのでした。中でも、一番よく覚えているのは、理江さんとのおしゃべりです。日本語と中国語のことだけでなく、西安のことや理江さんの故郷である奈良のこと、そして日本と中国のことについても語り合いましたね。理江さん、まだ片言の日本語しかできなかった私に、いつも辛抱強く耳を傾けてくれて、本当にありがとう。このことが当時の私にどれだけ力をくれたことでしょう。まるで下界での悩みや不安がすべて消えてしまったかのように、山の爽やかな空気だけに抱かれて、私達は無邪気に笑いながら歩き続けました。理江さんと楽しく過ごしたこれらの日々は、私にとって、本当にかけがえのない、貴重な時間でした。

ある時、理江さんは急に私に「どうして山登りが好きなの?」と聞きましたね。私の答えは単純で「体にいいし、すっきりした気分になれるから」。でも、時間が経つにつれて、考えは少し変わりました。

登山者は一番壮麗な風景を見るためなら、でこぼこで曲がりくねった山道など気にしません。頂上を目指そうと決心した瞬間から登頂成功まで、己の信念を胸に山道を一歩一歩登ります。そしてその間、一緒に登る人々が「仲間」なのです。登ることに疲れた時、困難に遭った時、共に一息入れ、共に語らい、繋がりと親睦を深めます。それら全てが登山の原動力なのです。ひょっとすると、理江さんも私も中日交流という山の登山者なのかもしれません。

私達が一緒に山登りをした経験を振り返ってみると、自分達のように、中日交流の山道を困難を克服し、助け合いながら頂上に向ってきた青年の姿が思われ、私は胸が熱くなりました。理江さんも同じように感動したのではないでしょうか?

山登りの旅は長くて厳しいものです。仲間と手に手を取り合って一緒に登らなければ、頂上にたどり着くことはできません。旅には雷もあり、暴風雨もあり、思いがけない困難もあります。旅を続けていくためには、私達、青年が先頭に立ち、お互いに励まし合って、最後まで頑張りぬくことが肝心です。それによって、共に成長していくこともできるはずです。

今、もう一度理江さんの質問に答えることができるなら、私はこのように答えるでしょう。登山は、頂上で見事な風景を見るその瞬間まで途中の出来事を楽しむことができるから、好きなんです。国の違いなんて気にせず、仲間と一緒に山道をたどり、助け合いながら登り続けて行く。どんな障害があっても、決して諦めることなく。だって、私達は同じ頂上に向かっているのですから、と。

今年の2月、理江さんの中国留学が一段落つき、日本に帰国してから半年。今度は私が日本へ留学に行く番。実は、9月から理江さんの出身校、慶應大学に一年間留学することになりました。そこにもワンダーフォーゲル部はありますか。もしあったら、ぜひまた一緒にイベントに参加して、これからもずっと、もっと高い、もっと美しい風景が待つ山に一緒に登りましょう。

陳星竹より

(指導教師　沈麗芳、王晶、佐藤孝志)

◉二等賞　テーマ「日中青年交流について」

心の中の壁

山東大学（威海）翻訳学院　孟瑶

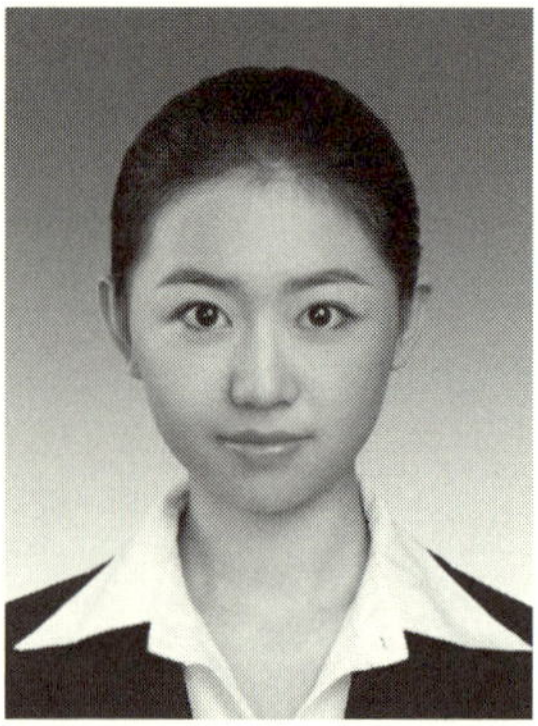

　私が中学校の二年生のとき、花鈴という女の子と、同じクラスになった。彼女の母は日本人で、父は中国人だが、日本で生まれて、中学一年生のときまで、日本に住んでいたそうだ。私と同じように髪が黒く、黄色い肌なのに、一挙一動に静かさが表れていた。だが、日本人だと思うと、どうしても彼女に親近感を持つことができなかった。昼食のとき、私たちは学校給食を食べていたが、彼女だけは弁当を持ってきていた。みんなはグループで机を合わせて食べていたのに、彼女はいつも一人で前を向いて食べていた。私は班長だったので、責任感を示すために、「一緒に食べましょう」と誘ってみたが、彼女は断った。私と花鈴は家が近かったから、一緒に帰ることがあった。だが、彼女はさっさと行ったり、離れて歩いたりして、打ち解けて付き合うことができないようだった。私は、花鈴の気持ちが理解できず、「なんでいつもみんなと付き合わないの」と、彼女に聞いた。すると、彼女は「なんでみんなは、私にだけ冷たいの」と問い返した。

　その日、家に帰った後、ずっと花鈴の話を考えていた。「私は花鈴に冷たくしているつもりはなかったのに、どうして彼女にいやな思いをさせているのか」と何度も自分に問いかけ、ようやく分かった。もしかしたら、私が最初に感じた「日本人に親近感を持つことができない」という気持ちのためかもしれない。それが、知らず知らずのうちに、彼女を寄せ付けないという雰囲気を作っていたのかもしれない。それに、クラスメートの中には、やはり戦争のことで、日本人に対して敵意を持っている人がいた。私たちは、その敵意を直接示すことはなかったが、花鈴はそれを感じていたのかもしれない。中国人は情熱的だから、どこにでもよく大声で話し合っている人の群れを見ることができる。だが、日本人に対するとき、中国人は反対の姿勢になる傾向がある。それは、無意識に日本人を排斥するようになるからだ。そして、この微妙な意識を相手に感じられ、その感情を抑圧する。だから、心の中に残っている敵意のバイアスを除かなければ、日中の青年交流もうまく行かないと、私は思う。

私の故郷ハルビンには、日本の侵略軍による七三一部隊の遺跡がある。日本軍がハルビンを占領した後、生物兵器を開発し、健康な中国人を捕えて人体実験をしたという犯罪の証拠が集められている。高校生のとき、私はそこを見学したことがある。私は元来日中戦争に対してあまり実感がなかった。しかし、日本軍の非人間的な行為を記録した写真を見てから、心が重くなって、やりきれない思いを抱いた。数え切れないほどの人間がこの戦争でなくなった。死とは単に死者の肉体が消えてしまうことではない。死者の心の中に生きている人間たちも一緒に殺してしまうようだ。祖父は戦争に駆り出され、生きて戻ることができなかった。日本の兵士は祖父の生命を奪ったのみならず、祖母と両親と私の思想と生活にも影響を与えた。祖母は今でもあの戦争の悲しみから抜け出せない。そして、何度も「平和な時代に生まれ育っていても、この恨みを絶対に忘れないように」と、両親と私に教えている。これが私たちの心の底に憎悪の種をまいたようだ。

だが、祖父のような無数の英雄たちは、彼らの肉親が暗い過去を背負って、日本人に対する恨みの中で毎日苦しむために犠牲になったのではない、と私は思う。だから、戦争の歴史は常に心に留めておく必要があるが、恨みを後の世代に伝えるべきではない。

心の中にある無意識の作用と敵意のバイアスは、普段はあまり気がつくこともないものだが、それが相手との関係に微妙な影響を与える。それは多くの中国人の心に子供のときから形成されてきたものだから、日中青年交流に大きな影響を与えてしまう。私たちは、そのことを常に気にかけて努力すべきだと思う。

（指導教師　岩山泰三）

◉二等賞　テーマ「日中青年交流について」

日中青年交流について

武漢理工大学　王林

「めし、めし」は、私が初めて接触した日本語単語です。祖父から聞かされて知りました。その時、私は小学校の三年生で、毎日放課後になると、祖父に物語をおねだりしました。外国の童話や中国の民間伝承もそろそろ尽きてきた頃、祖父は自分にまつわる昔話をしてくれました。

「子供の頃、日本の将校が家に侵入してきた時の最初の言葉は、めしめしだ」と祖父は思い出しながら教えてくれました。この言葉を聞いた時、みんなびっくりして誰もこの言葉の意味がわかりませんでした。そして、日本の将校たちは直接部屋に入ってきて、徹底的に食べ物を探していました。その後、「めし、めし」と聞いたら、祖父は家族とご飯を用意しなければならないということを知りました。「彼らもよく馬鹿と口にした。何かをやって彼らが満足しなければ、怒られるんだよ」と祖父は笑って言いましたが、目つきの中に淡い悲しみを含んでいました。実は、祖父のような１９４０年代生まれの人は、戦争の苦しさを体験したので、基本的に日本に好感が持てないそうです。

祖父のある友達はかつて兵として日中戦争に参加しました。彼にとって、その記憶は灰色でした。毎日戦友が死んでいきました。甚だしきに至っては、寝る時に弾丸が頭の上を飛び交うことを感じたようです。ある時逃げようとしたら、中隊長に捕まって危うく銃殺になるところだったそうです。彼にしてみれば、日本への憎悪は言うまでもありません。

しかし、私の親の世代になると、戦争がもう終わって戦争につながる感情の傾向も衰えてきました。改革開放の到来に加えて、多くの日系企業が中国に進出し、様々な商品が中国市場にあふれ、中国の経済発展を動かして人民の生活も豊かになってきました。山口百恵などの有名な女優は彼らの世代の記憶の一部です。これの変化に伴って、人々の日本に対する印象も大きく変わってきました。日本を全面否定するいくつかの比較的極端な観点を聞くことも少なくなってきました。

両親に日本についての見方を聞いたところ、彼らは「日本の経済力は強いけど、歴史問題に関しては許されない」と言いました。小さい頃の家族の偏った観点と国家の政治的世論の影響で、両親の日本に対してのいくつかのイメージは根強く、変えづらいように思います。明らかに、祖先の観念と国家が主導する世論は、人の思考方式と価値観に対して大きな影響を持ちます。

私たちの世代は皆、日中関係への見方が徐々に多様化しています。情報化時代の到来とともに、情報流通が以前ほど閉塞していないので、人々の日本に対するイメージは「島国、好戦的、頑固、残忍」だけではありません。民主政治の発展は人々の言論の自由をしっかり保障することなので、人々も自由に大胆に自分の見方と意見を発表できます。

例えば、尖閣諸島問題が発生した時、妹から、あるクラスメートが毎日赤いネッカチーフを持って学校に行き、それは自分の政治的立場を表明するためだと聞きました。それに対して妹は、これを全然相手にしませんでした。彼女の言葉で言うと「これは私と何の関係があるの？　私は漫画が好きで政治は好きじゃない」とのことでした。

では、一体日中関係をどう見るのか、どうしたら日中の青年交流を促進できるのだろうかと言うと、まず国家はかけがえのない作用を発揮します。情報公開を保証し、国民に真の日本を全面的に理解させます。極端な民族主義感情を持つ一群に対して指導と教育を行います。次に、社会の個体として、私たちは自分の意見を持っているはずです。私たちは戦争の苦難を体験しておらず、改革開放の痛みも経験していません。歴史に対しては公正な態度を保つべきです。他人の様々な言い方を批判的な目で見て、理性的に考えるべきです。最後に最も大切なのは、今の世界のテーマは平和と発展です。私たちは時代の流れに応じて、いつでもどこでも平和を最高の交流の原則にするべきです。

（指導教師　王雪松、神田英敬）

◉二等賞　テーマ「日中青年交流について」

政治関係に影響されぬ中日友好へ

国際関係学院　羅暁蘭

「日本人を助けるなんて、あんたは中国人か」。お土産物屋の店員から、怒鳴られた。外国人向けお土産物市場、紅橋市場でのことだ。

2014年8月の夏、私は北京大学の短期留学生のアテンドとして、そこにいた。法外な値段なので別の店に行こうと、留学生の北崎さんに提言した時のことだった。しかし、私こそ、その人に言いたかった。「あなたみたいな悪徳商人がいるから、中国人の評判が下がるんだ」

私はこの留学生のアテンドの役目を一生懸命やっていた。それは、留学生の皆さんにいい思い出を持ち帰ってほしいと思っていたからだ。そんな私の努力をこんな人たちに潰されたくなかった。

国務院新聞弁公室の趙啓正は講演した時こういった。「中国人は13億頁の本だ。この本を読み切るのは不可能、5、6頁で、13億頁の本全体が評価される」。私もそうだと思う。だから、自分がその1頁なら、精一杯、魅力的な1頁でありたい。そして、私以外の4、5頁にもいいものであってほしい。

その留学生の中の佐野さんは、「ウェイボー」で、こうつぶやいた。「○○人だから、と一括りにして批判するあなたは日本人だけど、それをそのまま当てはめると日本人は国籍で判断する保守的で狭小な考えの持ち主だってことになるね。それは違うでしょ。私の友達がこういう考えだからつらい。（原文のまま）」。さらに、早稲田の学生で、留学生だった高柳さんはこう言った。「来中以前は、好きではなかったけれど、中国に来て、いればいるほど好きになる。だから、日本が嫌いな中国人にも日本に行ってほしい。それでも、日本が嫌いなら、もう何にも言わない」。私はこの二人の言葉に心から共感する。

しかし、そう考えられる人は多数派ではない。2012年11月、中日関係が最悪のころ、タクシーに乗ったら、運転手さんから言われた。「憎らしい日本人の言語を勉強するなんて…」。私は理由を話したが、運転手さんには無視された。日本人にも似たような人はいるだろう。日本人の友達によると、マスコミは中国のマイナス面を報道する傾向があり、それだけで中国に嫌悪感を持つ日本人がいると。

つまり、先入観だけで相手を毛嫌いする中国人、日本人は少なくない。どうやったらこういう人たちに分かってもらえるのか。繰り返し考えて、気がついた。これは日本人、中国人の問題ではない。私も、彼らのことを理解しなかった。店員さんだって1元だって多く稼ぎたいだろう、運転手さんにも日本嫌いになる理由があったのかもしれない。そうか、人を理解することは難しいんだ。

確かに人の考えを変えることは難しい。しかし、自分は変わることができる。なら、私が変わろう。次回、運転手さんに無視されたら、私は認める。「日本が嫌いなんですね」。そして、聞こう。「どうしてですか」。その上で語ろう。「実は、私にも、日本人の考え方が理解できない時がある。でも、嫌いとか好きとか言う前に日本を知る努力をした。それから判断したいから。でも、実際は知れば知るほど、判断できなくなった。気に入らないところがあるけど、優れたところも発見してしまうから」。そう、私から先に「嫌だ」と思う気持ちを止め、相手の言葉を聞いたら、私の願いも聞いてもらえるかもしれない。私の「友達である日本をもっと知ってほしい」という願いを。

青年交流とはいったいなんだろう。交流会で意見を交わすことだけではないだろう。自国でも、外国でも、違った考えを持つ人との交流はある。交流とは言葉の問題ではなく、行動ではないか。大切なのは、すぐ「嫌い」と判断しない、交流を放棄しないことだ。先入観を捨て、好奇心を持ち、未知の世界を探索し、自分と違うものを理解する。こういう青年が多ければ多いほど、私たちは互いに理解し合え、政治に揺れなくなるだろう。少なくとも私はそうしたい。

（指導教師　駒澤千鶴）

◉二等賞　テーマ「わたしの先生はすごい」

先生のおかげで―私の先生はすごい

山西大学　任静

先生のおかげで母が変わった。それは母の日本人に対するイメージの変化だ。日本に関する話が出ると、昔なら母はきっと急所を突かれたように「戦争が怖い」とか「日本人が怖い」とかとひどく気を高ぶらせ、否定し続けていたが、今は自分の気持ちを抑えるかのように少し落ち着いて私の話にちゃんと耳を傾け、どことなく聞き入れようとするようになった。ささいな変化ですが、それはまさに先生のおかげだと思う。

私が大学の専攻に日本語を選択した時、母は猛反対した。私の押し通した意見を母もいやいやながらも認めてくれたものの、勉強の事には一向に目もくれず無関心を装っていた。

大学二年生の時、作文コンクールに参加するために週末になると部屋に閉じこもって作文を書いていると母はそっと後ろから「何よ、わからない字ばかりじゃない」と、眉をひそめ、何か言いたげな顔をしながらも、しばらく経つと部屋を出ていった。同じことが三度繰り返された後、母はやっとこらえられないように「これ、なに？」と口を開いた。「やっと興味を持ってくれたか」と思って「作文だよ」といったら、母は思わず吹き出し、「日本語の作文？　中国語の作文だってろくに書けないのに……」と皮肉を言った。「ちゃんとしたいの。先生も真面目だから」と私が言うと、母は「どんな先生」と。私が「日本人の先生」と答えたら、いきなり立ち上がり、パッと作文を取り上げた。部屋中に時計の音が響き渡るほど静まり返り、それがいっそう空気を重くした。母はまた無言で部屋を後にした。残された作文が机に散らばり、手の跡がくっきりと見えた。母にとってそこにはどうしても越えられない溝があるのだろうと思った。

ある日、外から帰ってくると、なんと母が私の作文を読んでいた。私に気づき、母は何気なく「掃除の時にたまたま……」と、離れようとしたが、ためらいがちにまた戻り、少し落ち着いて改まった口調で「どんな先生」と聞いた。聞き違えたのかと思い、頭が真っ白になったが、母はまた「先生って、真面目な人ね」と何事もなかったかのように言った。私の先生が日本人と知ってから、てっきりもう一切日本語の話題を口にしないのかと思っていたが、まさか日本人に興味を持つなんて夢にすら思えなかった。と思うと、先生の添削に目をとめた。作文の所々に赤ペンで数えきれないほどの丸を付け、文章の誤りや同様の言い回しなどが記され、先生からの評価も鮮やかに書かれていた。そのはっきりとした赤い色が母の心までしみこんできたのだろう。そして、母に色々先生のことを話した後、母は思わず「日本人なのに、書道……」と笑い出し「普通の先生ね」とほっとしたように微笑んでいた。先生のおかげで母は初めて日本人についての話で笑った。

母にとってそれは心の壁を乗り越え、大きな一歩を踏み出したといえる。「日本」という言葉は母の心に重く圧し掛かっていたが、先生との〝出会い〟によって先生なりの真面目さが母の心を打ち、母は日本人に新たな姿を見出した。先生は何もしていないし、母の変化のことすら知らないが、その真面目さが知らず知らずのうちに母に伝わったのだ。先生は母にとってごく普通の日本語教師だ。だからこそ、そういう影響力があったのかもしれない。母だけでなく、私たちにとってもそれは同じだと思う。先生は日本人であり、書道がうまいし、中国語もぺらぺら話せるし、私たちがなんか悪いことをしたらしっかり教えてくれたり、よいことをしたらほめてくれたり、そういう普通の先生こそすごいと思う。先生は世間をあっと言わせるようなことを何もしていないが、母のように私たちが持っている日本人に対するイメージを少しずつ変えていく。それこそが先生のすごさなのではないだろうか。

（指導教師　堀川英嗣）

◉二等賞　テーマ「日中青年交流について」

国の交流は若者の交流にある

楽山師範学院　王弘

「中日交流とは一体何か」

実は初めてこのテーマを見たとき、頭がぼーっとしました。考えて考えて、最近の出来事を思い出しました。うちの学校に新しい日本人留学生のAさんが来た時のことです。

17日、Aさんが学校に到着する日になりました。しかし、その日になって、事務室のチン先輩が突然私に連絡してきました。Aさんは東京でトラブルにあって、予定の飛行機に乗れなくなりました。学校側はお迎えに行く人を再手配しなければならないのですが、このままだと再手配できないし、うまく会えなかったら、Aさんも迎えの人も困ってしまいます。

先輩は私に「Aさんに国際電話で連絡して、変更便の情報を聞いてもらえませんか」と頼みました。しかし、事情があまり突然過ぎて、私は「国際電話？　顔も見たことない外国人に？　変更便？」頭の中が混乱しました。難しすぎるので断ろうと思いましたが、このAさんはきっと東京で心配しているだろうと思いました。そして、「私ならできる」と決心しました。先輩に「はい、すぐ事務室に行きます」と答えました。

しかし、電話のボタンを押し始めてから、急にドキドキしました。私は未熟な日本語で「こんにちは、〇〇学院えっと事務室です。えー、A様ですか。えー、いつもお世話になっとります」とどもりました。結局、会話はうまくいきませんでした。電話を切って、私は自分の緊張でかえって相手を心配させたのではと思いました。

次の日、Aさんは予定通りに来ました。私は早速「すみません、昨日電話した王です」と声をかけました。「あ、そうですか。昨日は本当にご迷惑をおかけしました。お電話ありがとうございます」という返事をもらいました。元々はこちらからお詫びをするつもりでしたが、逆に感謝されてしまいました。

この出来事を考えて、急に気づきました。「言葉は下手ですが、私は一人の日本人を助けた。これは本物の中日交流だ」

確かに、一見「中日交流」はイメージできないものですが、意外に身近な存在です。私が体験したようなことは私達大学生のそばであちこちに見られるのではないでしょうか。今の時代は国内にいても、外交の大使になれます。外国に行くと皆、「私は自分のマナーを重視しなくてはいけない」と自然に思うが、どうやら国内にいるときは、自分は外国人とのやり取りに注意すべきだということは忘れがちです。

もし街を歩いていて、困っている外国人に出会ったら、「あ、この人は外国人だ」と意識するが、意識するだけではなく、親切に自分のできる限り、積極的に手助けをすると、自分の国に好印象をもってもらえるのではないでしょうか。

私は新聞やニュースでよく中日の間で起きた摩擦に関する内容を聞きます。しかし、周りの日本人の先生や留学生と接触するときは日本人が悪い、冷たいという感じは全然ありませんでした。かえって彼らには何回も感動させられました。日本語の勉強に困ったとき、詳しく教えてくれましたし、何かに悩んでいるときも相談に乗ってくれました。ですから、どこかで聞いたことより、自分が感じたことがもっと大切だと思います。一人で我が国に来た外国人は、自分の感じた中国をもっと中国のイメージとしているのではないでしょうか。

国と国の交流は複雑なことですが、私達大学生は外国人とのやり取りで国の交流に影響を与えています。ですから、私達中国の大学生も自分は外交大使であることを自覚し、熱心に日本人とやり取りする必要があると思います。

未来は若者のものです。中日両国の未来も私達の手にあると思います。私達若者は自分が中日交流の大使だという自覚さえあれば、両国の未来はきっと太陽のように輝いていくと信じています。

（指導教師　加藤浩介）

◉二等賞　テーマ「日中青年交流について」

嬉しいコミュニケーション

揚州大学　于潔

今年の冬休みだった。存分にパソコンゲームをしたり、朝もゆっくり起きたりできると思っていましたが、父に「何か社会体験しなさい」と言われました。そこで、無錫市の服飾チェーンストアでアルバイトをすることにしました。

営業員になって、服飾を売りさばくために、毎日さまざまなお客様の応対で忙しかったです。「客への対応が悪い！」と売場主任にしかられたこともありましたが、必死になって接客したおかげで、対応が上手になったと思います。

同僚たちは同じぐらいの年齢でした。この店で唯一の大学生として、よく「どこの大学？　何の学科？」などと尋ねられました。私は少しのためらいもなく、日本語を勉強していると答えると、同僚たちの驚く顔が見えました。現在の日中関係を考えれば、「それじゃあ、輝かしい前途がないんじゃない？」と思ったかもしれません。私は彼女たちの考え方が分かりませんでした。

ある日、中年女性が店に入って来て、一人の店員がいろいろな服をすすめていましたが、そのお客は何も言わず、店員の話を聞きながら、婦人服を見ていました。しばらくすると、英語で服の値段を聞いていました。同僚五人は英語ができないので、いつものように、同僚に視線で助けを求められたので、私はすぐに行きました。無錫は大都市なので、日本人が多く、彼女は中国人と外観が似ていたので、日本人ではないかと思いました。そこで、日本語で話しかけてみました。

「お客様何かお困りですか」

すると、そのお客は案の定「あら、あなた日本語がわかるのね。助かるわ」

その店ではじめて日本人に接客できるのがとても嬉しくて、一生懸命に応対をしました。お客も機嫌がよくなりました。

「娘のために、服を買いに来たの」と教えてくれました。私は若い女性向きの服をいろいろと紹介しました。娘さんは私の体型とだいたい同じとのことなので、彼女の代わりに選んだ服を試着して見せました。心をこめた対応に感謝されました。

日本語を勉強していたおかげで、そのお客と簡単にコミュニケーションできたことがとても喜ばれたのです。

「お客様との楽しい出会いが体験できてよかった！日本語を勉強していてよかった！」と心の中で叫びました。

彼女も顔に喜びが満ち溢れていました。

「今日は、いろいろありがとう！日本語でコミュニケーションできて嬉しかったわ！」

私も日本語でコミュニケーションでき、そして日本人と直接触れ合いができて、感激しました。

しかし、同僚たちはお客が喜び、そして私がなぜ感激しているのか理解できません。なぜ同僚たちはそんな風に考えたのでしょう。まず、彼女たちは日本語が分からないし、お客は中国語が分からないので、コミュニケーションができません。相手を受け入れる気持ちがなく、相手の気持ちに近づきたくなければ、コミュニケーションは生まれません。

あの店の店員のように中国の若者は、日本人と接触する機会があまりありません。接触する機会がなければ、コミュニケーションもできず、相手を理解することができないのは言うまでもないことです。

彼女は四十代、そして私は二十歳です。年齢の差が大きいです。彼女は顧客で、私は店員でした。対等ではありません。たとえ対等ではなくても心が通い合い、楽しくコミュニケーションができました。違う世代でさえよいコミュニケーションができるのですから、同じ世代の人たちならばもっと間単に相互理解、コミュニケーションができると確信します。

あの時、同僚たちはこう言いました。「原来她是日本人啊！（あのお客は日本人だ！）」「不会日語怎么办？（日本語が分からないので、私たちどうしたらいいの？）」

「大丈夫！　私が通訳するから、一緒にお客様に応対しようよ！」。それを彼女たちには言えなかった後悔の気持ちがあります。でも、それは日本人と直接コミュニケーションして、その楽しさを感じた私だからこそ、言えることです。

（指導教師　山中純一）

◉二等賞　テーマ「日中青年交流について」

声

中国人民大学　郭可純

「三十万人の中国人が殺された」。南京大虐殺記念館を見学したとき、あちこちにこんなスローガンが揚げられていて、しんと静まっていた。私は憤りと悲しみの空気に包まれ、呼吸さえはばかられるほど、物思いに沈んでいた。

戦争が終わり70年が経つ。現在、私たち青年は、日中問題について自分の目で見ることより、テレビのニュースや前の世代の回想、ドラマの中の銃声と泣き声などを通して、間接的に耳で聞くことのほうが多い。そのため、日本人に一度も会ったことのない中国の青年の中には、若い頃から「日本人は悪人だ」というイメージを持っている人もいる。

幸いなことに、私の大学の専門は日本語であり、多くの日本人と付き合う中で、生の意義深い声を耳にする機会に恵まれた。

２０１５年1月、私は日本大使館の中日友好成人式に参加した。ゲストは矢野浩二さん。彼は中国のあるテレビ番組の司会者として、いつも流暢な中国語で私たちを笑わせてくれるが、この日は日本語で話し始めた。日本人なのに日本語で話すことに新鮮な違和感があってみんな笑った。彼をはじめ、数多くの日本人が、全精力を傾けて自分の声で発信をし、日中のよりよい関係を築こうとしていることを、再認識する機会になった。

先学期から、私はインターネットで日本語キャスターというアルバイトを始めた。これは日本人向けのホームページで、ある話題について話したり歌ったり、視聴者と交流したりする番組を生放送する仕事だ。最初は日本人の視聴者は中国人のキャスターを認めてくれないのではないかなと不安だったが、実際にやってみて、視聴者の方々の親切さに感動した。彼等はいつも一生懸命応援してくれて、「うんうん、そうなの」と相づちを打ったり「かわいいね」と褒めてくれたりしながら、聴いてくれた。そして、放送が終わった時に「楽しい時間ありがとうございました。」「日中友好の架け橋ですね！」と労ってくれたこともたびたびあった。このような経験から、私は自分の声を通じて、日本の方々に中国の大学生の活力や生の姿を伝えたり、中日友好の思いを言葉にしたりして、民間交流に少しでも貢献できるように頑張っていこうと決心した。

私の心には、これまでに付き合ってきた日本人の友達のさまざまな楽しげな声が響いている。初めて日本人留学生と相互学習した時、日本語と中国語とを織り交ぜ、身振り手振りでコミュニケーションした時の笑い声、北京のメイド喫茶店でアルバイトをしていた日本人の毛毛が「中国人のオタクを育てたい！」とお客さんに大きな声で伝えた願い、学校の中日交流会で「マジカルバナナ」というゲームをやっているとき、日本人の奈帆ちゃんが「すばらしいといったら、中国」と言った後みんなが上げた歓声など、すべて心に焼き付いている。これらの声がお互いに共鳴しあい、私の胸の中に一つの楽章を作っている。

近年、冷え込んだ日中関係の影響か、両国の青年の間に嫌悪や攻撃、デモの声などが絶えず飛び交っているのも事実である。しかし、それは、両国の一人ひとりがお互いの心の声を聞こうとしないからではないだろうか。相手の本音を聞かずに、自分の立場をすべてだと思い込み、先入観や偏見に満ちた声をあげる人はあまりにも多い。その結果、「日本人は最悪だ」、「中国はいやだ」といった言葉を数多くの青年が深く考えずに口にしているように思う。

もし皆が私のように、友好の声に耳を傾ける機会があれば、きっと相手を深く理解し、共通点を見つけ、中日関係を改めて考え直せるのではないだろうか。正しい歴史認識を心に刻むことは確かに大切だが、両国の青年がお互いに理解し合えるように、主体的に相手の真の声に耳を傾け、自分もまた積極的に声を出し、心のこもった交流をすることがなにより必要だと信じている。

（指導教師　大工原勇人）

◉二等賞　テーマ「日中青年交流について」

一期一会にしたくない―アニメと教科書を超えて

南京理工大学　劉世欣

今年の三月、日本から創価大学の学生八人が私たちの南京理工大学に来校した。彼らの滞在スケジュールには南京大虐殺記念館の見学が含まれていた。私は案内ボランティアの一人として、彼らに同行した。歴史を直視することは確かに難しい。見学中、日本人の学生たちは皆ほとんど黙っていた。正直言うと、その重苦しい空気が私にとって、かなり辛かった。知恵を絞って何とか話題を見付けて、どうにかして話しかけた。もし大虐殺記念館ではなく、美術館や博物館などの案内だったらきっと、もっとずっと気楽な雰囲気になっていただろう。記念館の案内の後、私は体も心もボロボロになったように感じた。

その後、招待者の一人の提案で、私たちの大学のキャンパスへ向かった。その途中も話題を見付けるのは難しかったが、大虐殺記念館でのあの重苦しい雰囲気に比べたら、ずっと気楽だ。目に入ったものをきっかけに、話題を見付けて、日本語の正しい話し方を考え、話しかける。中国の地下鉄と日本の地下鉄の異なるところや、日本の大学生活と中国の大学生活の違いなど、初めのうちはほとんど中国と日本の相違についての話だ。時には、お互いに理解できない言葉を紙に書いて、漢字や英語を頼りに、理解できたりした。さらに、同じ日本アニメが好きなおかげで、相手との繋がりが一つ増えるような感じがした。「なんだ、中国人も日本人も同じ趣味があるんだ」と思うと、テンションがどんどん高くなった。

しかし残念なことに、その「同じ趣味」は少ない。今の中国人が日本に興味を持つことといえば、ほとんどアニメ文化だと思う。日本人との交流というと、日本アニメの話ばかりだ。そのため、日本人に中国の青年はほとんどオタクだと思われているかもしれないという心配がある。それに対して私たち中国人は、現代の中国のいったい何が日本人の興味を引き付けることが出来るか、さっぱり分らない。こうして、日中の青年はお互いが本当に考えていることを、深い次元では理解しないまま、ただ表面的に交流しているように、私には思われる。

ところで、私が知っている限り、日本人は中国の歴史を古代のことからかなり詳しく知っている。それに対して、中国人は日本の歴史をほとんど知らない。これは日本人のあるネットフレンドが教えてくれたことだが、日本の学校では世界史を習う際に、必ず中国史も習い、他に国語の授業で漢詩や史書などの中国の古典も勉強するそうだ。それに対して、中国の学校の教科書には日本に関する情報がとても少ない。中国人が学校で習う日本というのは、やはり近代史の第二次大戦に関する事が中心で、それ以外はあまり教わらないのが現実だ。近年、中国では日本語を勉強する人が多くなったが、それでも全国民のうちの一部分だ。私も高校時代は理科系の学生だった。日本語を専攻することになったのは、いろいろな偶然が重なった結果だ。以前の私のように日本のことをほとんど知らず、日本人と接する可能性もない中国人は今もたくさんいる。多くの日本人が南京大虐殺記念館を訪ねてくれるが、中国人はそのような日本人の行動の真意が分らない。ほとんどの中国人にとって、隣国である日本は今も謎の国のままだ。

日本と中国が「戦争」という最悪の関係から脱して、今年で七十年になる。戦後も正式な国交の無い時代が長く続いた。しかし今では、中国には日系企業や日本製品が身近にたくさんある。また、中国全土の学校に多くの日本人の先生がいて、日常的に直接交流できる。修学旅行で中国へ来てくれる日本人の学生も、日本に留学する中国人の学生も多い。休暇の際に日本へ観光に行く中国人もたくさんいる。お互いを理解できる環境は、かつてないほど恵まれているのだ。新しい時代を生きる私たち日中両国の青年は、アニメと教科書を超えて、「人間と人間」として向かい合い、未来に向かって交流を深めていきたい。

（指導教師　中上徹也）

◉二等賞　テーマ「日中青年交流について」

だから今、チェンジしましょう

黒竜江外国語学院　霍暁丹

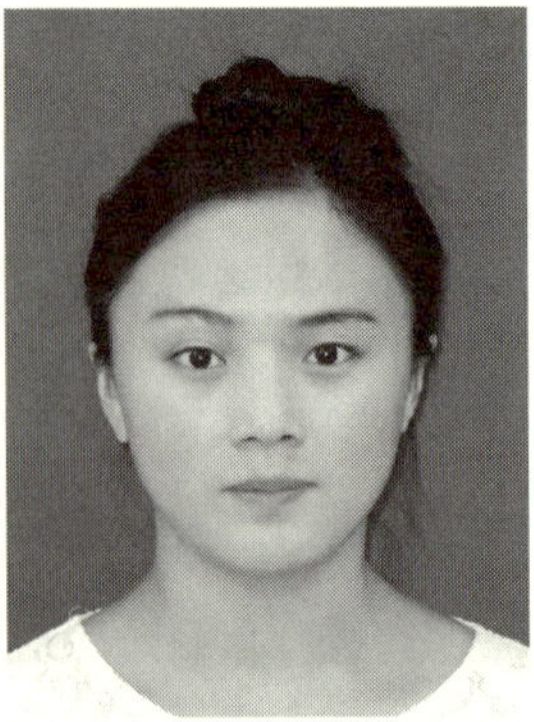

「どうして!?　専門を学ぶのはすごく大切なことなのに、お前の希望はどれも日本語。一体何を考えてるのか」。父は私にがんがんと言った。

「そうよそうよ。こんなに多くの外国語から選べるのに……」。いつもは優しい母までも私を問い詰めた。

これは二年前、私が大学の入学試験を受けて、専門を選ぶ時のことだ。家族だけでなく、友達にも私に反対する人がいた。私の専攻は『日本語』と決めたからだ。

家族を始めみんなの心配は、その頃日中関係が悪かったので、日本語を勉強しても卒業後の就職が難しいのではないかと考えたからだ。そして中国社会では、日本や日本人に対して反日抗議の活動が広がり、否定的なことをいう人が多かったのだ。それでも、私は日本語を勉強したかった。

本当のことを言うと、高校生のとき、日本には全然興味がなかった。日本語を勉強するなんて考えもしなかった。

ある日学校で「十大文明の星 ―わが町の感動人物」という交流に行った。そこで、ある日本人のおじいさんと出会った。このおじいさんは医者で、私の町に30年近くも住み、この間に数多くの中国人を助けてくださった方だった。お話で印象的だった言葉が「私の仕事は病気の人を助けること。ただそれだけです」。毎日、死ぬほど忙しくても、時々悪い人がいても、給料が少なくても続けてきたそうだ。

「中国の人が、日本人に対する気持ちが、いい方に変わってくれたら嬉しいよ」と私に言ってほほ笑んだ。両国の戦いの歴史を知っているおじいさんの言葉は深く、感動で心が震え涙がこぼれた。

この出会いがきっかけで私は色々考えるようになり、以前と違って日本や日本人のことに興味を持つようになったのだ。「大学で勉強するなら日本語」と決めた。自分もおじいさんのように、両国人民の理解が進むように、何かしたくなったのだと思う。

そして今、日本語を勉強して2年が経つ。今でも「どうして日本語なんて勉強するの？　屈辱の歴史を忘れたの？」と何回も聞いてくる人がいるが私は一切答えないことにしている。私は毎日日本人の先生の授業を受け、日本人の考え方や態度を見ている。批判することなんて何もないからだ。

最近嬉しいこともある。私の周りの人は、日本人に対する考えが変わってきた。それはなぜか？　もちろん、私の2年間の成長を認めてくれていること。そして、家に帰って大学の授業のことや日本人先生のことをたくさん話しているからだろう。だんだんと「日本人って、私が考えていた人達と違うんだね」と言う人が多くなってきた。これは、私の行動や考え方が、日本語を学ぶようになってからかなり変わったという、良い影響の表れではありませんか⁈

最近、日本語は難しいと感じることが多い。でも面白い！　私はもっと頑張って、いずれ日本に行き、多くの日本人と交流することを夢見ている。私の先生は、教科書には書いていない日本人の生活習慣や考え方など、うるさいくらい教えてくれる。だから、日本で生活するようになってもあまり困らないと思う。日本人の大学生や先生、近所のおばあちゃんやスーパーで買い物をするおばさん達とさえ仲良くしたい。私の態度で、中国人に対するイメージや考え方を良い方に変えたいと思う。

確かに今、中国が嫌いな日本人が増えているようだ。両国人民の交流も少なくなっている。この状況がずっと続くのは、絶対に悲しいことになる。その時後悔しても遅い。だから今、お互いにチェンジしなければならないのだ！

きっと、私と同じように考える中国人学生は多いはずだ。私は、日本語を学ぶ学生として、日本人先生から教えていただくすべてのことを吸収したい。日本人の良い習慣はどんどん真似をする。私の態度や考えが、周りの人の意識を変えるのだと思う。今だからこそ、日中両国の青年がお互いの良いところを探しましょう。そして態度と会話で理解を深めましょう！

（指導教師　平野満寿美）

◉二等賞　テーマ「わたしの先生はすごい」

その背中で、与えてくれた力

広東外語外貿大学　馮楚婷

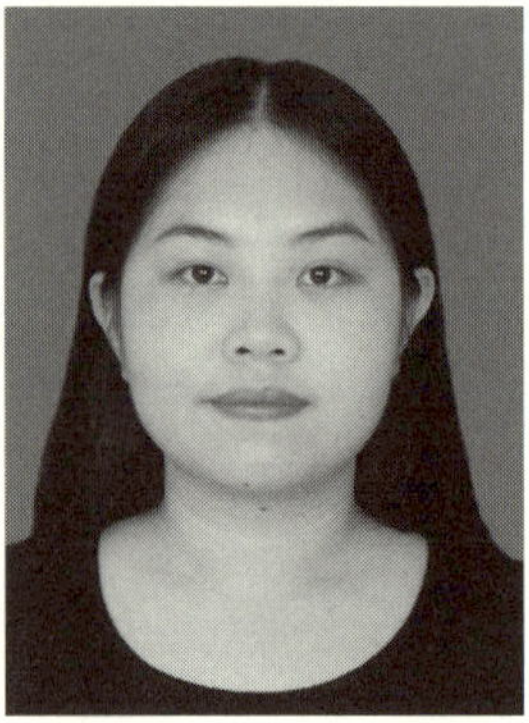

先生が、雑誌編集の指導から手を離れることを知った時、今までにないような苦しみと悔しさが一気に私の胸をえぐった。あの時の私は、まだ先生の真意を知らなかった。

私の一番尊敬している日本人の先生、浅井治先生と出会ったのは、二年前の秋だった。入学したばかりの私は何に対しても強い興味を持ち、日本語雑誌クラブの編集室に入った。新入部員向けの挨拶で、指導教師である浅井先生が壇上に上がり、私はそこで初めて先生の言葉を聞いた。

テレビドラマでしか聞いたことのないような熱い言葉を、白髪のお年寄りの先生が一生懸命私たちに語りかけてきた。あの時、どんな話をしていたか、正直なところすでにぼんやりとしている。しかし、先生の言葉でざわめき始めた胸の熱さは、忘れられなかった。その後、何度も味わった、あの熱さ。

雑誌作りにはもちろん、先生は情熱を傾けていた。プロの経験を活かして、うちの学校で日本語の季刊誌を他の先生と一緒にゼロから作り上げてきた。この雑誌のことを、誰よりも愛し、大切にしていた。その分、誰よりも厳しい目で見ていた。

「こんなものしかできないのなら休刊した方がマシだ！」と、厳しく注意されたこともあった。それで、密かに涙を流した人もいた。それでも、私たちは失敗しているうちに成長していく。「よくできたじゃないか！偉いよ」と、先生の褒め言葉が何よりも嬉しかった。

先生と一緒に雑誌を作るのがきつかった時もあるけど、本当に勉強になった。――普段はなかなか口にしないが、これは編集室全員の本音であった。

この感謝の言葉を私たちの卒業を見送ってくれる先生に言おうと思っていた。

しかし、その思いが叶う前に、私たちは先生の辞任を知らされた。

いつまでも、先生がそばにいてくれると思っていた。いつまでも、先生のお叱りと褒め言葉が聞けると思っていた。

誰もいない編集室で静かに涙を流す日もあった。どうしても信じたくなかった。——先生がその辞任の理由を説明してくれるまでは。

「今こそ身を引く時だ」と、先生は語った。

36年間プロジャーナリストとしてエンジン全開で走り続けてきた先生は、定年退職を迎えた時に、日本で新人の記者を育てるより、中国へ来ることを選んだ。それが、少年時代の夢だったそうだ。教師になって六年、心を傾けて指導してきた雑誌も、創刊五周年を迎えた。当初31人しかいなかった編集室は、80人を超えるようにもなった。

先生にはどうやら、ここがまた転身する最高のタイミングだと感じていたそうだ。

この別れに心が痛むのは、先生も同じだった。しかし、ここで一つのピリオドを打ってこそ、新たなステップまで上っていけると先生は信じている。

「これからはまた第二の人生の第二章が始まるよ」と、この言葉を言う先生の笑顔は温かった。その温かさが胸の奥まで伝わって、熱に変わってゆく。初めて先生の言葉を聞いた時の熱さを思い出した。そうだ、私はずっと、この熱さに励まされてきたのだ。先生の熱い夢、熱い生き方に憧れていて、ずっと先生の背中を目指して追いかけてきたのだ。

ブレない信念を持ち、躊躇いもなくこれから行く道を選ぶ先生の背中はいつでもかっこよかった。私はジャーナリストから教師へ転身する時の先生は知らないが、教師からまた新しい道へ歩み始める先生をそばで見ていた。これは別れではなく、新しい出会いであると私は信じていた。そして、別れを知った時の苦しみを悔しさも、全てが新たな勇気になってきた。

これまでずっと熱い言葉で教えてきた先生が、別れの際にその無言で逞しい背中で話しかけてきた。それは、選択をする勇気、新しい道に挑む強い心。

浅井先生は、これからどこに行ってもきっと周りの人に力を与え続けるに違いない。そして私の小さな背中も、いつか誰かに勇気と力を与えられるように、私は走り続けていく。

（指導教師　岡沢成俊）

◉二等賞　テーマ「なんでそうなるの？」

今日も元気にトイレに行こう！

江西科技師範大学　周佳鳳

「ブリッ、ブリブリブリッ……」という音がドアの向こうから響いてきた。この音を聞いて、私は「王さん、大丈夫？お腹壊したの？」と声を掛けた。「昨日、古いパイナップルを食べたせいかなぁ、お腹が痛いの。でも、今は少し楽になったよ」と王さんの弱々しい声が聞こえてきた。

こんな会話は中国のトイレでは決して珍しいものではない。以前、私はお腹を壊して市内の公衆トイレに飛び込んだことがある。その時、10分以上も「ブリブリ」が止まらず、やっと終えて立とうとしたとき、足が痺れてちゃんと立てなかった。外でトイレを待っていた初対面のおばさんは、私を見るなり、すぐに支えてくれた。「大丈夫？　お腹壊したの？　薬を買って飲んだほうがいいよ。若いからと言って、あんまり無茶しちゃダメだよ」と私を気遣ってくれた。そのおばさんの優しい言葉は、私の心細さを吹き飛ばすばかりか、どんな薬よりも効果があると思った。

しかし、日本ではこんな話はあまり聞かないようだ。なぜなら、トイレの音を他人に聞かれないように、日本の女性は用を足すとき、わざと余分に水を流すそうだ。それどころか、節水のために、水の音だけが流れる擬音装置も普及しているそうだ。でも、私はこのことが全く理解できない。

トイレの音は体調のバロメーターで正常な現象なので、隠すことはないと思う。他人に聞かれても恥ずかしがる必要はないし、むしろ、心配してくれる人がいるから嬉しい。それどころか、トイレットペーパーが足りないとき、渡してくれる人もいるかもしれない。

私の大学には、いつも綺麗に化粧をしている日本人の先生がいる。その先生は、とても優しく、上品な話し方で、学生に人気がある。でも、その先生が学校のトイレを使っているところを見たことがない。ある日、私達は先生と一緒に屋台でご飯を食べた。不衛生な物を食べたせいか、みんなはお腹が痛くなってトイレへ行ったが、先生は青白い顔をして、ずっと辛いのを我慢していた。原因を聞いたら、学校のトイレは慣れない、そして、学生にトイレの音を聞かれるのが恥ずかしいとのことだった。だから、私達は、先生が安心してトイレに行けるように、誰も女子トイレに入らないように外で見張った。暫くして、先生は真っ赤な顔をして恥ずかしそうにトイレから出てきた。そして、「お恥ずかしいところを見せてしまって、本当にごめんね」と謝ってまでくれた。

この先生に出会って、中国人と日本人ではトイレに対する考え方がかなり違うということが分かった。中国の学生は授業の休憩時間にいつも友達を誘って四、五人でトイレに行く。もし友達が行かなければ、自分も行かない人が少なくない。そして、トイレで友達を待たせることも多い。「今日はちょっとお腹が痛いから、時間がかかるかも。私を待っててね」という言葉もよく聞く。そして、ドアの内側のお腹の痛い人とドアの外側で待っている人のおしゃべりが始まる。俳優さんの噂から、ネットショッピングに至るまでいろいろな話題で盛り上がる。本当にお腹が痛いのと聞きたくなるぐらいだ。

中国人は世界中のどのトイレでも使えるが、日本人はどうだろうか。先生みたいにお腹が痛くても我慢しているのだろうか。トイレは人間のために作られたものだから、人間を縛るような存在になってはいけないと思う。私が子供の頃、小学校のトイレにドアという物は存在しなかった。トイレにいると、みんなはパンツもお尻も丸見えだった。用を足す姿を友達に見られても恥ずかしくなかった。実は、トイレの音は誰の音でも大体同じだ。だから、恥ずかしがることはない。でも、日本人は自分だけ特別な音を出していると思っているのかもしれない。そうだとしたら、そんなことは気にしなくてもいい。今日も元気にトイレに行こう!

（指導教師　八木典夫）

◉二等賞　テーマ「なんでそうなるの?」

中国と日本における「心」の距離

遼寧大学　王昱博

最近、中国へ来る日本人も日本へ行く中国人も多くなってきているそうです。なお、日中両国の人々の間にはまだ見えない壁が存在しています。私にも理解できないことが一つあります。それは、日本人から受ける距離感です。

日本語専攻なので、私の講座には当然日本人の先生がいらっしゃいます。授業の後、何度も先生を訪ねて行ったことがあります。日本について日本人の考え方についてもっと知りたかったからです。でも、先生は日本語についての質問にしか答えてくださいませんでした。最初は中国に来たばかりでまだ中国の学生と仲良くなっていないからだと思っていました。しかし、時間が経つに連れ、その先生との距離は少しも縮んでいないようです。中国人の先生となら、専門知識だけではなく、色々な交流をすることもできます。日本人全体がドライな態度で人と付き合っているのではないかと私はそう思うようになりました。

ある日、日本に留学している友達に相談したら、彼も同じ悩みを抱えていました。アルバイトを始めた彼が一番びっくりしたのは、日本人の仕事に対する勤勉さです。彼も皆に認めてもらうために一生懸命働きました。でも、アルバイト先で使うことが一番多い言葉は「おはようございます」と「お疲れ様です」だそうです。元々朗らかな性格で、日本でいっぱい友達を作ろうと張り切っていたが、キャンパスでもアルバイト先でも日本人のよそよそしい態度に接すると、なかなか近づけなかったそうです。

なぜ日本人との付き合いはこんなに距離を感じさせるのでしょうか。ある日インターネットの国際交流の掲示板に自分の悩みを書き込んでみました。すると、ある日本人から返事がきました。「日本人の先生があまり授業以外のことを話さないのは、教師と学生の立場を考えてのことかもしれません。先生は皆の先生なので、特定の個人と親しくするのは、日本人の感覚ではやってはいけないことなのです。私も中国に一年ほどいましたが、中国人はとても人懐っこいというイメージを受けました。でもその人懐っこさが、逆に少し恐かった思い出もあります。日本人は急に仲良くなることに慣れてないので、そちらの先生も戸惑っているかもしれません」

その夜、ずっとそのことを考え続けました。中国人が中国人なりのやり方で日本人と付き合おうとすると、逆に日本人に迷惑をかけてしまうかもしれません。中国人には当たり前のことでも相手に「少し恐い」という印象を与えてしまうなんて、前には思いもつきませんでした。よく考えてみれば、それは国と国との間にカルチャーギャップがあるということです。要するに日本人と中国人のやっているスタイルが違うだけです。皆、それぞれの道を懸命に歩んでいるのです。その是非を問うよりも、違いをお互いに認め合い、理解し合おうと努力することが大切なのではないでしょうか。中国人は他人と短時間で仲良くなるのが得意かもしれないが、日本に行っても同じように付き合えると考えるのはよくないです。郷に入れば郷に従い、ゆっくり時間をかけて仲良くなっていく手順を学ぶ必要があるのです。これまでの私は日本の文化や習慣を無視して自分のやり方を相手に押し付け、勝手に失望して諦めるという、とんでもない間違いを犯していたのです。

語学をマスターするには、単に単語や文法を暗記することではなく、その言語を操っている人たちの背景にあるものを学ぶということです。両国のカルチャーギャップを融かすためには時間が必要です。日本文化を理解できる中国人と中国文化を理解できる日本人の間で、心を開き、力を尽して互いの理解を深め、多くの人が誤解なく交流できるように日中友好の橋を渡す努力をすることが重要だと思います。日本語を学ぶ者として、こうした草の根の働きをしたいと私は思っています。

（指導教師　芮真恵）

◉二等賞　テーマ「わたしの先生はすごい」

「馬鹿」先生

同済大学　許芸瀟

「馬鹿！　お前は何をやってんだ！」。そんな怒鳴り方をするのは、疑いなく、吉田先生だった。人曰く、「馬鹿」先生。

　先生との初対面は、大学の新入生歓迎パーティーの時だった。太い眉の六十代ぐらいの男性が吉田先生で、日本語なまりの中国語で挨拶したが、挨拶の最後で「これからだぞ」という日本語がいきなり出た。当時はその意味が私たちには理解できなかったが、挨拶が終わるとそこそこに会場を離れた先生を見て、変な人だと思ったのが最初の印象だった。その後しばらくして、「馬鹿」先生との現実に遭遇することになった。

　日本人の先生は大抵、丁寧で優しそうだと思われているが、吉田先生は全く違った。先生は短気な性格で、乱暴な言葉をよく口に出す。その乱暴な言葉で一番多いのが「馬鹿」だったので、いつの間にか学生の間で「馬鹿」先生と呼ばれるようになった。

　しかし、そんな「馬鹿」先生にも手ごわい相手がいた。同級生のメイちゃんである。メイちゃんはクラスで日本語が一番上手な学生だった。それもそのはずで、彼女は高校から日本語をすでに学んでいたという。しかし、走りの早い兎にはよく見られることだが、成績優秀な彼女はよく授業をサボっていた。授業に出てきても、先生の話をよそに、携帯を弄ったり、居眠りしたりする方が好きで、毎日を無駄に過ごしていた。

　ある日、とうとう決戦の幕が開いた。いつものように、兎は「馬鹿」先生の授業に遅れた。そして、いつものように、口先だけの「済みません」という一言のあと、席にゆっくりと向かった。見慣れた光景なので、皆は気にしなかったが、「馬鹿」先生がいきなり「出て行け！」と彼女に怒鳴った。あまりのことに、皆はもちろん、兎もたまげて全然動けなくなって、席の横に立ちつくしていた。「お前は馬鹿か！それとも先生を馬鹿にしてるのか！」と先生が再び怒鳴った。

空気が凍ったように皆が息を殺して、先生と彼女をじっと見つめていた。1秒、2秒と時間が非常にゆっくりと流れた。３秒すぎた頃、彼女はいきなり教室の外へ飛び出した。流石、脱兎のごとくだった。

空気がもう全く流れなくなってしまった。１秒、２秒とすぎ、戦場には壇上の先生だけが残された。３秒すぎたあと、先生は「馬鹿！」と呟いて、勢い鋭く外へ飛び出して、彼女を追いかけていった。

風でドアが閉まったとたん、凍った空気が溶けはじめ、教室で心配する声があちこちに上がった。だが、あの日、先生もメイちゃんも戻らなかった。授業も自習になった。

翌日、皆は心が定まらないまま教室に来た。しかし、誰もが想像しなかったことに、いつもと違って、メイちゃんがすでに席についていたのだ。いつもより早いだけでなく、皆の心配と質問に対して、彼女は「ごめん、ごめん」と繰り返すだけで、それ以上何も言わなかった。しばらくして、始業のベルがなった、先生も教室に入った。皆が早速自分の席に着いたが、視線が一斉に先生に集まった。先生は何事もなかったかのように授業を始めた。

その時、隣の不思議そうな顔をした張くんが教科書も開かずにずっと先生を睨んでいた。「馬鹿！真面目にしろ！」と、先生が怒鳴る。そうか、普段の厳しい「馬鹿」先生は無事に戻ったようだと皆がひそかに思った。

何があったのか分からないが、その日を境に、メイちゃんは元気を取り戻した兎になった。授業にも早めに来て、サボることは二度となかった。そして、彼女は他のクラスメートに日本語を教え、毎日やる気満々で真面目に勉強するようになった。

あの日、「馬鹿」先生が一体メイちゃんに何を言ったのかは結局なぞのままだった。その後、日々の流れにつれて、「馬鹿」先生の表面上の厳しさの陰にある面も、段々皆の心に深く伝わっていったのだ。いずれにしても、「馬鹿」先生はしだいに皆の心の深くに住むようになり、言葉に尽くせぬ愛を与えるようになった。

（指導教師　宮山昌治、金璽罡）

◉二等賞　テーマ「わたしの先生はすごい」

流水は腐らない

吉林華橋外国語学院　鄒潔儀

沢田先生と初めて接したのは一年生の二学期であった。先生は三年生と四年生を教えていて、クラブの指導も担任しており、私はそのオノマトペ研究出版クラブに入り、先生と会った。

沢田先生は見たところ60歳少し過ぎのようだが、髪が白髪交じりで、いつも元気なこと極まりない。先生は中国へ来る前に特別に中国語を勉強した。授業以外の時間は中国語で私たちと話す時もあり、謙虚でその発音や表現を私たちに直させることもあった。先生は穏やかで親しみがあって、学生たちと交流するのが好きだ。実は、大学で教える以前は、先生は教師ではなく、サラリーマンとして商品開発の仕事をしていた。彼は自分が作った商品を世界中で売って幸せな家庭を作るのが人生の夢であった。若い頃から人生に極めて明確な目標を立て、そのため努力し、彼は夢を叶えた。そして、退職後も夜学で勉強を続け、教師として様々な人と出会う彼の第二の人生を始めた。

このようなすごい沢田先生は私たちと付き合う時、自分のことをあまり言わず、かえって、教えた学生たちのことをよく語った。彼の口から個性的な先輩たちが語られる時、彼の目はきらきら輝いていた。

先生と会って初めて、私は「学海無涯」という言葉をしみじみと認識した。勉強は終わりがない。我々は生きている限り勉強し続けるものである。が、言うのは易しく行うのは難しい。この世の中の多くの人は現状に屈しやすいものだ。先生と会うまで、先生のような人生を充実させ、新たな物事を追求している人は本でしか読んだことはなかった。

これは何年も前に読んだことだが、オーストラリアのあるお年寄りのお爺さんは90過ぎになっても遠隔教育でいくつかの専門を習い、それを卒業した。これを読めば、「若者はともかくとして、お年寄りがどうしてあんなに大変なことをするか。ゆっくりと生活すればいいものを……」と思う人がいるかもしれない。確かに、社会の人々は人生の半分の時間を勉強や仕事に費やし、ようやく退職生活を迎えると、穏やかな生活を送りたがるのが人間の常である。だからこそ、その道を選ばない沢田先生やオーストラリアのお爺さんのような人たちのことは尊敬に値するのではないか。

私は彼らにただ敬服しただけでなく、彼らの生き方から日常に関するある事も悟った。私は日本語学部の学生であり、校外の塾では英語も勉強している。かなり値段が高いコースなので、私は友だちに「それ、意味ある?」と笑われた。しかし、塾で勉強し、様々な人と出会う中で、私は自分が小さいことが分かった。自分よりずっと優れている人も油断せず進歩するため日増しに努力しており、「私はどうして怠けてしまうのだろうか」と目から鱗が落ちた。何に意味を見出すのかは人によって異なるが、今の一部の大学生は夢があるのに努力せず、時間の無駄扱いしかせず日々寮でゲームをしたりテレビ番組を見たりするだけであるため、停滞する現実から抜け出せないのではないだろうか。「流水は腐らず、戸の軸は虫に食われない」。人は常に新たな物事に接し、学ぶにしろ、運動するにしろ、絶えず自身を充実させてこそ、誠に視野を広げられ、知的な精神も保てるだろう。もし、何もせず目の前の狭い世界でしか生きられないとしたら、我々は海を知らない井の中の蛙のように己を取り囲んでいる狭い籠の中で騒ぐしかないであろう。若い頃の大切な歳月は、パソコン前で遊ぶだけではなく、種々のことを試し、自分の世界を広げた方がいいのではないだろうか。

人は常に退屈な日常から脱する願いを抱えながらも、最後の最後は滞り進まない現状に甘んじてしまう。が、沢田先生はそのような人とは違って、教師である彼にせよ、教師ではない彼にせよ、彼は絶え間なく流れている川のようにいつでも謙虚に勉強を続け、止まった生活にはまり込まない。これは正に先生のすごいところだと思う。

（指導教師　西澤真奈未）

◉三等賞　テーマ「日中青年交流について」

ベルリンでの出来事

天津科技大学　王羽迪

「人を知るには、その人の人種と、時代と、環境を知るべきだ」。ある哲学者の言葉です。

２０１２年の夏、私は高校生文化交流ツアーに参加しました。このツアーの目的は、世界各国の高校生と文化交流をして、世界平和について考えるというものでした。私は、このツアーで初めて日本人と触れ合いました。

エランさんは、交流団の日本代表でした。彼女と私は同じ文化交流団のメンバーで、一緒にベルリンで滞在しました。

実は当初、私は先入観から、ただ「日本人」というだけで、彼女に対して嫌悪感を持っていました。それは、このツアーに参加した中国人は全員同じ感情だったようで、みんな彼女とは簡単な挨拶を交わすだけで、できるだけ交流するのを避けていました。

私たちの本音は、みんなはっきりと口にしなかったものの、エランさんも気付いたようでした。私たちはベルリン滞在中の一週間、ずっともやもやした気分のまま過ごしていました。

そして最終日、私たちはホロコースト記念碑を見学しに行きました。私にとっては、「これでやっと日本人と離れられる！」という気持ちで赴いた場所でした。

「ホロコースト記念碑」というのは、第二次世界大戦で亡くなったユダヤ人のために建てられたコンクリートのモニュメントです。そのモニュメントは、亡くなった人の数にあわせてどんどん高くなってゆき、やがて見上げる高さにまでなります。私が記念碑を見上げてみると、空の色もコンクリートの灰色と混ざって、濁った色になっていました。私は当時亡くなった人の数を思い、暗い気持ちでその場にたたずんでいました。そして、気づけば周りは私とエランさんの二人だけになっていました。

エランさんはこの状況に少し緊張している様子でした。私も彼女と同じ気持ちでした。

「……あの、王さん。これに関する歴史は知っていますか」

「……理系だから、歴史はちょっと……」

彼女の突然の問いかけに、私は驚き、とっさに嘘をついてしまいました。そして、その場から立ち去ろうとしました。

「……私は、あなたに嫌われているみたいですね。どうして私と話したくないの?」

私の足は止まりました。

「私は日本人が嫌いです。あなたは日本人が昔、中国で何をしたか知らないんですか? そんな知識も自覚もない日本人とは、話したくない」

私は、ついそんなことを口走ってしまった自分に驚きました。そして、自己嫌悪しました。そんなことを言ったら、彼女は気を悪くするに違いないのに……。

「知らないわけじゃないです。でも、昔の恨みをずっと引き継いでいくのは、なんだか違う気がします。そんなことをしたら世界中、永遠に憎しみあっていかなくてはならないでしょう。そんな変なこと、すごく嫌だよ」

彼女の瞳の中には、きらりとよぎる光がありました。私の心はドキドキと鼓動を打って、頭の中では彼女の言葉が何度も何度も悲しげに響きました。

「エランさんは英語が上手だね」

「……え?」

私がとっさに思いついた言葉に、彼女の涙はひっこみました。

「なんで今、その話なの?」

そういうエランさんの顔には、笑顔が広がっていました。その言葉をきっかけに、私たちは話に花が咲きました。私たちはお互いの考えから未来の夢についてまで何でも話して、どうしてもっと早く話せなかったのだろうと思うほど、楽しいひと時を送りました。

そしてそのモニュメントを出るとき、エランさんはぽつりと、

「私たちは遅すぎたね」

と、残念そうに言いました。

あの時のエランさんの言葉は、今も私の耳に残っています。

「人を知るには、その人の人種と、時代と、環境を知るべきだ」

そういえば私とエランさんは、人種も、時代も、環境もみんな同じだったのにな。エランさんとの別れ際、私はそんなことを思っていました。(指導教師　王瑩、裴麗)

◉三等賞　テーマ「日中青年交流について」

「色眼鏡」をはずそう

青島農業大学　張敏

数日前に勉強した『文化論の落とし穴』の中で、山崎正和先生は「人間には誰にも他国の文化や他民族の民族性について、安易な固定観念を抱いて安心する癖があるらしい」と言った。元来、私はこういう人間の一人ではないと思っていたが、現実は私も同じだったようだ。

ある暑い夏の日、わずかな客の韓国料理店で、アルバイトしている私がカウンターの前でメニューを見ていると、二人の男性と一人の女性が話しながらその店に入ってきた。小さい声だったので何を話しているのか分からず、外見が中国人と似ていたので、いつもその店に来るお客と同じように、中国の朝鮮族の人たちかもしれないと思った。そのため、中国語で「いらっしゃいませ」と挨拶しながら、メニューを手渡した。背が高い男性は私に不自然な中国語で店長は今いるかと尋ねた。私は心の中で変な発音だと思いつつ、店長はその時不在だったので「さっき出かけたばかりだ」と答えた。そして、その男性はそれ以上何も話さず料理を注文した。そのうちに、彼は他の二人に日本語で「店長は日本語ができる」と言った。私は、彼が日本語を話したことに驚いた。その時、私は大学で日本語を勉強して二カ月だったので緊張し、うまく話せるか不安になった。

私が日本人かと尋ねると、彼は「はい、日本人です」と答えた。私は感動しながら「私は青島農業大学の日本語学科の一年生です」と授業で習った自己紹介の文をそのまま話した。その姿は先生に向かって文章を暗唱しているようだった。その時、私は授業の中で勉強した店員の会話を必死に思い出そうとしていた。しかし、緊張していたので、掌から汗が出てきた。そして、話の最後に「お休みなさい」の言葉が思わず口をついて出てしまった。「え？　お休みなさいではなく、いらっしゃいませでしょう?」と背の高い男性が私に教えた。眼鏡をかけている男性は長い話をしたが、初心者の私は全く聞き取れなかった。幸いなことに背が高い男性は少し中国語ができた。三人の中の女性は語学学校で日本語教師として勤めているようで、中国語が流暢に話せるということは、その男性との通訳から分かった。

日本語学科の学生として、これは良いチャンスだったが、当時の私にとっては不思議なことだった。私の印象では世界で最も冷淡な人はドイツ人と日本人だったが、両者は感情表現の方法が違う。ドイツ人は冷たい表情をしているが、日本人はいつもよくわからない微笑を浮かべる。日本人は曖昧すぎると思った。当時、彼らの話は冗談かどうかわからず、その後、私はかすかに微笑し他のことをしに行った。しかし、私は困っていた。もし電話番号を交換すれば、彼女と日本語で会話することができ、自分の日本語が上手になるかもしれないめったにないチャンスだと思った。その一方で、日本人は曖昧という民族性があるので、ただの社交辞令を言われるかもしれないと思った。結局、私は何もせずに「さよなら」だけを言った。

その時からもう三年が経ち、そのことを思い出すと、心の中で悔しさがあふれ出るようだ。その時、なぜ勇気を出して連絡先を聞かなかったのか、なぜそのような狭い考えを持ってしまったのかとよく自問することがある。山崎先生のその文章を読んで、私自身の体験に繋がり、長らく語り継がれてきた日本人への先入観などは怖いものだと思う。私は一般的に他人に固定観念のレッテルを張るという事実を理解できるようになった。文章で書かれているように、「文化論的なレッテル張りがいささか危険な域に達しているように見える」ということがある。先入観やレッテルなどのものは色眼鏡に似ているため、このような「色眼鏡」をかける人たちには真の現実が見えないと思う。私から見ると、中日の青年は互いの国に固定観念を捨てて、自分自身で互いの文化を体験すべきだと思う。

(指導教師　佐藤敦信)

◉**三等賞**　テーマ「日中青年交流について」

壁を打ち破り、本当の姿を見よう

山東財経大学　趙盼盼

　大学に入ったばかりのことだった。高校時代の親友は私が日本語学科に入ったと聞いたとたん、「なんで日本語を選んだの？　国を裏切るつもりなの？　さっさと転科しなさいよ」と非常に理解出来ないという口ぶりで私を責め立ててきた。また「奴らのせいで、中国では身と心に刻みこまれて忘れられないほどの悲惨な歴史を経験したんだよ。中国人であれば、思い出すたびに心が張り裂けそうなほど昔の痛みを感じるはずだよ。国の恥辱を忘れたの!?」と言った。抗日戦争のビデオを見たり、祖父母世代の話を聞いたりして育ってきた私は、迷わず「そのことは忘れられないよ」と答えたが、今はそういう考えではない。なぜかというと、自分の目で見たことを真実として信じることを選んだからだ。

　それは大学に入って日本語を専攻として勉強してからの話だ。言語学科に入ったことは言葉だけでなくその国の文化、伝統や習慣なども知らなければならないから、授業中、先生たちは一部の時間を使って日本に関するビデオを見せたり、日本社会と日本人のことを話してくれたりする。日本のことを知れば知るほど日本への印象がだんだん変わってきた。

　日本のアニメは以前から好きで見たことがあったが、心の中では、アニメはしょせんフィクションで、現実にはあり得ない作り物だと思っていた。例えば、『夢色パティシエール』と言うアニメの中に出てくる「スイーツスピリッツ」というのは、ケーキへの情熱、食べた人が幸せな気持ちになれるようにケーキ作りに打ち込むという信念のことだが、非現実的でやり過ぎだろうと思った。頭に残っていた日本への最初の印象が、日本人は絶対そのような生活はしないだろうと思い込ませていたのだ。しかし、それは間違いだった。ケーキ屋の日常を追った日本のドキュメンタリー番組を見た時だった。ケーキ作りに一生懸命打ち込んでいる店長さんはその夢色パティシエールのせりふとそっくりの話をしていた。その時ふいに、今まで見たどのドキュメンタリーでも、多くの日本人が仕事に対してまじめに、熱心に取り組んでいることに気がついた。その後、日本への悪い印象はすっかり消えた。

また、私が見たことがあるアニメの中では、ほとんどの主人公がみな優しくて、他人のことも大切にし、自分のやるべきことに真摯に取り組んでいた。そんな人は現実社会にはいないだろうと思っていた。しかし、日本人の先生と出会った時、その概念は覆された。先生はすごく優しい人で、どんなことにも真面目に取り組む。一学期のことだったが、SNSアプリであるQQをよく使っていた私は、先生にQQの連絡先を聞いた。先生はわざわざIDを作って、次の日、私に教えてくれた。本当に感動した。アニメのなかの人物のような日本人が本当にいるんだ、と思った。アニメは完全な作り物ではなく、日本人の生活の根本にある精神が反映されているのだということをつくづく感じた。日本のことをもっと知りたくなり、日本の若者達はどのように生活をしているのかが見たくなって、いつか絶対日本に行こうと思うようになった。

私の親友にこう言いたい。あなたが憎んでいるのは、日本人というよりむしろ平和を破壊した残虐な侵略者でしょう?　だから、過去にいつまでもこだわっていると、目の前にある今の真実が見えなくなってしまうよ。私達は今の時代に生きているんだから、ちゃんと未来を向いて歩いていこう。そして、平和を愛して、平和な生活を大事にしている人々のことを尊重するべきだよ。

目の前に壁があれば、相手の本物の姿ではなく、自分の心の奥から投影された相手のイメージしか見ることができないだろう。過去の歴史は中日青年交流における最も大きな壁だ。その壁を打ち破って、本当の日本人を知るよう、努力しなければならない。そうすれば、相互交流はきっとうまくいくと信じている。

（指導教師　新村美有紀）

◉三等賞　テーマ「日中青年交流について」

日中青年交流について

北方工業大学　金慧晶

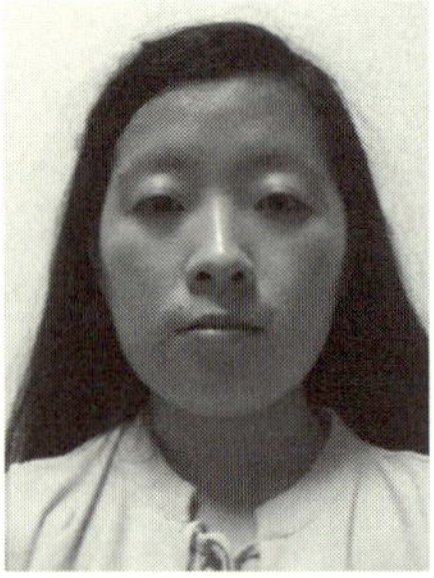

「外国の方にまでプレイしていただき、たいへん嬉しい思いです。ゲーム、楽しんでくださいね」

最近、日本のゲームにはまっている私は、先日、面白いゲームを見つけた。でも、やっている途中、エラーがあり進めなくなった。「え、どうしよう、もうすぐエンディングなのに……」。どうしても解決方法が分からない私は、「メールで直接、作者さんに聞くしかない」という結果にたどり着いた。

しかし、これは大きな問題だ。言うのは簡単だが実行するのは難しい。相手は日本人だし、しかも、私とは同年代だ。メールを通じて、会ったこともない外国人と話すなんて、なんだが緊張する。言葉が話せるかどうかは別問題として、これは外国人と交流をする時の特別な気持ちだと思う。上手く自分の意思を伝えられるか、相手の意思はきちんとわかるか。そんなことばかり考えた。

色々考えた末、結局、私はメールを出した。そして、驚いたことに、返信がくるまでの時間はたったの3時間だった。作者さんは丁寧に私の問題に答えてくれた上に、最後はこの文の始めに書いたメッセージを書いてくれたのだ。

恐らく中国と日本に限らず、世界中の皆もこう思うだろう。外国の人との話のチャンスができたら、ワクワクすると同時に、変な緊張感を感じる。例えば、話題が大したものではないとしても、普段気にしないところまで無駄に気にする。多分、若い人ほど、この状況が多いだろう。

中国の青年の一員として、私は多くの若者たちと同じく、外国に興味を持っている。違う国の人達はどんな風に生きているのか、いつも何を考えているのか、想像するだけで面白い。特に日本語を習う大学生として、日本に興味を持つのは、当たり前のことだ。日本の伝統文化も現代の流行も、どちらも魅力的だ。興味を持つことは、交流を持つ前提だと思う。お互いに知りたいという気持ちがあるからこそ、話が成立する。

国際交流と言えば、きっと厳粛なことを思いつくだろう。しかし、青年の交流は少し違う。方法は、時代に従って少しずつ変わっている。自分の国以外の世界を知るすべもない時代では、ほかの国の同年代の人達が日頃何をやっているのか、想像するのは難しかったに違いない。私達の親がまだ若い時は、若者にとって、留学が唯一の国際交流の方法であったかもしれない。

そんなことを思うたび、自分がこの時代に生まれたことが本当に良かったと思う。インターネットを通じて、会えない人とも、話ができる。インターネットの良いところとでも言えるのだろうか、顔が見えない、素性が知らないからこそ、皆は自然体でいられる。このようなメディアがあるから、国際交流も簡単になった。

私自身は外国の人と話した経験もそんなに多くない。日本の流行文化なら、それなりに知っているつもりだが、本物の日本青年に敵うはずがない。でも、中国のことなら、私は日本青年よりもっと知っているはずだ。中国の若者は当たり前と思っていることでも、同年代の日本の青年達にとってはもの凄く不思議なことが数え切れないほどあるだろう。例えば、中国に詳しい日本人でも、「中国人が偶数を好むのはただ響きがいい」という単純すぎる理由に驚くだろう。おそらく日本人の方も同じなのだろう。本当の意味では理解し合えない、これは交流の過程上の一番の難関だと思う。

中国と日本は長い歴史を持つ国だ。歴史が長いほど、特色のあることが多い。だから、理解し合うこともきっと、難易度が高いだろう。しかし、最初に言ったように、私は、面識もない日本の若いゲーム作者さんの善意を受け取った。これは、何人だろうと、関係ないことだ。自分が作ったゲームをやった人が増えたことに素直に喜んでいた日本の作者。異国の作者から差別なく答えをもらった中国のゲームプレイヤー。私達が探し続けている交流の方法の正解は、これではないかと、私は思う。

（指導教師　古川翠）

◉三等賞　テーマ「わたしの先生はすごい」

私の先生はすごい

重慶大学　劉世奇

アインシュタインは教育についてこのようなことを言った。「学校で学んだことを一切忘れてしまった時に、なお残っているもの、それこそ教育だ」日本語科の学生として、いろいろな日本人の先生と出会ったが、日本文化や日本語の知識を身に付けるよりむしろ、彼らの人生や仕事に対する態度が私に影響を与えることの方がもっと大切だと感じている。

その日本人の先生の中で、一番忘れ難いのは木村先生である。彼は四十歳くらいだが、いつも本当の年齢を教えず、自分はまだ十七歳だよと言う。早稲田大学大学院を卒業し、昔日本のある企業で働いていたそうだが、なぜその給料の高い仕事を辞めて、中国で日本語の先生になったのかと私はずっと考えていた。が、先生の授業を二年も受けた今の私はもう分かった。いい大学に受かったからと言って、必ずしも立身出世するとは言えない。それより、自分の生き甲斐を見つけることの方が大切なのだ。

先生は授業するたびに必ずちゃんと準備していた。そして、授業中はいつも元気を出してやる気満々に見える。彼は今、日本社会の特徴を紹介する授業をしている。簡単に彼が日本に対する印象を教えればいいのに、先生はそうしない。例えば、日本の教育を紹介する時に、色々なグラフや表を使って、日本と中国や欧米の教育状況を比較して自分の結論を述べた。先生のお陰で、私は今、アジアの教育は欧米のと比べて、受験勉強の色が濃いと分かった。更に、先生は経済の格差によって出来た日本の教育における問題点があるのと同じように中国の教育においても経済や地域の格差の問題があると言った。それを聞いた時、先生が中国の現況を深く知っていることにびっくりした。彼は勝手に教えているのではなく、資料をよく調べて、中国で長年生活してきた経験と外国を旅行した時の見聞を活かして授業をした。先生は心及び人生の全ての経験を込めて授業するプロの先生だと思う。

先生の真面目さと言うと、彼は厳しい人だと思われているが、そうではない。先生が授業でこだわることのもう一つが授業の前の五分間にする自分の生活についての面白い話だ。一人での生活を中国でしている日本人なのに、退屈さが見えなくて、生活のすごく小さな面白さも彼には見つけられる。更に、先生は落語家の才能もあって、どんなに小さなことでも、先生はいつもそれを利用して我々を笑わせる。先生のこのタレント性はすごいと思う。しかし、人間として、いつも喜んでばかりいる人はいない。ある日、先生が微笑みながらこのような言葉を言った。「一人で生活していて、病気になったら本当に寂しくて辛いですよ」。その時、先生の生活はそんなに面白くなく、彼はただポジティブな人生の態度が重要なのだと学生に教えたいのだということが分かった。

先生の授業を受けている時、彼が芸術家のように見えることがある。一つひとつの授業が先生にとっては作品のような存在なのだと思う。芸術家のような先生としてどんなに手間がかかっても、作品としての授業をなるべく完璧にしようとしている。我々学生たちは先生にとって、彼の作品を鑑賞する観衆だろう。作品を楽しんでいると同時に彼が伝えたいものを受け取った学生を見て、彼はきっと満足して幸せを感じていると思う。

私は木村先生のことを書いている時に魯迅の短編小説『藤野先生』のエピソードを思い出した。魯迅が中国で有名になった後、記者が藤野先生に聞くと、彼は「あの時、周樹人（魯迅の本名）と言う学生に特別に注意しなかった。ただ周さんの作文やメモの誤りを訂正したようなことをした」と言ったそうだ。先生として、自分の一挙一動がどれほど学生に影響を与えるのか、おそらく先生自身もわからないのだろう。

私は木村先生がすごいと思っている。彼の芸術家のようなプロの先生としての生き方は私に深い影響を与えた。そして、自分も将来、先生のような立派な人間になりたい。

（指導教師　木村憲史）

◉**三等賞**　テーマ「日中青年交流について」

わだかまりをとこう

西安財経学院　堯舜禹

　私が日本語を学び始めたのは大学に入ってからだ。ずっと日本語のアニメを見ていたが、日本語の文法や語彙は一切分からなかった。早く日本語のアニメを字幕なしで見るために、私は毎日教科書の内容を一生懸命暗記した。

　しばらくして、外国語を学ぶのは、アニメを見るためだけでなく、人と交流するためだということに気づいた。しかし、私の学校は、日本語学科が設置されたばかりで、日本人の先生も、留学生も一人もいなかった。だから、日本人と交流したくてたまらなかった。

　ある日、たまたま日本人とチャットできるようになった。本物の日本人と日本語で交流できると思ったら宝物が見つかったように嬉しかった。胸をわくわくさせながら、若者中心のチャットルームに入った。日本人との初めてのチャット。私はずいぶん緊張した。ほかの人を真似して、「こんばんは」と入力して、みんなと挨拶した。すぐに、「こんばんは」「こん(´w`)//」とみんな優しく返事をしてくれた。そして、「はじめまして、私は中国人です。日本語を勉強しています。よろしくお願いします」と自己紹介をした。「はじめまして」など、みなも自己紹介をしてくれた。簡単な日本語だったけれど、初めて通じたのは本当にうれしくて、会話するのは楽しいなと当時の私はそう思っていた。

　だんだん、私もそこに慣れてきて、新しい友達もできた。レイクさんという中国人だった。彼も日本語を勉強している学生だ。レイクさんは彼の日本人の友達のレンさんを紹介してくれた。レンさんはまだ14歳の中学生だった。レイクさんと私は冗談半分にレンさんを先生と呼んだ。彼女は私たちが話した日本語の間違いを直してくれたからだ。

　それから、私は毎日レンさんとレイクさんとのチャットを楽しみにしていた。ある日、レイクさんは「実は、レンさんはこのチャットルームで人気があるんですよ」と含みがちに言った。夜7時、次第に多くの人が入ってきて、チャットルームがにぎやかになった。何分か後にレンさんも来た。先の人たちはレンさんのところに集まった。「すごいね、レンさん！」。私は感心した。

そして私も皆に挨拶をしてチャットに入った。「すみません、○○ってどういう意味ですか？　私は中国人ですから、よく分かりません」と問いかけてみた。「えっ、中国人」「何で中国人がいるの」。雰囲気が変わったような感じがした。「中国人はここから出て行け」「尖閣諸島を侵略した上で、チャットルームまでも侵略するつもりか！」など、ひどい言葉が出てきた。本当にびっくりした。「チャットルームは政治とは関係ないだろう！」。私はそう言いたかったけど、日本語でどういえばいいかは分からなかった。ただ「そうじゃない」と言うしかなかった。そのとき、「そんなことを言うのはひどい、もう相手にしたくない！」とレンさんが助けてくれた。そして、レンさんはチャットルームから出て行った。「お前のせいでレンさんが行っちゃった！」。相手から責められた。心が本当に傷ついた。とても悔しかった。しばらくして、レンさんからメッセージが来た。「ごめんね、気にしないでね」。「レンさんは優しいですね、ありがとう」とキーボードを打ちながら涙が出てきた。

チャットルームは中日青年に交流の場を与えてくれた。しかし、欠点もある。画面を隔てているので、相手の本当の気持ちがわかりにくいことだ。「中国人が嫌い」と言った人たちも、実際に会って話してみると、案外違った印象を受けるかもしれない。だから、言葉と心の生の交流が重要だと思う。例えば、留学のチャンスがなくても、両国には互いの言語を学習する機会がたくさんある。日本語コーナーに参加するとか、留学生と積極的に交流するとか。そういう機会を利用し、広げる。私も自分の力を尽くして、そのような交流に貢献したいたいと思う。中日青年のわだかまりを、自分のできることから解いていこう。

（指導教師　馬聡麗、奥野昂人）

◉**三等賞**　テーマ「日中青年交流について」

日本に向けるまなざし

浙江師範大学　孔夢雪

最も中日両国の青年交流を阻害しているのは世論ではないか、と私は思う。

「あんたに日本に行かれてたまるものか」。これは、私が日本留学の件について、父と相談した時、返ってきた答えだった。実は日本語学部に入って、けっこう大変な目に会ったのだ。父には理解してもらえなかったし、四歳年上の兄にまで「売国奴」と呼ばれたこともあった。兄は冗談のつもりで言ったのはよく分かっていたが、その言葉にはきっと本気の部分も含んでいるだろう。

私自身は、日本にかなり好意を抱いている。最初はあまり興味を持っていなかったが、日本語を勉強するにつれて、日本という国を深く理解できるようになり、段々好きになっていた。父も兄も心の底から日本を恨んではいないと思う。彼らは、個人として、直接日本から具体的な被害を受けていないからだ。特に、兄は日本のACG（アニメ、漫画、ゲームの総称）文化をけっこう気に入っているのに、なぜ日本に留学したい妹のことを「売国奴」と呼ぶのだろうか。日本製品を信頼している父は、またなぜ日本語を勉強している娘に面子を潰されたと思うのだろうか。

私はちょっと考えてみた。父と兄の矛盾している感情は、個人的な嫌悪感と言うより、国全般の怒りと言った方がもっと相応しい。父も兄もただ世論の力に逆らえないだけじゃないかと。その世論に逆らえない父と兄は世論の一部になり、その力をより一層強めているのだろう。

私の知っている限りでは、20代の若者は本気で日本を憎んだり恨んだりしている人はあまり多くはない。大学の食堂で外教の先生と日本語で話している時、周りの人の反応を見ればわかる。皆が投げかける視線は決して軽蔑の類ではなく、むしろ、単純に外国語が出来る人を羨ましがっている目だ。しかし、日本に関係のあるマイナス情報が出るたびに一番過激な行動に走りやすいのもこの世代だ。多分、この年代の人は大人になりきれていなくて、不安なのかもしれない。日本のアニメを見ながらも、日本の悪口を言う。日本人の丁寧さに感心しつつも、日本人は善良だと認めない。つまり素直になれないということなのだ。皆と逆の意見を出せば、攻撃の対象になりやすいから、その場の空気を読んで、不本意でも日本を拒絶する。

小学校から受けた「歴史の恥を銘記せよ」という観念、テレビで絶え間なく放送される抗日戦争のドラマ、上の世代の深い怨念。それらは世論を作り出した。そして、今の若者を戸惑わせる。集団から脱落するのを怖がって、自分の考えを貫くより、皆に合わせて声を出すことを先に選ぶ。あるいは、真の日本を見ずに、誰かに作り出された日本を仮想の敵とする人は少なくないだろう。同じように、中国を誤解している日本の若者も、多分、本当の中国を見ていない。

日本のすべてを考えずに拒否する若者がいれば、日本のすべてを考えずに受け入れる若者もいる。自分の国に不満を抱え、病的に日本のポップカチャーに憧れ、非現実のことに耽る人々は、きっといつか幻の日本から目を覚ますだろう。

この数年、中日両国の青年交流はいい方向に向かっている。世論の力に耐えて、本当の日本と本当の中国を冷静に自分の目で確かめようとしている若者がたくさんいる。そもそも、憎しみ続けるだけでは何もならないと誰でもよく知っている。

日本語を勉強して間もなく3年、辛い思いが色々とあったが、一瞬も後悔なんかしていない。いつの間にか、周りは日本と日本語に多かれ少なかれ興味を持っている人ばかりになっている。日本語のお陰で、沢山の人と出会い、友達になった。そして、私の影響で友達は日本に対する偏見が無くなってきている。それも、中日両国の青年交流がいい方向に向かっている証拠の一つだと思う。

日本に留学に行く機会を失ったが、いずれ親の力を頼らないで日本に行くつもりだ。

その時、私はきっと客観的に日本語という言語、日本人という人々、日本という国を語れるだろう。

（指導教師　徐微潔、濱田信敏）

◉三等賞　テーマ「なんでそうなるの？」

受け継がれゆく伝統文化

山東大学（威海）翻訳学院　李思琦

あれはよく知っているような知らないような不思議な世界だった。アニメの中で、古いお寺の跡や風に揺れ動く桜などの美しい映像を見て、当時まだ六歳だった私は、その世界に引き込まれた。それを皮切りとして、物心ついた時から私は日本文化に夢中になり、大学で日本語専攻を選んだ。ごく普通の選択だったけど、私にとって、中国文化を改めて考える良いきっかけとなるなんて思わなかった。

今、北京へ行けば「故宮」の姿はまだ見える。でも西安へ行くと「長楽宮」の漢服姿はもう見えないだろう。

近年、中国では清明節のお墓参りは封建制度、中秋節の月見は天邪鬼と見なされ、伝統的な祝日を祝う風習が少なくなっている。「祝日の風習はあまり行わなくなり、面倒な風習を行うより、ゆっくり休みたい」という考えを持っている人が増えた。もちろん、私もその中の一人だった。

しかし、一つのニュースが私のこの考えを変えた。たまたまテレビを見た時「韓国は文化遺産の申請が成功し、端午節が韓国のものになった」というニュースを聞いて驚いた。今後「粽子」と「屈原」はもう自国のものではないんだということを思うと本当に心苦しくなり、「今まで見過ごしてきた風習こそが、我々にとって本当に大事な伝統文化だったんだ」と私は後悔の念に駆られた。そして、元々伝統に関心がなかった私に、中国の伝統文化を自分達で守らなければならないと気付かせてくれた。中国は今までずっと中国文化を「広くて深く、遠くて長い」と自画自賛していたが、このまま伝統的な祝日を見過ごし続ければ、端午節のみならず、何年後かには多分この誇りさえも失ってしまうだろう。

さらに私を不安にさせる出来事は大学一年生の時のことである。大学で中秋節の月祭りが開催され、今まで一度も行ったことがなかった私は大変興味があって参加した。本来は満月の日、漢服を着て、月の神をお参りする普通のことだけど、今の中国では、漢服だけでなく、月祭りまでも珍しい行事となってしまった。だから、見に来ている人達は、たくさんの写真を撮っていた。私も、あまりの漢服姿の珍しさに記念写真を写した。あの晩帰ってから、写真を見ながら考え込んでいた。

近代中国の女性は、西洋の美しさに魅了され、チャイナドレスや漢服を捨てて洋装を着る。しかし、嘗て近代日本の女性は、生きる為に全てのものを捨てても、浴衣と着物だけは捨てなかったそうだ。

私達中国人は、今漢服を着て北京や上海の街で散歩する勇気がない。でも日本は、京都や大阪など普通に浴衣や着物を着ている老若男女が沢山いる。日本では浴衣や着物を着るのは、ちっとも珍しくないのだ。

私は「なんでそうなるの?」と不思議でたまらなくて、物思いにふけった。これは日本が、気骨がある民族というより、むしろ自国の文化に対して誇りを持っているからなのかもしれない。

「四大文明」の一つとして、今もなお続いている中国文化は、既に中国の自慢できるほどの資本になったと言っても過言ではない。本来は誇りに思うべき中国文化なのに、却って悲しい気持ちになるのはなぜだろう。考えれば考えるほど私は、眠れなくなった。やはり私が、日本を好きにならなかったら、両国文化の継承の差や、中国の伝統が流失しているということは、ずっと分からないままだったかもしれない。

確かに両国の仕組みや教育など多くの点が違う。文化継承の現状がその違いの一つとして、大したことではない。でも私が本当に皆に届けたいのは、自国の伝統文化に国民自らが誇りを持つだけでなく、中国の失いつつある伝統文化ももっと重視することである。

できることなら将来、中国の伝統を再び世界中の人々の視線に集められるように、これからも日本語そして日本文化を学習し続けていき、いつか奈良や京都へ行って、自分の目で日本の文化継承のコツを学び、日本文化の魅力を感じたい。

（指導教師　舩江淳世）

◉**三等賞**　テーマ「日中青年交流について」

交流は理解を促進する

山東科技大学　蔣雲芸

「また、日本のアニメを見ているのか。お前らは本当に歴史を忘れた世代だな。お前らはなにもしらないのう。日本人は怖いのだ」。爺ちゃんがいつもため息をついて言っていました。「時代はもう変わったんだ。こんな可愛いアニメを創り出せる人たちはきっと優しい人なんだ。知らないのは爺ちゃんの方だよ」とわたしはいつもこんなふうに言い返しました。

大学に受かって家族の反対をよそに、断然日本語科を選びました。もちろん、好きもそれを選んだ理由の一つですが、もっと大事なのは私は自分の目で日本のことを確かめたかった、見たかったからです。日本のことについて、自分で判断したいと思っています。

初めて日本に行ったとき、正直に言えば、ちょっと心細かったです。日本の方は中国人のことをどう思うか気になってしょうがなかったです。そして、迎えに来てくれたのは中原さんというちょっと年上のお姉さんでした。きちんとしたスーツ姿に温かい笑顔、それが第一印象でした。挨拶するとき、私は緊張してうまくいきませんでした。そんな私を見て、「だいじょうぶですよ。何か問題があったらいつでも遠慮なく聞いてくださいね。私は普通の日本人ですから、そんなに緊張する必要はありませんよ」と彼女が優しく言ってくれました。日本に滞在する間、そんな中原のお姉さんは色々な「普通の日本人」の優しさを教えてくれたのです。

みんなで空港からホテルに行く途中、エレベーターに乗った時の話です。中原さんは一番目にエレベーターに乗って、そして、ずっと開くボタンを押して、全員が入ってからようやく指をボタンから離したのです。私は不思議に思って「え、なんで」と声に出しました。「ああ、これはね、ほかの人がドアに挟まらないようにしているんだよ。一番目にエレベーターに乗った人の責任と言えるかな」。「ああ、なるほど、素敵、知らなかった。中国にはその習慣がないね」と私は感心しました。「爺ちゃんにも見せたいなあ、こんな思いやりの気持ちに溢れている本当の日本を」と私は心の中でささやきました。また、エレベーターを出るときも、中原さんはずっと開くボタンを押して、最後に出たのです。

そして、そんなある日、みんなで一緒にご飯を食べているところに、「日本のこと、どう思いますか」と中原さんはちょっと自信なさそうに聞きました。「色々知らなかったことも勉強したし、日本の方の優しさも実感しています。ほんとに来てよかったと思います。ありがとうございます」と感謝の気持ちを込めて答えました。すると、「よかったね、認めてくれてありがとう。みんなと付き合ううちに私も中国の方の情熱と親切さを実感しています。いつか全ての中国の方と日本人がこんなふうに付き合う日が来て欲しいなあ」と彼女が感動した口調で言いました。「そうなんだ。本当は日本の皆さんにも私のように日本と中国が仲良くなることを望む人がいっぱいいるんだ。でも、お互い交流するチャンスはなかなかない」と改めて認識しました。

短い日本旅行はすぐ終わりました。家に帰って、爺ちゃんに土産話をしました。爺ちゃんは土産の梅酒を飲みながら言いました。「生まれた時代が時代でなあ、多分わしはお前のように日本を好きになることができないが、お前の努力は認める。わしの考えも少し変わった」

私のように日本のことが好きな中国人もいれば、嫌いな人もいます。日本も同じだと思います。すべての人の考えを同じようにするのも不可能です。そして、好きか嫌いかどっちを選ぶのも人々の自由です。でも、やっぱり自分の立場を選ぶ前に、よく理解する必要があると思います。「とにかく嫌だから、それについて何も聞きたくない、理解する必要はない」という考え方こそ、いろいろな誤解が生じるのです。今回のことで、両国が理解しあえる日が来て欲しいという気持ちは改めて深まりました。

（指導教師　石田雄士）

◉三等賞　テーマ「なんでそうなるの？」

外人から友人へ

広東海洋大学　蘇芸鳴

ある日、日本に留学している友人からこのようなメールが送られてきた。

「どうすれば日本人と友達になれるの？」

社交的であるはずの友人が人間関係に悩むとは思わなかった。話によると、日本へ行ってからもう半年も経ったのに、日本人の友達はまだ一人もできていないそうだ。クラスメートの皆は親切で、論文に困った時もにこにこしながら熱心に助けてくれる。日常生活のやりとりも問題なく、むしろ和やかな雰囲気に包まれているといったほうがいいそうだ。しかし、仲を深めるために、一緒にご飯をしたり買い物に行ったり、友達らしいことをしようとすると、「行きたいのですが、今日はちょっと……」と婉曲に断られるばかりで、距離を感じたと友人はいった。

「何か誤解されやすいことでもしたの？」と私は友人に聞いた。すると、

「単純に外国人であることで、よそもの扱いされるらしい」と悩ましい返事が返ってきた。

日本語の中には「外人」という言葉がある。それは、日本における外国人の略称としてよく使われている。だが、その言葉に対して、一部に不快に感じ、それが差別用語だと思う外国人もいる。一方、日本人の中には、外人を差別用語と思わず、単なる外国人の略語として平気で使っている人もいれば、差別意識を持って「外人さん」を使う人もいる。

日本人へのファーストイメージは「礼儀正しい」ということが世界中で認められている。目上の人には敬語、同輩や目下の者にも丁寧な言葉を使う。そして、人の好意に絶えず笑顔と感謝の気持ちで受け取り、人を喜ばせるように褒めたり、励ましたりする。確かに、このような礼儀正しい立ち居振る舞いによって他人にいい印象が残される。その半面、実際にそれは他人を、特に外国人

を拒否している印象を与えるのではないだろうか。

友人の場合を例として挙げよう。日本にいる半年の間、友人は何度も「日本語がお上手ですね」と先生やクラスメートに褒められた。最初は大変嬉しかった友人はその後、それは単なる外国人に対する判で押したような建前に過ぎないと分かり、恥ずかしくてたまらなかったそうだ。友人と同じように、日本で住み、働き、心の底から日本社会に溶け込みたいが、周囲の日本人から疎外される外国人も少なくない。

ある新聞社の世論調査によると、より多くの外国人観光客に来て欲しくないと考えている日本人は3分の1もいるという。また、数は少ないが、「外国人お断り」や「日本語のできない方お断り」といった張り紙を貼っている店もあるそうだ。もちろん、全ての日本人が外国人に敵意を持っているというわけではない。しかしその中に、ほんの一部の人が外国人に対してある程度の排外心理を持っているのも事実である。それは、どうしてだろう。

日本にはアイヌや朝鮮人などの少数民族がいる。実際、日本は単一民族国家だと思っている人が多い。他民族との接触が少ないため、国際感覚が薄くなって、民族優越感の強い日本人は比較的、自国内に限った視点から物事を捉えかねない。すると、表面的に笑顔を作り、外国人と友人になろうとしない日本人がいるのもおかしくないだろう。

21世紀に入り、交通手段や通信技術の発達によるグローバル化はますます顕著になってきた。日本の国際的な地位が高まるにつれて、他国との交流や貿易活動も盛んになった。そして、仕事や旅行など短期滞在の外国人と、日本へ定住していく外国人はこれからも増えるだろう。このような背景の中で、日本社会がどのようにこの状況に対応するのか。拒否する態度を持つのか。それとも、包容力をもち、全面的に外国人を理解し、多様性のある社会を作り上げるのか。

中国から見ると、もし日本社会がより開放的になれば、日中友好交流も深まるようになると考える。そして、皮膚の色や出身国に基づく人種偏見を捨て、心を開いて、外国人とも仲良くしていく日本であってほしいと思う。

（指導教師　原田拓郎）

◉**三等賞**　テーマ「なんでそうなるの？」

日本人の美意識

鄭州大学　朱磊磊

日本語の文章を読むたびに、こんな細かいことを、よくもそんなに深く考えるものだと思ってしまう。その思いは、読んだ日本語の文章が多くなればなるほど、強くなってきた。どうして日本人はこれほどまでに物事を細かくとらえるのだろう。その疑問は私の頭から消えることはなかった。

その疑問に対する解決の糸口が見つかったのは、去年、私の大学で開かれた日本語言語学の教授による講座を聞いた時のことだ。その教授は、日本人は「小さいものを美とする」という美意識を持っているとおっしゃり、私は、ああ、そうかと納得したものだ。狭い日本列島には広い草原や砂漠、巍然と聳えた山、奔流となる江河などの自然風景が少ないため、そこで暮らしている日本人は壮大な景色を好む大陸民族と違い、敏感で繊細な独特な気質を持つようになったというのである。

文章の面で見れば、それは巨視的視点と微視的視点の違いという言葉で表すことができる。日本文学の一つの形である俳句は世界で一番短い詩だが、その魅力は少ない文字を用いて読む人の想像力をかきたてるところにある。また、日本人に愛されている庭は自然のミニチュアであり、それを自分の周囲に配置することで四季折々の移り変わりを敏感に感じることができる。このどちらもが日本人の繊細な気質の表れであり、「小さいものを美とする」美意識の証明と言えるだろう。

そのような美意識を持つ日本人だが、それではその美意識は今の時代ではどのようなところで発揮されているのだろうか。日本人は外国人から真面目、慎重と評され、産業技術や人間関係、環境などに対しても、常に細かいところまで気を配っている。特に産業技術の分野では、日本製品は優秀な品質で壊れにくく、使いやすいと全世界で高く評価されている。私の周囲にも「Made in

Japan」と刻印された電気製品を使っている人は多いが、その刻印はすなわち、品質を保証する証明書でもある。自然資源が乏しい日本が強い経済力を誇る豊かな国になったのは、そのような日本人気質によるところが大きいはずだ。

インターネットを開くと、旅行や出張、留学などで日本を訪れた人たちの滞在記を多数目にすることができ、そこには日本で見聞した様々な驚きが書き込まれている。そして、その大半は些細なところまで行き届いたサービスをする日本人の細やかさが指摘されている。それらの感想と掲載された写真を見ながら、日本をこの目で見たいという私の気持ちは高まる一方だ。

だが、その興奮が醒めた時、私はこう思った。つまり、些細なところまで気を配ることはすでに日本人の体に滲み込んでいるのではないか。私が日本語の文章を読むたびに感じていた、物事をこれほどまでに細かく考えるのは日本人にとって特別なことではなく、それこそが日本人が日本人であることの証明なのではないかと。

日本語を勉強する前に漠然と思っていた、表情が乏しく融通が利かないのが日本人なのではなく、感受性が豊かで、その感受性を細かいところまで行き届かせるのが日本人という民族なのだろうと、今の私は理解している。その感受性がモノに向けられた時、高い品質と壊れにくさという形で表れ、人に向けられた時に礼儀正しさと相手の気持ちを尊重する心遣いとして表れる。そして、環境へと向けられると、ゴミの分別処理、ゴミの持ち帰りといった行為となる。

私が日本語の文章を読んだとき、何故か心を打たれるのは、日本人のその感受性が行間に満ちていて、たとえそれが微視的な視点から書き始められたものであっても、心の奥底まで見通すことができる視点だからこそ、心に迫ってくるのだろう。そして、それこそが日本の文学作品の独特の美なのだと、私は思っている。

（指導教師　横山克志）

◉三等賞　テーマ「なんでそうなるの？」

なぜゴミを持ち帰るの

南京農業大学　譚文英

幼い頃、テレビに映る日本のきれいな道に目を逸らせなくなりました。道にゴミが一つもありませんでした。どうしてそんなにきれいなのかという疑問が浮かんできました。そして、時が流れて、大学で大好きな日本語を選び、日本人の友達もできました。優子さんという日本からの一年間の交換留学生です。ある夏の日、優子さんと一緒にウィンドウショッピングに行こうという約束しました。その日、とても暑くて汗もいっぱい出てきました。私は思わずティッシュペーパーを取り、一枚を優子さんに渡そうとした時、

「ありがとう。でもね、私、ハンカチ持ってるから」

「え！　ハンカチ？　いつも持ち歩いてるの？」

「うん、いつも持ち歩いてるよ。トイレに行ったあと手を拭くとか汗出た時とかよく使うよ」

「そうなの！　優子ちゃん、おばさんみたいだなぁ（笑）。だって、中国では、年取ったひとしかハンカチを使わないよ」

「え！　本当？　日本人ならみんな、ハンカチ持ち歩いてるよ」

「そっか、やっぱり習慣違うんだよね！」

その時、ただの習慣が違うと思っただけでした。そして、優子さんのもう一つ謎のような行動はゴミを持ち帰ることでした。道に数え切れないゴミ箱があるのに、どうしてそこへすぐに捨てないのかなという疑問が残りました。

その後、ずっと抱えていた謎は昨年の夏、日本へ行き、やっと解けました。持ち帰る理由は道にゴミ箱がほとんどないからです。コンビニの外でゴミ箱が置かれていますが、普通の生活ゴミは捨てるわけにはいかないのです。みんなはゴミを家に持ち帰って捨てるようになります。それは法的なことではなくて、常識です。小さい

お菓子の包装からペットボトルまで、全部自分のかばんとか袋に入れています。しかし、中国なら、道に必ずゴミ箱が設置されていて、約数百メートルに一つありますから、日本に一カ月間ホームステイした時、最初はその習慣に戸惑いました。特に、アイスクリームを食べた後、その包装はどうすればいいのか、よく分かりませんでした。チョコレートが付いている包装紙で手がべたべたになるのは困ります。しかし、「郷に行って郷に従え」と考え、ゴミを持ち帰りましたが、そのままゴミ箱に入れたら、おしまいではなく、分類してから、捨てるのです。特にペットボトルはまずキャップをはずしてから、ラベルをはがし、中を軽くひと洗いし、最後つぶして、それぞれのゴミ箱に入れます。「一つのゴミ箱に捨てればいいのに、どうしてそこまでしなければならないんだ」と心の中で文句を言いました。最初はめんどくさいと思いました。なぜなら、中国ではゴミは全部混ぜて捨てていますから。日本のように細かい分類はあまりしません。

しかし、深く考えれば、日本のやり方は地球に優しいと思います。最初は優子さんの行動は不思議だと思いましたが、今、やっと分かってきました。持ち帰ったゴミはリユースして飾り物も作れるし、リサイクルしてまた別のものになって利用できるし、リデュースしてゴミの数も減ります。リサイクル（再資源化）、リユース（再利用）、リデュース（減量化）という3Rは日本でよく実践しています。「まぜればごみ、分ければ資源」という小さいことをちゃんと意識して、未来環境を大きく変えます。一方、現在、中国にはいろんな問題があり、その中でもっとも深刻なのは環境問題です。例えば、PM2・5とか、ゴミの処理とか、車の排気とかいろんな問題はすでに目の前に迫っていますから、何をすべきかというのは今発展中の中国にとって考えなければならないことです。子々孫々の未来をもう一度真剣に考えていかなければ人類の発展は望めないです。そのはじめの一歩として、ゴミを持ち帰りましょう！

「ねえ、ねえ～優子ちゃん～。今、私もハンカチとゴミ袋を持ち歩いてるよ！」

（指導教師　佐藤朋子）

◉**三等賞**　テーマ「わたしの先生はすごい」

ぐるぐるの音

瀋陽薬科大学　楊力

初めての日本語の先生を待っている学生たち。ぐるぐるの音が大きくなるにつれて、胡桃を手で転がしているおじいさんが教室に入った。「春日」という名前とぴったりで、親切な笑顔がまるで春の日のように、温かい感じが伝わってくる先生だった。

先生の授業がいつも午前なので、朝早く教室に入り、ぐるぐるの音の中、メモがいっぱい挟んである教科書を持っている先生と挨拶するのが、一番印象に残っている。先生は中国に来る前に歴史の先生を担当していたから、毎日のようにその時期相応の事件や風俗を教えてくれた。それで日本の文化をだんだん理解してきて、日本に興味を持つようになってきて、日本語への情熱もどんどん増えてきた。先生のご指導の下、私は初めての日本語弁論大会に参加した。校内の小さなコンテストにもかかわらず、先生はとても熱心に指導してくださって、「とてもいい原稿だよ。発音もきれいだ。頑張ってください」と色々励ましてくださった。今から見ると、表現が単調で、まだまだ文章力が足りない原稿だった。しかし、あの時の達成感がずっと日本語の勉強を支えてくれた。

先生のおかげで、先生方がどんなに生徒の人生に影響を与えるかをますます実感して、自分の物事の見方も大きく変わった。以前私は小学校の先生である母が家で採点をするのが大嫌いだった。「自分の生徒より、娘のほうがずっと重要だろう」と時々文句を零した。今は当時の自分が本当に恥ずかしいと思う。今、母と電話する時には、「ねえ、お母さん、ちゃんと子供たちを教えてね、励ましてね」とよく言うようになった。

先生と別れて、間もなく一年。しかし、あの最後の授業の様子はしっかり頭の中に残っている。一年生の期末、先生が体調のために帰国することを決めたという情報を聞いたクラスメートたちが、早起きして、授業の前に教室を飾って、静かに座って、しっかりお別れの会をするつもりだった。

息を凝らして、そのぐるぐるの音をみんなは待っていました。時間はシーンと流れてゆく。やっと胡桃の音が聞こえてきた。その音が大きくなるにつれて、先生は教室に入った。しかし、いつもの優しい態度に反して、何にも見えないように、「では、皆さん、授業を始めましょう」と言って、黒板に書いてある字を消し始めた。急に心が冷めてしまったみんなの泣き声が聞こえる教室。授業はそのまま続いていた。「おい、変な雰囲気になるな。送別会はなくてもいいよ。人生はね、いろんな人に出会って、分かれて、泣いて、笑って、さまざまな経験をして成長していくものですよ。私のことを忘れて、次の先生と仲良くしてください。どこかで会えなくても、天国で会える」と先生は突然叫びだした。涙がこぼれているみんなを放って置いたまま、「では、さよなら」と、先生は胡桃を転がしながら、後ろも振り向かずに帰りました。

別れの場面が納得できずに悩んで、私は先生に手紙を出してみた。すると、意外に先生から「出会いと別れは人生にはつきもの。見送られる自分の満足も大事だけど、見送る側の満足も考えて、お別れ会に付き合っても良かったなあ」という返事をいただいた。

やっぱり先生は私たちを大事にしていて、私たちを未練を残さないように、こんな決別をしたわけかと心が明るくなってきた。

春の日が万物を暖かく照らしているように、先生は今でも私の背中を押して、進路を導いてくれている。難しい専門学科に満たされている生活に疲れた私に先生は「若いときの苦労を買ってでもする価値があります。うんと苦労して、いっぱい悩んで頑張りなさい」と励ましてくださった。

あのぐるぐるの胡桃の音が、その後、中日の間のトラブルの中、ずっと中日友好の信念を支えてくれた。

ぜひもう一度聞きたい、あのぐるぐるの音。

（指導教師　遠山樹彦）

◉**三等賞**　テーマ「日中青年交流について」

アニメは架け橋

青海民族大学　王瑪才旦

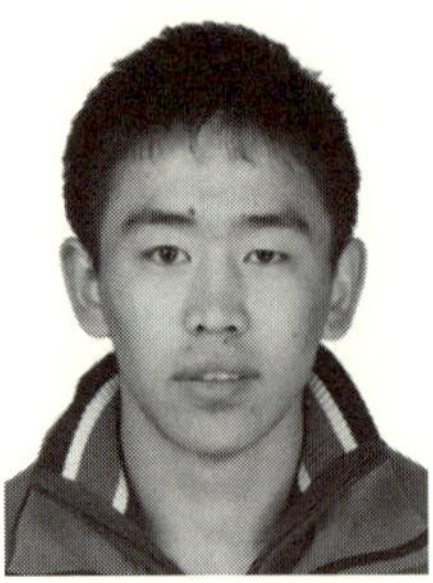

私は宮崎駿監督のアニメが大好きです。なぜなら、その中に描かれている自然が本物のように感じられるからです。そして、アニメをきっかけに日本語の勉強を始めました。日本でアニメは子供だけではなく、大人にも人気があるそうです。私は宮崎監督のアニメを沢山見ましたが、その中で日本の自然環境破壊に気がつきました。例えば『崖の上のポニョ』の中で、瓶からポニョが出てくる場面がありました。それを見て、監督が環境問題について話していると思いました。なぜなら、人々が勝手にゴミをあちらこちらで捨てている点を表していると思ったからです。また毒気の森に包まれている世の中で、人々は生きていくためにマスクをつけなければならない『風の谷のナウシカ』、自然の神を怒らせる『もののけ姫』に出てくる人々の行為を表している場面など。そして、監督のアニメがチベットにヒントを得ていることも知りました。

私たちチベット族のことを振り返ったら、ゴミのあふれた草原を思い出します。最近、チベット族の地域の環境問題が悪くなり続けています。経済が発展すると共に、故郷の環境もだんだん変わってきました。いつもゴミのあふれている草原や汚れている川が見られます。

この問題は小さな問題ではなく、生活に影響を及ぼす大きな問題です。これに対して、私達は考えなければなりません。そこで、日本とチベットの自然観に対して少し話します。チベット族は昔から仏教の影響を受け、お釈迦様の教えにより自然を愛し、資源をムダに使わず、野生動物を殺さず、自然を大切にしてきました。もし自然を破壊したら草や木などが減少し、人間や生き物に害を及ぼすと考えられてきました。一方、日本人は「草木国土、悉皆成仏」という言葉を信じて、山川草木のいたる所に神が存在していると感じ、自然を大切にしてきたといいます。また、チベット族は「縁起」という仏教の言葉を信じています。この意味は「すべてのものがつながっている」という事です。自然を破壊したら私達の生活は影響を受けます。チベット族はこのことを信じてきたのです。

今、日本では「環境教育の出前授業」という小学生向けの体験授業が作られていて、子供が苗木を植え、育て続けています。そのために環境問題についての思いが子供たちの中で育ち続けています。しかし、チベット社会では忘れられた言葉しか残っていません。昔は「花をとったら背が伸びない」とか「焦げたパンを食べればお金を見つけることができる」などといった言葉を使って、環境問題についての思いを育てましたが、今はその習慣がだんだん変わってきています。だから、私はチベット人として、どうにかしなければなりません。私が今の日本を知ったのはアニメがあったからです。アニメには知らせる力があると思います。アニメを通して環境問題に対するチベットの物語などを世の中に出したら、社会に貢献できるはずです。

私は日本でアニメの技術を身に付けて、故郷に帰ります。また、それを使っていろいろな作品を作ってチベットの皆に見せます。きっと日本のアニメのおかげで故郷の人々の行為も変わると信じています。でも、それでは日本からもらうばかりじゃないか、日本のために何もしていないんじゃないか。次は日本に返す番です。日本には沢山のアニメがあります。チベットには面白い童話が沢山あります。そこで、私にできるのはチベットの童話を日本語と中国語に翻訳することです。日本の高いアニメの技術とチベットのすばらしい童話を結び付けることができたら、日本、チベット、そして中国の環境に対する思いが大きく変わると信じています。

このことは夢でしょうか、ただの空想でしょうか。私に本当にできるか、いや、やってみるしかない。私が今、日本語学科にいるのはもうチベットでいう「縁起」が始まっているのです。「つながり」をわざわざ切ることはありません。やってみよう。

（指導教師　岩下満）

◉三等賞　テーマ「わたしの先生はすごい」

わたしの先生はすごい

四川外国語大学　宋文妍

「先生、それは何?」

　私は先生のお宅を訪ねた時、積み重ねてあったファイルを指さして聞いた。

「これは、日本語学校や日本の大学のパンフレットだよ」

　と先生は答えた。

「先生は転職するの?」

　と興味深く聞いた。

「君は、そんなに僕の事が嫌いなの?　早く転職して欲しいんだ」

　とニコニコしながら答えた。

　実は、先生のお宅に、これらの資料が沢山ある事は、私は知っている。それは、先生にとっては「当たり前の事」だからだ。


　私の学部には、日本人の先生は3名いらっしゃる。その中の一人の「すごい先生」は、ただの教師だけでなく、学生達の「情報センター」も担当している。その情報というのは、学生達の噂話から、進学や就職、留学の事など、この先生に聞けば、手に入らない情報は無い、というくらい、ありとあらゆる情報を持っている。さらに、ただの外国人教師に過ぎないのに、学部にいる中国人の先生の誰よりも、学生一人一人の事を把握していて、本当に頼りになる先生だ。

　この先生のすごいところがもう一つある。それは、普段、自分に対して、全くお金を掛けないことだ。学生に対しては、よくご馳走しているくせに、自分に対しては本当にお金を遣わず「省エネ」である。食事も簡単に済ませているし、携帯電話が壊れていても、買い換えたり、修理に出したりもせず、とにかくお金を遣わない。

　なぜお金を遣わないのか、それには理由がある。その先生は、いつも日本に帰国したら、日本全国に留学している、教え子たちを訪ね回るためである。中国の給料で働いているため、物価の高い日本を旅行するのは大変だからだ。

私の大学と提携を結んでいる、日本語学校や大学はたくさんある。そこに留学したい学生達が、日本の学校などの状況が分からないと可哀想だから、という理由で、交通費も宿泊費も全て自分のお金で、毎年、日本各地を回り、その学校や、留学している学生から状況を聞いて、後輩たちに、その情報を教えてくれる。

私は以前、「なぜ、そこまでしているのですか」と聞いてみたことがある。すると先生は、「一生懸命頑張っている学生達の力になりたいからです」と答えた。

日本では、教師、医者、弁護士、議員などが、「先生」と呼ばれている。その先生たちは、いずれも他人を助け、他人を幸せにするために努力をしている。私たちの先生も、学生の事を第一に考え、学生に必要とされる教師であることに、幸せを感じているようである。そして、自分の事は、全て後回しにしている。

私から見たら、これらの事は、「余計な事」のように感じるが、その先生は、学生から依頼されたら、断る事が出来ない性格のようで、どんな事でも引き受けてしまう。授業や、スピーチ原稿の添削や発音練習はもちろんの事、学生達の進路相談や留学の手伝い、さらに、既に社会人になった教え子からの仕事の手伝いなど、とにかく何でも引き受けてしまう。睡眠時間を削り、自分のお金を掛けてでも、学生から何か相談を受けたら、全力で引き受けているのである。

この、先生の「余計な事」は、私たち学生にとっては、本当にありがたい事で、言葉で言い表せないほど、学生の皆が、その先生に感謝している。しかし、いつも私たちは、その先生に世話になってばかりいるので、たまには、私たちも、その先生に対して「余計な事」をしてあげなくては、と思っている。

その先生は、今年で42歳になるのに、いまだに独身なのである。奥さんはもちろん、彼女すらいない。そこで私は考えた。実は、私には一人の未婚の綺麗な姉がいるのだが、今度、先生にその姉を紹介してあげようかと思っている。しかし、そんなことをしたら、先生からは「余計な事だ」と言われて、怒られてしまうかもしれない。

私だけでなく、多くの学生が、先生に「余計な事」をしてあげたいと思っている。先生、たまには自分の事も考えてください。


（指導教師　村瀬隆之）

◉**三等賞**　テーマ「日中青年交流について」

「憧れ」が開ける未来への扉

運城学院　梁露

海を見たい。子供の頃、そう思っていました。高校生の時、海の向こうに行ってみたい。そう思っていました。大学で日本語を学びながら、日本に行きたい、そう思いました。

私の故郷は広西省の小さな町、海も川も池も湖もありません。雨も多くありません。だから、海や海の向こうの国にとても憧れがあります。「海外」という日本語は、海の向こうへの憧れの意味があると思います。すなわち、日本人は昔から、海の向こうへの憧れを持っていたと思います。

私は本が好きで、中国の小説をたくさん読みました。でもその中に、海の向こうへの憧れはほとんど出てきませんでした。中国人の多くは、昔から、「海外」への憧れがありませんでした。なぜなら、中国こそが世界の中心で、最も文明の発達した国だったからです。そして、外の世界に目を向ける必要はありませんでした。そして、外の情報もほとんど庶民には伝わりませんでした。

現代、インターネットなどの情報技術が発達したおかげで、私たちは外国の情報を瞬時に手に入れることができます。そのおかげで、私たちは、外国の文化や生活への憧れが急速に生まれました。私もその一人です。

私は、日本語で言う「文学少女」だったので、自然と、日本の四季や美意識に魅かれました。初めて読んだ日本の小説は、谷崎潤一郎「春琴抄」です。そして、偶然にも、中学生の時に初めて見た日本映画も「春琴抄」でした。偶然はまだあります。初めて会った日本人先生の好きな小説も「春琴抄」でした。そして、この先生は私の憧れを全部体現している人でした。彼は言いました。「僕の実家は、朝窓を開ければ海と火山が見えて、街に歩いて行ける距離ですが、山と畑もあって、家の裏は桜公園です」

日本へ行きたい！　私の願望はますます強くなりました。

私のような若い人は漠然とした憧れを持っています。ある人はスターに、ある人は億万長者に、ある人は恋に、そしてある人は海外に憧れます。たぶん、これは若い人の特権かもしれません。大人は、良くも悪くも、現実的です。でも、私たち若者は良くも悪くも、「不確かな未来さえも愛せる」（先生の口癖）から、憧れたり期待したりします。

ですが、この「憧れ」が、実は今、日中間でひどく不均衡です。今は、中国の一部の若者が一方的に日本に憧れています。ああ、そうでした。中国の大人は日本製品に憧れ、日本のビジネスマンは中国の巨大市場に憧れていますね（笑）。話を元に戻しますが、日本人の間に、中国への「憧れ」が無くなったことは確かです。それは、中国を訪れる観光客数にも表れています。日中間にあるこの「憧れ」の不均衡を解消しなければなりません。

日本は、古来、海の向こうへの憧れがありました。中国人は今、海の向こうへの憧れがあります。もし両国の友好に必要なものがあるとすれば、それは「憧れ」に他なりません。「憧れ」は、どのように芽生えるのでしょう。それは、自分の子供の頃を考えればすぐに分かります。子供を驚かせて、楽しませてくれる存在です。

日本のアニメを楽しみ、日本の美しい風景に釘づけになり、日本の自然と製品に安心感を持つ。憧れるのに十分でしょう。中国の歴史を楽しみ、中国の壮大な風景に釘づけにして、中国の何かに安心感を持つ。あらっ、憧れるのに少し足りないかもしれませんね。

そう考えると、課題が見えてきますよね。中国は、安心感を作りださなければなりません。それは、日本が手助けできる分野じゃないでしょうか。でも、考えてみると、不足しているからこそ、海外に憧れるのかもしれません。日本人も、まだまだたくさん不足しているから海外旅行に行くはずです。

「憧れ」は、日中の、特に青年にとって未来への鍵です。「憧れ」という鍵を持って海外の扉を開くからです。もしあなたが一枚の外国の写真を見て、「憧れ」を抱いたら、ほら、あなたが青年の証ですよ。

（指導教師　瀬口誠）

◉**三等賞**　テーマ「日中青年交流について」

自分の目を信じる

東華大学　張哲琛

「あのう、突然かもしれませんが、今、中国の反日デモはどんな様子ですか」。環境問題をテーマにした日中若者討論会で、傍に座っている日本人に質問された。「いえ、それは……」。当日のテーマからあまりにもかけ離れていたため、私は返答に窮した。

質問したのは加藤さんという女子大生だった。

二〇一三年七月、あるイベントで日本に招待された私は、日中若者討論会に参加し、日本の名門大学の学生達と交流する機会に恵まれた。当時、日中関係は最悪のどん底から少しずつ回復している時だった。彼女の頭に浮かんだのは、恐らく前年の九月、領土問題が引き金となり、中国国内の複数の都市で起こった反日デモのことだったのだろう。この事件の報道は、ひとしきり新聞の一面を占めていた。これらのニュースを見ていたからこそ、加藤さんの質問に瞬時に答えられなかった。結局、この質問は他の話に流され、当日の討論会は終わった。

その夜、加藤さんから一通のメールをもらった。その内容は自分の質問で私を困らせたことを詫びるものだった。そして、彼女がなぜこの問題に関心を持っているかについてこう記してあった。「実は、前々からこの夏に中国へ旅行に行こうかなと思っているんです。でも、テレビでデモの報道を見たら、その生々しい怖さがずっと頭の中から離れなくて」。彼女の言葉を見て、なぜか携帯の画面を前にして涙ぐんでしまった私がいた。

そして、私は思い出した。日本に招待される前にネットで見た、日本人の中国人に対する意識調査の結果を。近年、周囲にますます多くなる中国人の学生や観光客に反感を持つ日本人は多数いるという。「大丈夫かな、嫌われるかな」と恐る恐る日本に行ったが、出逢った日本の方々はみな笑顔で接してくれた。気分が晴れ晴れすると同時に、過剰に心配しすぎていた自分を笑った。

だから、中国もきっとそうだ。反日デモは存在しなかったとは決して言えないながらも、それらの熱狂的な人間は大海の中の1粒のアワのようなものに過ぎないはず。逆にもっともっと大勢いるのは、本当に心優しい日中の永遠の平和を祈る人達である。

そこで、ふと伯父の面影が頭に浮かんできた。伯父は若い時の何年かを軍隊で過ごした。退役後は実家で饅頭屋を開いて、今に至っている。お喋りな伯父は親戚が集まる度に、政治やら軍事やら、日本と中国はまた戦争に走るのかといった話を口にした。「もしかして、伯父は日本人のことを憎んでいるのかな」とさえ思えるほどだった。しかし、数年前の秋頃、ある日本人が伯父の所に饅頭を作る腕を学びに来たそうだ。その日本人は割と年配の方で、中国人の妻の故郷を訪れるついでに饅頭の作り方を習得し、帰国したら饅頭屋を開こうと思い立ったという。いつも日本人の悪口を言っていた伯父のことなので、その日本人を門前払いしたのかと思いきや、伯父は店の客足が少ない間を狙って手取り足取り丁寧に教え、昼ご飯も一緒に仲良く同じテーブルを囲み、手料理を振舞ったという。その後伯父と会う度に、伯父は「いらっしゃいませ」「おはようございます」と教えてもらった日本語を日本語科の私に見せびらかした。

伯父の世代は恐らく私の世代と違い、日本への憧れのようなものがなく、日本人の悪口も言うが、いざ個人の付き合いとなれば、本当に真心で相手と接しようとする。きっと伯父のような人がこの国の大多数を占めるはず、と私は確信している。

「実は日本へ来る前、日本人は中国人に対する態度がすごく悪いと聞きましたが、全然そんな風には感じていません。本当のことは自分の目で見て、耳で聞かなきゃ。中国に来たら、絶対連絡してね」。やっと考えの整理ができた私は、加藤さんにこう返信した。

そして、日本から帰国して二カ月が経った頃、私は上海の空港で加藤さんと再会した。出迎えた私の目に飛び込んできたのは、彼女の晴れ晴れとした爽やかな笑顔だった。

（指導教師　岩佐和美）

◉三等賞　テーマ「わたしの先生はすごい」

素敵な字、素敵な先生

合肥学院　穀柳

私のアルバムの中に一枚の貴重な写真が入っている。写真には日本科学技術協会の方々と日本語学科の全員が折帖を胸の前まで持ち上げている姿が写っている。皆の目じりは下がり、頬が緩みっぱなしの笑顔はパッと咲いた花のように、華やかで明るい。

去年の十月のある日の授業で、日本人の先生は非常に嬉しそうな顔をして、日本科学技術協会が我校に数万冊の図書を寄贈してくれることを教えてくださった。そのニュースを聞いて、私たち日本語学科の学生たちは胸がわくわくした。先生は「皆さん、ありがたいことですね。この度の寄贈活動に対して感謝の気持ちを伝えなければなりませんね。皆さんが伝えたいことがあれば、筆で書いたらどうでしょうか？　そしてこれを機に、書道部を作るのはどうでしょうか」と提案した。「賛成です！私も参加させてください」と、クラスメートは皆大賛成だった。伝えたいことを折帖にしたためて、日本科学技術協会の方々に送ることを決定し、すぐに作成に取り掛かった。

あの日の午後、私は先生に指示されたとおりに、筆墨硯紙を持って、クラスメートと書道教室に集まり、先生の指導で習字の練習を始めた。先生はまず習字の手本を見せ、簡単な「あいうえお」の書き方から分かりやすく指導してくださった。そして、空海大師、光明皇后、趙孟頫などの書道の名人の作品の特徴や、中日両国の書道の共通点と相違点、また深い書道文化まで教えてくださった。皆は書道の奥深さを知り、ますます興味が湧いてきた。

週に二回、授業がない時、先生は書道教室にいらっしゃって、習字の指導をしてくださった。あっという間に、一カ月が過ぎてしまった。

「明日、日本科学技術協会の方々が我校に見学にいらっしゃいます。私は、皆さんが今まで必死に練習、努力している姿をこの目で見てきました。今日は、この折帖に作品を書き上げましょう。頑張ってくださいね！」と先生は私たちを励ましてくださった。

「一期一会」

「朋有り遠方より来たる、亦た楽しからずや」

「袖振り合うも多生の縁」

「以心伝心」

クラスメートは自分の好きな文や言葉を真面目に画仙紙に書き始めた。

日本科学技術協会が寄贈してくれる本は日本語の勉強に役立つだけでなく、私たちの視野を広げ、幅広い分野の知識も得られるだろう。本当に感謝に堪えない。私はその気持ちを表した「感謝」という言葉を書こうと決めた。

「感謝」の「謝」という漢字を書く時、どうしてもうまく書けず、焦っていた。先生に綺麗に書くコツを聞くと、「書道をする時、穏やかで　落ち着いた気持ちが一番大切ですよ。穀さんは筆の運び方が正しいですが、ただ字のバランスが取れないのが問題なのです。「謝」は「言」、「身」、「寸」の三つの部分の組み合わせですね。「言」の部分は「身」と「寸」よりもっと細いほうがきれいに見えますよ」と先生は親切に言いながら、私の手を持って運筆してくださった。先生が腰を屈めて真剣に書く姿には感動を覚えた。なんと素敵な字だったか！先生の人柄と同様に、とても魅力的だった！

普段、大雑把な性格の男子学生も今日は真面目に「日中友好」という言葉を書いた。「先生のお陰で、僕のミミズのような汚い字さえ綺麗になりました。先生は授業で忙しいうえに、図書寄贈のことで、休憩時間を利用して、私たちに書道を教えてくださっていますから、僕も力の限りを尽し、努力したいです」と彼は言った。

皆はその話を聞くやいなや、先生に大きな拍手を送った。

翌日、日本科学技術協会の方々は折帖を受け取った時、先生やクラスメートと熱く握手を交わした。その感動のシーンは一生忘れないことだろう。

先生のお陰で、私はいろいろなことを勉強した。特に集中力や忍耐力などを鍛える書道を身につけることができた。今も、私は書道部で先生に師事して書道を学び続けている。先生のように綺麗な字が書ける素敵な人になりたい。

（指導教師　汪瑋嘉）

◉三等賞　テーマ「日中青年交流について」

中日両国青年たちの未来志向の友情

南京師範大学　曹亜曼

私は南京出身ですので、しばしば「南京人なのになぜ日本語専攻を選んだのですか」と、戦争の記憶について聞かれます。そのような時には「南京の農村地域の出身で辺鄙すぎて戦禍が及ばなかったから、なんだかあの戦争の実感がないのです」と答えています。

このような質問を度々受けるのは、おそらく皆さんが「南京人はみな日本人に対して深い恨みを抱いている」と考えているからでしょう。しかし、本当にそうなのでしょうか。人間は生まれながらに恨みを抱いているものではないとわたしは信じでいます。戦後五十年頃に生まれたわたしが、なぜ日本人に対して恨みを抱くのでしょうか。

去年の私の大学の国際文化デーで、何人かの日本人学生と知り合いになりました。その際、彼らは日本のおもしろい文化を中国の学生たちに伝えようと一生懸命頑張っていました。例えば、わたしは初めて「けん玉」という日本の伝統的玩具を体験し、たいへんおもしろいと思いました。

その後も、よく彼らと連絡して、だんだん仲良くなっていきました。みんなほとんど私と同じ大学で中国語を勉強しています。その中には交換留学生もいれば、学部生もいます。一人の男子学生は愛知県立大学からの交換留学生で、中国語に大変熱中しています。「現在日本では多くの人がビジネス・チャンスを広げようとして中国語を勉強していますが、中国語の話せる日本人がずいぶん多くなったため、今では中国語が話せてもそう簡単には中国関係の仕事が見つかるわけではありません。だけど、わたしは中国語が大好きだから、ぜひ中国語を習得したいと思っています」と彼は語っていました。中国で活躍する日本人教員を目指している彼は、暇な時間を利用して、わたしたち日本語科の日本人教師の授業にも出席し、授業運営の方法を学んでいます。わたしたちと同じ三年生なのに、彼の中国語はわたしたちの日本語より遥かに上手なため、全クラスメートに感心され、わずか一学期の間に、私のクラスにすっかり溶け込みました。今年の二月に日本へ戻りましたが、今でもインターネットによって連絡を取り合っています。

もう一人の男の子は私の学校の学部生で、すでに三年間中国に滞在しています。「日本語はほとんど忘れちゃったよ。中国語なら話せるけど」とよく冗談を言っています。違うキャンパスにいるので、あまり会う機会はないけれども、お互いのキャンパス訪問に際しては、必ず迎えに行って案内します。ある日、彼のキャンパスに行ったとき、おいしい蘭州ラーメンを紹介してくれました。中国人のわたしよりも中国の食文化に詳しいのです。わたしたち二人は会わない時もＷｅＣｈａｔなどでつきあっています。お互いの生活についてのおしゃべりから言語学習の相談までいろいろコミュニケーションしています。

このようなわたしたち若者の間の付き合いは、恨みや偏見ではなく、楽しさや好意であふれています。戦争の歴史は忘れてはいけないものですが、絶対に、恨みは心に刻むべきものではありません。特にわたしたち青年は、過去の仇に囚われるのではなく、むしろ未来の友情を志向すべきではないでしょうか。豊かな可能性に満ちる未来に向けて共に手を携えて進むことは、すでに変えることができない過去に囚われることよりも、遥かに建設的ではないでしょうか。中国と日本にとってもそんな未来こそが最も魅力的な夢であるとわたしは強く信じています。

この希望と友好にあふれる明るい未来のために、日本と中国の青年たちはもうすでに力を合わせて、草の根の交流を行っています。戦争の記憶によるマイナスイメージにも拘らず、日常生活で国境を超えた友情に囲まれているわたし達若者にとっては、そんな未来は手を伸ばせば届くところにあるのです。

（指導教師　林敏潔）

◉三等賞　テーマ「日中青年交流について」

文学の交流

長春工業大学　陳婷

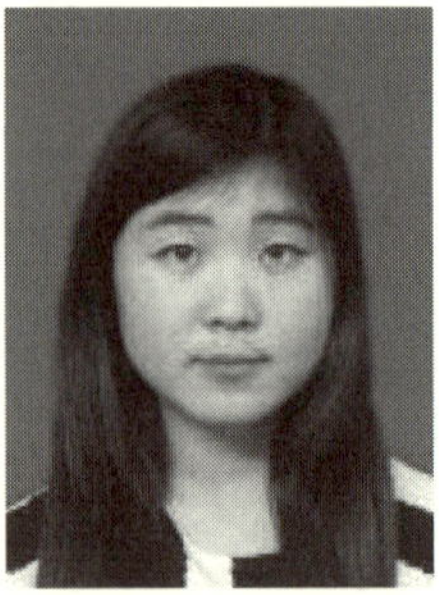

現在の日中関係は極めて緊張している。大部分の中国人は日本人に対して深い敵意をもっており、多くの日本人も中国人が嫌いだ。なぜお互いそんな悪い感情があるのだろう。私は中国人の心理から分析してみた。たぶん日中戦争のせいでその感情があるのかもしれないと思った。しかし、日本人が中国人を嫌う気持ちはよく分からない。

なんといっても、21世紀の今、平和は国際的に大切なテーマだから、発展途上国であれ先進国であれ、平和的発展の観点を持って自分の国を発展させるべきだ。普通の公民がどのように日本と友好的に交流するのかは、日本語を勉強している私たち学生が考えなければならない問題だ。

青年は国の未来だ。私たちは国家の未来の重責を担っている。私たちは歴史を忘れないし、自分の思いどおりに歴史を改竄するべきではないと思う。その上で、私たちの努力のおかげで将来日中関係が友好的になることを望む。私には他の人の考え方を変えるのは無理だけれど、自分の考え方は変えられる。日本人に対する偏見や敵意はどんどん変えることができると思う。それと同時に、日本人が自分の考え方をちょっと変化させることも希望する。このようなことが実現できる基本は日中友好交流だと思う。

それでは私たち日中の青年はどうすればいいのか。私は自分の意見を持っている。それは自分自身からできるだけ有益なことをするということだ。

まず、交流する前に私の周りの人々の日本人に対する意識を変えようと思う。今の私は中国で日本語を勉強している。中国と日本の友好の関係のために、できることは多い。学校で日本人に対して非友好的な態度を取っている学生がいる。たぶん、彼たちの思想を左右するのは日中戦争の歴史だと思う。私から見れば、このような思想はちょっと見方が狭い。日中戦争はもう過去になった。我が国に深刻な災禍の痛みを加えた人々は過去の日本人だった。現在の日本人は中国にいろいろなものをくれる。今の私にとってできることは、そのことを友達に伝えることだと思う。日本人の善良さと日本人が持つ優秀な品格を伝える。私は彼たちの日本人に対する偏見を変えたい。

今、わたしの両親は日本人に対する思想がちょっと変わった。私が大学一年生の時、日本と中国は釣魚島すなわち尖閣諸島の争いに陥った。あの時の日中関係は非常に悪かった。だから、この原因で家族は私の専攻に反対した。しかし、二年の時間が経って、彼らの態度はちょっと変わった。これは私が休暇のたびに家族に日本人の優秀な面を教えた結果だ。現在、両親は私が日本へ留学するという決定を支持するようになった。わたしは本当に嬉しい。

私は今、日本に関わる知識を勉強している。先生から日本文学を教えてもらった。そして、私は日本文学の魅力に心を奪われてしまった。日本文化の極めて細やかな言葉が大好きだ。でも、残念なことは、今の私の日本語は良くないから、日本語での作品はちゃんと読めない。だから、私は翻訳した作品を読んでいる。私は日本に留学している期間に、日本の図書館でこれらの優秀な作品を読みたい。日本の学生と文学の知識を交流したい。そして、中国の優秀な作品を日本の学生に教えたい。

今の私は、毎日日本の文学作品を読んでいて、もっと多くの作品を読みたいと思う。それと同時に私は中国の有名な作品も読んでいる。中国では古代から今まで、いろいろな有名な作家がいる。彼らの作品はとても優秀だと思う。私は日本人と一緒に文学の魅力を感じていきたい。

日本人は中国の有名な作家の魯迅をよく知っているかも知れないが、中国の現代の優秀な作家をよく知っているかどうか、それはわからない。だから、私は日本に行ったら、ぜひ、日本人に教える。

私は日中の青年たちが文学の領域でよく交流することを望む。今の私はそのために、日中の文学作品をたくさん読む、これからもずっと読む。

（指導教師　福井啓子）

◉**三等賞**　テーマ「なんでそうなるの?」

その国、不思議

上海海事大学　祁儀娜

時は２０１３年7月。大学二年生だった私は、夏休みに短期留学生として、東京で二十日間ぐらいの留学生活を経験した。

初めての日本だったせいか、きれいで静かな電車、道辺の日本らしい建築、眼前に開けてくる全てのものが眩しく輝いて見えた―まるで日本の魅力を展示する窓口のように。ある夜、強い好奇心に駆られて、やはり中国人の留学生の友達と一緒に、「居酒屋」に入ってみた。それは、日本人にとってはごく普通な店なのだろうが、中国人の私たちにとってはなんとなく神秘的な色合いを感じさせる、そんな店だった。以前に、授業やドラマなどで「飲み会」という日本独特な職場文化を耳にしたことはあったけれど、実際に夜遅くまでビールを飲みながら歓談するサラリーマンたちを見ると、やはり驚かずにはいられなかった。一体どんな理由で、中日両国の習慣がこれほど異なるのだろうと、不思議でたまらなかった。

その時は、それを単なる「日本のサラリーマンのストレス解消法だ」と見なしていたけど、それから二年間の勉強を続け、日本人との接触も徐々に多くなるのに伴って、それに対する理解と認識が一層深くなってきた。

ストレス解消以外、日本人は退勤後の「飲み会」を上司や同僚との関係を良好に保つための潤滑剤と考えているようだ。２０１４年、東京某会社の調査によると、人間関係を守るより、6割以上の新入社員はそれを「仕事の一部、仕方ないことだ」と見なしている。だから、できるだけ早く会社に溶け込み、周囲の人に認められるためにも、ほとんどの人は「飲み会」に参加する。

一方で中国ではどうかと言えば、共働き家庭に主導される中国社会では、ご飯作り、洗濯、子供の面倒を見るなどのようなことを全部女性に任せることは決してなくて、男性も相当な役割を果たしている。そのため、顔を出さなければならない交際以外、男性は勤務時間外の残業をしたくないし、する時間もない。

それに対して、近年労働力の低下や経済の不景気により、日本の共働き家庭も益々増えてきたが、やはり男性は仕事に、女性は主婦としても忙しく働く場合が多いと言われている。男性は家事に対する配慮が比較的少ないからこそ、仕事に打ち込めるのだ。さらに、根本的な理由として、両国国民の考え方の相違があると思う。

一般的に、中国人は「家庭本位」であり、日本人は「集団本位」だと言われて来た。まさに文字通り、中国人は会社での人間関係を守るより、血の繋がりのある家族の方を重視している。一方、日本人の考えには、自分が存在する集団の利益は何よりで、生涯かけても守るべきものだ。そのため、転職率の高い中国人と比べて、日本人は会社に忠実で、会社とともに生きていく責任感を肩に担っている。従って、働かされるというより、自ら会社のために力を尽くすという意識が高い。その点において、中国人は日本の長所を吸収する必要があるのではないか？　しかし「諸刃の剣」という諺もあるように、それに伴い、仕事のストレスが高い、家庭に注ぐ時間が少なくなるということも否定できない。

「飲み会」のような日常茶飯事でさえ、社会文化や行為意識の相違により、中国人には、とても不思議なことなのだ。でもそれが、まさに文化の魅力ではないだろうか。一方的に考えることなく、肌で異文化を感じるなら、お互い理解し合い、包容力を持てるだろう。昔から一衣帯水の中日両国は、友好関係を発展させるとともに衝突も避けて通れないところもあるものの、両国の大衆が祈願するのは、必ず平和と友好だ。そのため、日本語専攻生として、自分が見た本当の日本を周りの人々に伝え、また同時に本当の中国のことも日本にいる人々に伝えたい。考え方が異なっていても、理解と友好を求める心は同じだと思う。それでお互いに理解が深まれば、いつか心の距離も徐々に縮んでいくはずだ――それを強く願っている。

（指導教師　余祖発）

◉**三等賞**　テーマ「なんでそうなるの？」

私にもできた！

遼寧対外経貿学院　夏葉城

「はい、はい、はい、分かりました。大変、申し訳ありませんでした」と電話をかけている時、電話の向こうにいる見えない相手に向かって、ぺこぺこと頭を下げながら、ずっと話をしている日本人。

私は、日本のドラマと映画でこの映像を最初に見た時、この印象的な姿を忘れることができませんでした。

そして、ある日、私は日本語学部の研究室に入って、日本人の先生が電話している姿を見た瞬間、このテレビの画面を思い出したのです。

「あ！　先生の様子は、テレビと全く同じだ」

そうです。先生はドラマの画面と同じように携帯電話を持って、頭を下げながら話しているではありませんか。私は中国の現実の社会でも、映像の中でも、このような場面を見たことがなかったので、電話をかけているこの日本人の姿を不思議に思うと同時に、理解できない点でもあったのです。

日本人はどうして電話をかける時、ずっと頭を下げるのでしょうか。しかも自分に非がない時でさえも、どうしてこのようにぺこぺこと頭を下げているのでしょうか。いくら頭を下げても、相手は見えないでしょう。見えない相手に対して、これは必要なことなのでしょうか。

この問題を理解することができなかった私は、真剣にその理由を探してみました。そして、その答えを私なりに探してみた結果、日本語と日本人の礼儀文化という二つの事に突き当たり、これは面白い発見ではないかと思いました。

まず一つ目としては、日本語の点からです。日本人は「はい」という言葉をよく使います。私は、この「はい」という言葉を発音する時、「は」という音をはっきり言おうとすると自然に力が入ってしまうのです。こうして「はい」と言うと、きれいな発音ができます。そして「はい、はい」と言う自分の姿を鏡に映してみると、中国人の私でも自然に頭が上下に動いて、日本人のように頭を下げていることに気付いたのです。日本人の皆さんはどうなのでしょうか。

二つ目として、日本の礼儀文化の点から考えてみました。日本の礼儀に大きな影響を与えた中国の儒教精神は、日本の学校教育及び家庭教育に受け継がれています。例えば、ご飯を食べる前に両手を合わせて「いただきます」と言い、また、知っている人に会った時も、必ずお辞儀をしながら挨拶します。軽い会釈から深々と頭を下げるお辞儀まで、その場その場に応じた頭の下げ方をする日本人は、中国から伝わった礼儀を独自の習慣に変化させながら、それを大切に受け継いできたことは中国人の私が見ても分かります。

私自身は「礼儀正しい人」と自負してきたつもりでしたが、日本語を学んでみると中国人としての私は、まだ日本式の挨拶を完璧に理解できないことがあり、日本人に比べてみれば差があることに気が付きました。しかし、個人的な付き合いでも、サービスを提供する時も礼儀はとても重要で、礼儀文化の魅力は充分に感じることができるのは、日本人と中国人の間には礼儀に対して共通の認識があるからかもしれません。

古い時代の中国は日本の先生のように、政治、街造りなどを始め、様々な文化を教えてきたにも関わらず、20世紀に入り、日本から「経済」「科学」の面において日本から影響を受けた中国は伝統的なものを捨てて、新しいものに変えていきました。元々、中国から輸出した漢字でさえ、今は日本の文字となって逆輸入しているのです。近代国家に生まれ変わった中国は、経済成長とインフラなどハードな部分においては、先進国と肩を並べるまでになりました。しかし、これからはソフトの面においても強化する必要があります。最先端技術のみ採り入れようとするのではなく、日本で改良された中国の古き良き文化を採り入れたら、中国は更に発展するにちがいありません。この発展に力を尽くすために、礼儀を大切にする人が一人でも増えたら、私が最初に述べた「電話を持って、頭を下げる」。この意味を理解する人も増えることでしょう。

（指導教師　松本裕子）

◉三等賞　テーマ「なんでそうなるの?」

日本人の笑いの多様性

ハルビン工業大学　張雅晴

「ぎゃ、ハ、ハ、ハ、ハ、ハ――――ッ!!」

わたしは思わず、大笑いをしてしまった。

ある雨の早朝に散歩していて、日本のビジネスマンを見た。傘をさして、急いで電車に乗り込もうとしてつまずいたからだ。転倒し、傘も飛んでいった。通りの向こうで見ていた私は涙が出るほど笑ってしまったが、他の日本人は急いで歩き去った。まるで全然見ていないかのようだった。あんなに大声で笑ったのは、周囲の人に迷惑だったんじゃないか。あの男性の自尊心を傷つけたかもしれない。精神的な緊張や不安を与えたのではないかと反省した。私は人目も構わず、なんでも自分を中心に考えるのは良くないと思った。

２０１４年8月、熊本大学での15日間の短期交流プロジェクトに参加した。振り返ると、日本のみんながいつもニコニコしていたのが特に印象深い。日本の人は始終、常に笑顔で接してくれた。そして、楽しい時のみならず、悲しかったり、困ったり、恥ずかしかったりした時でも、なぜか笑っていた。

日本人の笑いの意味について、少し理解できない点がある。

熊本に向かうバスに乗って窓の外のきれいな風景を眺めながら、少し緊張していた。当時、私は9カ月しか日本語を勉強していなかった。熊本の学生と出会っても、基本的な会話すらできなかったらどうしよう? 日本の学生にとって、１７８センチメートルの私は女性として背が高すぎるんじゃないか。心配でたまらなかった。しかし、日本の学生と先生はみんな明るく笑顔で「お疲れ様でした」と出迎えてくれた。私はすぐに気が楽になって、長旅の疲れが吹き飛んだだけでなく、一瞬で親近感に包み込まれた。

おかげで、その晩は安心してホテルで眠れた。熊本の

8月は想像を超える暑さだった。その対策としてショッピングセンターへ行き、きれいなスカートを買おうと思った。午後は暑すぎて、多くの人が休むのだろう。道には人が少なかった。店に足を踏み入れた途端、「いらっしゃいませ」という声が飛んできた。誰も見ていないのにどこからなのか、本当にびっくりした。普段、日本のホラー映画を見すぎているからかもしれないと思いつつも、温かさを感じた。

私は一着のスカートを手にし、試着しようと思った。自分の好みを店員さんに伝えると、彼女は笑顔で熱心に私に合う服を探してくれた。残念なことに、なかなか見つからなかった。こんなに親切な店員さんに面倒ばかりかけたのに、結局何も買わなかった。不満な目で見られたら、どうしよう？　不安で私は「本当にすみませんでした」と小声で言うことしかできなかった。すると意外なことに変わらない笑顔で「ありがとうございました。またお越しください」と返ってきた。なるほど、こんなにお客様を大切にしているんだ。私は感服して、意気揚々と街をぶらついた。これに対して、中国では客が物を買わないと怒り出す店員もいる。感謝の気持ちが全く感じられない。これは、残念なことだ。

熊本を歩いていて、私の不注意で人の行く手を阻んでしまったり、人の足を踏んでしまったりした。どうして日本の人は私に微笑で「申し訳ありません」と言ったのだろうか。相互の謝罪を通して、私は他人の足を踏んだ自分を責める意識から解放された。楽になった。笑顔の挨拶は本当に素晴らしいと思った。

日本人は他人に自由の空間を認めて、相手を尊重する。ミスが起きても、できるだけ人を笑うことを避ける。これは日本での大切な体験だ。

日本人の笑顔は私に強い印象を与えた。もちろん、日本人の微笑は親和の作用を持っている。自分の感情を心の中に抑え、他人にできるだけ愉快な印象を与えようとしている。そして、本心を隠して見破られないように心掛けてもいる。けれども、日本人の微笑にはもっと複雑な意味が隠されているはずだ。今の私には、まだ全てをよく理解できていないだろう。また日本へ行く機会があったら、ぜひ日本人の微笑を観察、研究したいと思っている。

（指導教師　山田高志郎）

◉三等賞　テーマ「日中青年交流について」

あなたは「夢」を語れますか?

北京師範大学　閔子潔

小さい頃から、日本は一体どんな国なのか、日本人はどんな人なのかについて疑問を持ってきた。黒竜江省出身なので、周りの人たちは日本と言えば、すぐ抗日戦争のことを思い出す。また、中学時代、ハルビンの「中国侵略旧日本軍第731部隊罪証陳列館」を訪れたとき、当時、中国を侵略した旧日本軍の蛮行に驚いたという思い出が深く印象に残っている。人は決してわざと他人を傷つけ、自分の利益のみを求めるなんてしないと思う。だから、日本を知りたい感情が深くなってきた。

大学に入って、日本語を専攻にした。大学の専攻を聞かれ、「日本語を勉強している」という答えをするたびに、何となく微妙な雰囲気になってしまう。だから、自分の専攻に誇りを持って、いつか中日関係の為に少しでも貢献できる人間に成長したい。

私は、まもなく四年生になる。この三年間で、日本という国や日本人が理解できるようになった。二年生の時、アニメ「銀魂」のイベントをきっかけに、真央さんと出会った。この出会いを通じて、私達二人が国境を超え、偏見を破る力を持つようになった。また、日本人のやさしさと誠実さも感じた。

日本語が下手な私ができるだけ彼女とコミュニケーションを取れるように、英語も使い、頑張ってお互いのことを知っていった。そうして、彼女と向き合い、いつのまにか、毎日一緒に散歩して、大学の生活や趣味など語り合う親友となった。そのうち、日本人大学生のこともだんだん知っていった。彼女との数多くの話の中で、一番印象深いのは夢についてのことだ。

真央さんがある日、アイスを食べながら、「閔さん、将来何になりたい」と聞いたので、私は「まあ、何だろう。自分もよくわからないね」と言ったら、とてもびっくりした顔をして、いつも明るい彼女が口をとじて黙り込んでしまった。そして、まじめに「夢って、必ず実現するものではないけど、絶対あるほうがいいよ」と言った。彼女の言ったことが、考えさせられるきっかけになった。このことがあってから、以前テレビで中日小学生についての番組を見た時、日本の子供たちに「将来何になりたい？」と聞いたところ、「花屋さん」「ケーキ屋さん」などの答えが飛び出して、驚いたことを思い出した。なぜなら、中国の子供にこのような質問をすると、こんなにすぐ答えることはないと思う。答えはたぶん「将来いい大学に入って、いい仕事を見つけるために勉強する」となってしまう。しかし、「あなたの夢は何ですか」という質問にきちんと答えられないのは、本当に悲しいと思う。真央さんと私は、このことについていろいろ話し合った。

「大学でやっていたことを仕事に生かさなければ、一体何のために大学生でいるの？」という彼女の言葉を、今でも鮮明に覚えている。夢があれば、時間を大切にしなければならないだろう。これまでの人生を振り返って、「あの時こうしておけば」と思うことはよくあるが、社会に出た人々が振り返る事が多いのは、やはり大学時代ではないだろうか。大学は使える時間が多く、周囲から何かを制限される事もないが、好きな事や楽な事に走り、つい無駄に時間を過ごしてしまう。

真央さんとの付き合いを通し、日本を見ることで、自分の国の特徴が見えてきたのは、意外な収穫だった。逆に、自分の国の社会と文化の立場に立っているからこそ、日本社会と日本文化の特徴を、一層しみじみと感じることができた。中日交流の醍醐味と大切さは、そこにもあるのではないだろうか。

小さい頃の日本人に対する悪い印象が消えて、今、私は日本と日本人から温かさを感じている。中国人と日本人がともにお互いに温かさを感じることができたら、お互いに対する理解も深まっていくのではないだろうか。真央さんとの交流は、文化や言語上の交流だけではなく、心の交流だったと信じている。なぜなら、夢の大切さを教えてくれたから。

（指導教師　雨宮雄一）

◉三等賞　テーマ「日中青年交流について」

日中青年の交流について

雲南民族大学　文家豪

あまり難しい問題はよくわからないが、愚かは愚かなりに考えてみた。僕達、つまり、今の青年は二十一世紀の情報化時代に育った。インターネットは僕らと共に成長してきた、兄弟みたいなものだ。そんな彼と離れたら、まともな生活は出来やしない。彼もどんどん逞しくなり、いろんな所で僕達の生活を支えている。例えば日中青年間の交流だ。

僕は一度も日本に行ったことがない。しかし、日本については、そこそこ知っている。例えば、沖縄の人が日本で一番鰹ぶしを食べるとか、博多弁を喋る女の子が一番可愛いとか……。なぜ、知っているのかと言えば、それは幾人かの青年の存在があるからだ。名前は知らないが、彼らは日夜日本のテレビ番組やアニメを録画して、そのデータをインターネットにアップロードしている。彼らは海賊と呼ばれているらしい。やっていることは立派な犯罪だ。いや、バリバリの著作権侵害と言っても構わない。だが、この「悪さ」によって得をする人も少なからずいる。極端なところでは著作権を持つ会社や原作者だ。先に宣言しておくが、僕は知的財産権の保護を強く支持する。しかし、中国のさまざまな状況が彼らに活躍する場を与えた。そもそも、彼らがいたからこそ、日本のサブカルチャーが世界各地に広まったのだ。そして僕のような人間がそれを貪り見ることになった。最近では中国も著作権問題に取り組み、それら海賊の活躍が減少した。個人的には多少寂しさも感じる。しかし、これは両国にとって、大きな一歩だ。特に中国にとっては、大きな成長と言える。

情報化時代の発展にともない、かつてない新しいメディアが芽生え始めた。それは自メディアだ。今はまだ発展途上だが、それほど遠くない未来、自メディアはメディア界の脅威になるかもしれない。中国で自メディアをやっている一人の日本人のことを話そう。彼は、自分でサブカルチャー的内容の動画を制作し、中国の動画サイトにアップロードしている。去年十二月から今までの総再生回数は三千六百万回を超えた。そして、毎日二十万回のスピードで再生回数を伸ばしている。日本経済新聞の発行部数が約二百七十万部だから、その十三分の一ということになる。自メディアの凄さはこれだけではない。誰でも自メディアとして情報発信できるという点が、自メディアの本当の凄さだ。誰でも情報発信ができるということは、どんな情報でも発信できるということを意味する。もちろん、国によってその自由度は異なると思うが、非常に魅力的だ。僕は愚かではあるが、もっと勉強して日本に行き、中国を紹介する自メディアとして情報を発信したい。

表面的なものはともかく、今は中国と日本のインターネット上の交流は盛んになっている。もちろん、両国とも不穏な発言や行動は存在する。しかし、それは政治的かけ引きであったり、一部の偏見であったり、あるいは単に相手をけなすことに喜びを感じる人たちのくだらない行為だ。そんなことに惑わされてはいけない。真実を見極めよう。

あの七十年前の戦争のことを。両国とも多大な犠牲を払った。多くの人命が失われた。立場や目的が違うが、両国の男は家族の為に戦った。戦争を終わらせる為に戦った。女性も同じだ。彼らの血の代償によって得たこの平和は、国や立場を超え、後世に残してくれた祝福だ。後世に対する愛でもある。だが、今、その祝福を壊そうとする動きがある。戦争で命を落とした人々は、そんなことを望んでいないはずだ。中国と日本の和平は皆が望んだ結果ではなかったのか。再び戦争を起こすほど悲しいことはない。僕は愚かだが、この事態を避ける方法くらいは知っている。もっと、コミュニケーションをはかろう。日本の青年よ、僕はあなた方のことをもっと知りたい。

（指導教師　後藤裕人）

◉三等賞　テーマ「わたしの先生はすごい」

わたしの先生はすごい

長安大学　牛雅格

日本人の話になると、すぐ「曖昧」「完璧主義」「生き生きしない」「アニメが好き」のような固定化したイメージが出てくる。そんな国民を育てる日本人教師もきっとそのような人物だろうと思っていた。Y先生との出会いまで、私はずっと誤ってそう思っていた。

初めての授業を受けたとき、思い描いたイメージとはまったく逆だった。アイロンで伸したスーツなし、磨き上げた革靴なし、その代わりに、青いカジュアルウエアを着いた人が徐々に目の前に現れてきた。

ピカピカしている頭の上に、指折り数えられるほどの真っ白な髪は微風に伴って揺れ動いた。ぴんと張る琴の弦のようなしわが額と目じりに刻まれている。私はそんなおじいさんの先生だとは想像もしていなかった。それがY先生だった。

「晴れ晴れした顔つきは何よりもかわいい」とはY先生がよく話す言葉だ。日本語を教えてくれるほか、みんなの心を癒すこともずっとやってくれる。みんなと一緒に、風船に水を注いで、互いに投げ合ったりもした。子供っぽいと思われるかもしれないが、その時に悩みも何も忘れた私の笑顔はどんなに美しかったことだろう振り返る。

高校を卒業してもう三年にもなる。今でもその当時の生活を思い出すと、ただひたすら、勉強に没頭してばかりいた。――勉強！勉強！大学に進学するため、頑張って――辛く苦しい場面がつぎつぎと思い浮かんでくる。

難しい試験、厳しい先生、激しい競争、自分に大きな期待をかける親、それらのことは私から笑顔を追い出した。私はもう笑顔という表情を失ってしまった。Y先生こそが、再び私の笑顔を見つけてくれて、白黒の生活に鮮やかな色を塗ってくれたのだ。Y先生、本当にありがとう。

「ビール、三本、お願いします」――それは食事の時のY先生の決まり文句だ。授業後、Y先生は常に学生を食事に誘う。その日もそうだった。食事中、私はN1（日本語能力1級）試験への不安を先生に話した。「失敗したら、面子が……」という私に、先生はぐっとビール一杯飲んで、「面子なんか。人間は自分のために頑張って生きているものだ。ありのままの自分で行けばいい」と私に教え諭した。その言葉を聞き私の心の中で何かが目を覚ました。そうだ、いつでも、自分の力で、精一杯やっている人こそ一番尊敬に値するはずだ。

中国人としての私は「建前」の社会に慣れすぎた。たぶん、私の世界に闇がある。自分はその闇の中に閉じこもる。自分でさえその真実の姿に会いたくないと思っていた。でも、今、私はY先生と出会って、「私を変えてみたい」と思っている。N1試験は、予想通り合格しなかったが、心は平穏で自分に「次回もっともっと頑張ってやってみよう」「ありのままの自分で行けば悔しくない」と言っている。

Y先生は、どこにいても、この世界に愛を与える存在である。先生が住んでいるマンションの前に小さな池がある。大きな木の陰がその池に映る。周りの花々からいい匂いが漂って、蛙の鳴き声は絶えず耳に入る。その光景を見るたびに、よく「隣のトトロ」の映画を思い起こす。「今日もよく鳴いているね。蛙さん。よかった。」とY先生は池の側を通りながら、そう言っている。実は、Y先生は愛すべき生き物を、あるときは買取って、大自然に放す。蛙さんもその中の一員なのだ。

生き物を愛するのみならず、街の歩道橋で、キャンパスの道で、どこでも、散らかし放題のごみに気づけば、さっと腰を屈めて拾い上げ、ゴミ箱に捨てる。夕焼けに照らされたそのような先生の姿を見たときとても輝かしかった。

西安に来て10年間、Y先生はずっとこのように、この街への愛をちゃんと表している。

先生と過ごした三年間の思い出は一生忘れられない。私に、いつも積極的なエネルギーを与えてくれて、精神的な手本のように存在しているY先生はこの世で唯一だ。

「先生、すごい」と告げたい。

（指導教師　中山一彦）

◉三等賞　テーマ「日中青年交流について」

日中青年交流について

中南民族大学　謝東鳳

二〇一五年五月、中国日報社と日本言論NPOが共同実施した第十回中日関係の世論調査の結果によると、日本人は93％の高い比率で中国が嫌いだと答えている。なぜこんなことになったのだろうとつくづく考えている。

二年前、日本語学科に入ったばかりの私は、学校にいても家にいても、「あなたは、中日関係についてどう思う」という質問をよくされていた。そのような難しい問題については、それまで全然考えていなかったから、私はいつも気まずい顔をして黙っていた。それを見て、人は変な顔をした。しかし、二年生になって、特に、先の書いた記事を読んでから、私は真剣にその問題を考えている。

二千年以上の交流の歴史を持つ中日両国は、今の時代もっとうまく交流できるはずなのに、実際は両国の関係は冷え込んでいる。なぜそんなことになったのか、いくつか原因がある。

まず、政治の影響で中日青年の交流がうまく進められない。中日青年の交流はいつも政治の影響を受けている。両国の関係が冷え込むと、交流がほとんど中断するのに対し、関係が緩和すると、交流も頻繁になる。そんな現象は理性的ではない。

また、メディアの協力が欠如するのも原因の一つである。現代社会では、多数の青年は中日関係についての情報をほとんどメディアから獲得する。しかし、メディアはいつもテレビで日本を化け物と化し、青年たちに宣伝する。そのため、青年たちは日本に憎しみを持っている。このような現象は昔から存在している。メディアの協力の欠如で、中日青年の交流は困難を重ねている。

更に、中日の交流の規模と範囲の狭さにより、青年たちの交流は不足している。身近な例を取ると、私の大学には日本人留学生がいない。そのせいで、私たちは日本人とコミュニケーションを取る機会が滅多にない。これでは、日本を理解することは無理だ。

こういった原因で、中日青年交流の状況を変えるために、去年の11月、私は何人かの同級生と「日本語コーナー」というグループを発足した。

しかし、参加者の人数はさびしいものだった。そして、一人の参加者の話は私に呆然とした。「70年前の戦争、私たちは絶対に忘れてはいけない。日本人は私たちの感情を傷つけた。今、日本語を勉強しているが、日本語ができたら、いつか、中国も日本にやられたことをやり返す、倍にして返す」と話して去った。

私はその話を聞いてから、なかなか落ち着かなくて、考え込んだ。私たちのような若者は中国の未来を担わなければならない。しかし、日本あるいは日本人に憎しみを持っている若者が中国を建設したら、中日関係はこれからどうなるだろう。そう考えると、不安に思う。

私は日本人とほとんど直接交流したことがないので、「日本語コーナー」を始めたが、そこに参加できる日本人が見つからなかった。私たちだけで日本人の考え方を理解することが難しく、参加者たちは、次第に「日本語コーナー」への意欲を失っていった。そして、私はいくら頑張っても、「日本語コーナー」をキャンセルせざるを得ない。その原因で、私たちのような中国青年と日本の若者の交流のもっとふさわしい道を探しにくくなり、中日友好が前へと進むのも難しくなる。

今の中日関係が冷え込んでいるということは誰でも知っている。私も自分にできることを探して微力を尽くしたいが、現実はいつも思惑どおりにはいかない。一人でいくら頑張っても中日青年の皆さんが一緒に努力しないと、両方とも落ち着いて交流することはありえないだろう。

中日交流の道を開きたいが、適当な方法がなかなか見つからない。

中日青年たちの皆さん、中日友好のために、中日の輝かしい将来のために、一緒にその適当な中日交流の方法を探しましょう。

（指導教師　鶴岡大歩）

◉三等賞　テーマ「日中青年交流について」

私の感じた日中青年交流

西南民族大学　万健

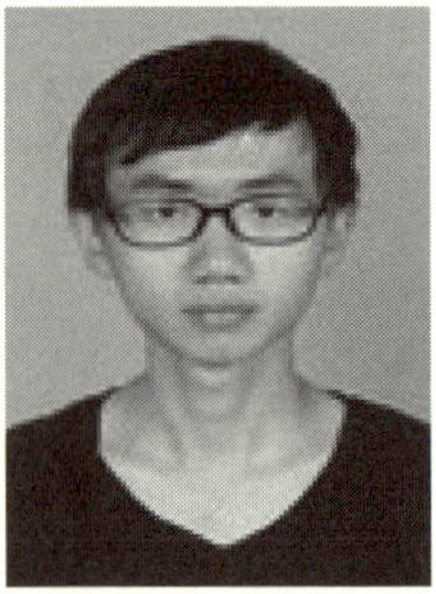

私がはじめて日本の若者に出会ったのは去年、大学に入ったばかりの時だ。それは成都の日中友好会館でのことだった。未熟な日本語を懸命に使って日本人と会話をしてみた。そのおかげで、日本人の友達も何人かできた。

ちょうどそこで、ある日本の友達が彼のスマホのニュースアプリを見ながら私に声をかけてきた。

「見て、見て、中国のニュースのコメント、マジ面白いなあ、ほとんど『日本死ね』などの言葉ばかりだな」と笑って言った。

「それはよくあることだよ。気にしないで」私は平気な顔をして答えたが、実はちょっと気まずかった。

この前も知り合いの人たちから「日本語？ そういう馬鹿な国の言葉を学んでもなんにもならないだろう」と言われた。もちろん、そういう意見を持っているのは中国側だけでなく、日本側もそうらしい。私はＹａｈｏｏ！や２ｃｈにアクセスして、日中関係の情報についてのコメントを読むと、中国に対して友好的でない言論も珍しくないように思う。

今の中国の青年の多くは、日本のアニメやドラマに興味をもっているので、日本に好感を抱く人もいれば、日本にあまり興味がなく、日本にマイナスなイメージを持つ人もいる。彼らの中で日本へ行ったことがあっても本当に日本の若者達と真剣に交流した人は少ないだろう。事実、アニメやドラマや本からの日本人へのイメージはありのままの日本人なのだろうか。日本の青年達もこれと同じだろう。今までの青年交流は一体どのぐらいの役に立ってきたのだろうか。私は本当に心から日中の青年達の間の交流の重要性を感じてきた。

では、これまでの日中の間の友好交流活動はどうだったのか。私自身もそれについて、ちょっとネットで調べてみた。実に、私は自分がいかに無力かを感じた。日中青年交流団のニュースはよく目にするが、大都市や名門大学などだけに数多くのチャンスが与えられている。私のような一般地域での普通の大学生にとって、交流団に入ろうとしてもなかなか機会がもらえないのが厳しい現実だ。私のよく行っている日中友好会館もいつも日本語を勉強する人が多く集まっている。無論、日中交流や友好などには無関心な人も少なくない。交流に参加する気のない人もいる。戦後すでに七十年、日中の国交正常化からも四十三年もの年月が経ったが、恨みや誤解や間違った歴史的な問題がいまだに根深く日中の人々の心中に存在している。交流不足が誤解と恨みのもとだ。認めたくないが少数の人に限られている「友好交流」が日中間の現状だ。このような現状に甘んじていて本当にいいのだろうか。果たしてこのままで日中平和を促進できるのだろうか。

今の時代、もっと広い範囲での青年交流が必要だ。日中友好関係を深めるには、交流制度の革新が必要だと思う。両国の交流というのは日本語がよくできる人だけでは事足りない。日中の青年交流も日本語や中国語を勉強している人だけのことではない。これから、日中の交流団における入団制限をもっと緩和してほしいと思う。そのほか、参加できる地域や分野も多くなれば最高だ。それに、今は情報化社会なので、ネット技術やメディアを利用した青年達のための交流できる空間を作ってほしい。

ホームステイという形での交流制度の完備も必要だと思う。日中の若者達は今大学留学と短期旅行以外、互いの国に直接に接する機会はほとんどない。日中の間は、欧米とのようなホームステイ制度はまだ整っていない。私の好きな「きんいろモザイク」というアニメの中で、イギリス人と日本人の主人公の二人は、子供の頃のホームステイを通して深い友情を築いた。日中の若者も小さい頃から簡単に交流できるようになれば、きっと青年になってももっと交流できるはずだ。でも、これらの制度を作るため、社会組織はもちろん、両国政府も支援してほしいと思う。

このようにして、地道に日中青年交流が進んでいけば、きっと日中友好のサポートにもなると私は信じている。

（指導教師　徐秋平、劉芳、村松憲一）

◉三等賞　テーマ「日中青年交流について」

明るい未来へ

貴州大学　陳蓓蓓

今、日本にやってくる中国人観光客、彼らの目的は富士山を見ることと炊飯器を買うこと。

これは先日、日本のある番組を見た時、ナレーションに出てきた一言です。ここ数年、多くの中国人観光客が日本に訪れ、日本のメディアもこれを大きく報道していますが、その多くは中国人観光客のマイナスイメージです。「旧正月で中国人が日本で爆買い」に続いて「中国人観光客が日本で爆花見」という見出しをよくネットで見かけます。個人としては「爆買い」「爆花見」のような言葉は好きではありません。確かに、大勢の中国人観光客が日本に観光に行くと、いろいろな問題を起こすかもしれませんが、しかし、日本のメディアも中国のマイナスイメージを煽る傾向もあると思います。２０１２年の尖閣諸島（中国名・釣魚島）問題により、中日関係は氷点下になってしまいました。この二、三年間、民間の交流は絶えていませんが、中日政治関係は依然として大きく好転する見込みはないと思われます。こうした状況下でこそ、中日両国間の民間交流が大事だと思います。

この前、友達から上海には「日中の未来を考える会」（中国名・中日未来創想会）という中日の相互理解を促進するための団体があると聞きました。ネットで調べると、この会は２０１１年に起きた東日本大震災をきっかけに東京で発足した会で、２０１３年9月に、上海で初めての中日友好に関する討論会を開催しました。この会に参加するのは10代後半から30代前半の若者で、中国人と日本人がお互いに協力し合って、「交流会」や「勉強会」を開催し、中日間のさまざまな課題について討論したり、両国のミュージシャンを招聘してライブイベントを実施したりしています。「日中の未来を考える会」のことは知ったばかりなので、参加したことはまだないですが、でもこの会があると知っただけで、何かほっとした気がします。

私自身は日本に行ったことはないですが、大学の時から日本人と接触する機会は少なくない上、日本の番組やドキュメンタリーをよく見るので、日本の文化や社会についてはある程度理解していますが、しかし、日本に関心を持っていない人なら、中日両国の政治についてのニュースだけを見たら、きっと日本にいい印象はないと思います。実際に、大学の時、日本語を勉強することで友達にいやなことを言われたことがあります。それから、周りの人の日本に対する偏見をどうやって解消したらいいかをよく考えています。日本にも、私のように相手を理解しようとする人もいれば、メディアの報道を見て中国にマイナスイメージを抱いている人もいると思います。

毎年日本に訪れる中国人観光客の人数が多いのに反して、中国に観光に来る日本人観光客は少ないです。それは円安のせいでもあると思いますが、でも、メディアの報道の影響で中国が嫌いだと思う人が多いという理由が大きいと思います。日本のニュースをあまり見ない私でも、中国人観光客が滞在中、日本で礼儀に合わない行動を取るという報道を何度も見たことがあります。それを見ると、実際に中国や中国人と接触のない人は確かに中国にいいイメージを抱けないのも無理はないと思います。

だからこそ、メディアを通してだけではなく、直接に会ってお互いのことを知ることは必要です。そして、このような役割を果たしてくれている「日中の未来を考える会」のような民間団体は中日交流の促進にとっては本当に大切な存在だと私は思います。このような団体がひとつでも多く増えれば、中日間のより多くの若者はお互いを知る機会は多くなり、そしてお互いへの偏見や感情のわだかまりが取り除かれます。このような交流は直ちに両国間の関係に大きな影響を与えることはないですが、少しずつ広げれば、参加する若者が少しずつ増えれば、中日の友好関係にはきっと明るい未来があると私は信じています。

（指導教師　須崎孝子）

◉**三等賞**　テーマ「日中青年交流について」

双方向に伝えるジャーナリストになりたい

海南師範大学　周標

２０１５年は第二次世界大戦終結から70周年にあたります。また、中国と日本との戦争状態を終結させ、中日国交正常化を実現させた「中日共同声明」が発表されてから43周年にあたります。しかし、今でも中日両国間の争いが絶えません。それはなぜなのでしょうか。両国民がお互いに理解できないのは、相手に関することをよく知らないからだと思います。

中日の未来は両国の青年に委ねられます。将来国家を担う青年は中日両国の明るい未来のため、責任を負って働いていかなければなりません。つまり、両国の未来のために、両国の青年が中日友好の意識を持たないといけません。交流を通して、中日の青年が両国のことをよく知るようになれば、お互いの理解を深められるかもしれません。

今年五月、私は全国スピーチコンテスト華南ブロックに参加しました。コンテストを通じて、ある大学の20代の日本人先生と知り合いました。その先生の教え子と私たち三人はコンテストが終わってから、一緒に遊びに行きました。その時、私は「これから、先生は中国の大学教師を務め続けていきたいと思っていますか？」とその先生に聞きました。先生からの答えは今でも忘れられません。彼は「私は中国に来る前、中国は非常に貧乏で時代遅れの国だと思った。大都市であれ、農村であれ、みんな自転車で外出すると思った。でも、中国に来てから、すぐ分かった。自転車なんか、もう何十年前のことだなぁ。今の中国は経済が飛躍的に成長し、大都市では地下鉄は普通の交通機関になった。なんだか、中国に来たのは幸いなことだと思ってる」と答えました。そういう答えを聞き、言いたいことや自分の感想が急に湧いてきましたけど、結局、すごく感激してうなずくだけでした。

この先生の話に驚いてしまいました。中国では、自転車で通勤することはもう20年前のことです。情報社会なのに、相手の国の現状をよく知らない若者がいるということにびっくりしました。やっぱり、自分自身が体験しなければ、相手の国に関しての情報はある程度しか手に入れられません。中日両国の若者がお互いに理解できるかどうかは私たちが考えるべきことです。みんなが何をできるかも考えるべきことだと思います。確かに、直接に中国に来る、あるいは日本に行くというのは両国のことをお互いによく知るようになる一番良い方法です。しかし、今、両国の若者の交流が乏しいのが現実です。それに対しての解決策をみんなが考えたことがありますか。

私は考えたことがあります。この前、イスラム国で二人の日本人人質が殺害された事件は世界中で大きな衝撃を与えました。この後、その被害者の父の謝罪について、中日両国民は異なる見方をしています。それをきっかけに、中日両国の考えを双方向に伝えるために、大学卒業後、違いが判るジャーナリストになりたいと思います。

両国の青年交流にとっては、実際に体験するのは一定の効果があることではあります。でも、これには制約性があります。あの先生のような感想は非常に意義があっても、あくまでも個人の力です。せいぜい彼の周りの人にしか伝えられません。もし彼と会えないなら、全然話にもならないのです。

違いが判るジャーナリストになるには、自分が実際に日本に行かないといけません。大学卒業後、日本の日常の礼儀や食生活、習慣など、あらゆる文化、日常生活の面から、まず自分が体験し、日本を中国へ、中国を日本へ伝え、お互いに理解できるように努力したいと思います。

伝統的な媒介と異なるモーメンツやミニブログなど新たなソーシャルアプリを利用して、初めて中日交流の明るい未来が展開すると考えます。

（指導教師　割沢泰）

◉三等賞　テーマ「なんでそうなるの?」

「愛」を簡単に口にしない日本人

天津工業大学　田天縁

——「私もあなたを愛しているよ」

——「愛してる」

恋人同士が感情をこめて自分の気持ちをこう伝え合っているのを見たら、中国人は至極当たり前のことのように思うが、日本人なら唐突に思うようだ。

大学一年生の夏休みのことだ。専攻が日本語だと知った姉の同僚が、多くのことを聞いてきた。「日本語は難しいの?」「日本のアニメを字幕なしで見れるの?」といった平凡な質問の後、彼女の最後の言葉が私の興味を引き起こして、一歩踏み込んで考えさせられることになった。彼女は「なんで日本人は『愛してる』のようなことばをなかなか口にしないのだろうね」と独り言みたいに呟いたのだ。私は絶句して、何とも答えられなかった。その日から私はこのことを注意して考えるようになった。

日本のドラマが好きな人はみんな気がついただろう。男女の主人公が恋の火花が飛び散って、感情が高ぶっている時でも、「愛してる」という言葉を堂々と口にすることはめったにないということを。

そこでこんな疑問が生まれると思う。なぜ今の日本の若い人は勇敢に自分の感情を表出しないで、ただ恥ずかしそうに「あなたが好きだ」と言うのだろうか。そこで、姉の同僚に、私たち日本語科の学生は日本語だけでなく、日本文化や日本人の精神世界などにも精通していることを証明してみせるという気持ちを持って、この問題をとことんまで追究し明らかにすることにした。

実は、彼らが自分の内心世界を表現するのがあまり得意でないのは、性格が内向的なためではない。「愛」という言葉は、日本人にとっては、外来語であり、明治時代にクリスチャンたちによって日本に伝えられてきたのだ。私の知っているところでは、この言葉は英語の

「ＬＯＶＥ」に当たる。つまり、西洋から伝わってきて、後に日本人に広く理解されていったのだ。多くの日本人、特に日本の文学者たちの中では、「愛」は「恋」と意味が全く違う概念だ。「愛」は意味範囲がもっと広く、男女間の愛情は、「恋」の成分が多く、「恋」の感情は通常「好き」で表現する。

このことを更に究明する為に実生活の中でもいくつか取材した。試しにうちの70歳ぐらいのおばあさんに「愛」とは何かと聞いたら、彼女の最初の反応は、もちろんお前の親がお前に持っているような感情だろうと。なるほど、祖母や親たちの世代の観念の中でやはり「愛」は日本人が理解している「愛」の意味なんだ。一般に「愛」というものには肉親のような愛情が含まれているようだ。「愛してる」という言葉は心にそういう気持ちを持っていても、容易に口には出せない。こうしてみれば、日本の若者が簡単に「愛してる」と言えないのも理解に難くない。言葉の伝統や時代に関係があるようだ。

或いは別の方面からも理解できる。中国では男性が好きな女性に気持を伝える時、最初に使うのは「あなたが好きだ」ぐらいだ。そして、「愛してる」という言葉は付き合いが深くなって、相手に対して男女を超えた肉親のような感情が出た時に初めて言うのだ。これも、日本の男女間の感情を「愛」で表現しない理由の一つになりそうだ。

この文章を書くにあたり、日本人の先生にも聞いた。そして、以上の分析と一致した回答をいただいた。日本人にとって、「愛」は簡単に口に出せない言葉であり、多くの複雑な感情や、文化に対する認知と伝承も含まれている。彼らの感情世界の中で、男女間の最初の好感を持ち合う気持ちは単純な「恋」である。

以上の説明から、みんなも少しそのわけを理解しただろう。この文章を、姉のその同僚にも見せたい。彼女の疑問も多少解けるだろうと思う。

「愛してる」にしても「好きだ」にしても、相手に伝えるのは一種の単純な美しい気持ちだ。そう思ったら、たとえ言葉の表現が違ってもお互い相手国の感情を理解できるはずだ。

――「あなたが好きだ」

――「私もあなたが好きだよ」

（指導教師　孫薇）

◉三等賞　テーマ「なんでそうなるの？」

冷たい優しさ

長春理工大学　白露

「ね、日本人ってさ、ちょっと冷たいと思わない？」

新宿駅に着いた電車を降りたとき、隣の友達が急に私に言ってきた。

私は今年3月に10日間日本へ行き、現地の大学生と交流するというプログラムに参加した。私は初めての海外で、初めての日本にわくわくしていた。しかし、実は、「日本人は冷たく、よく距離をとるみたいなんだ」と、私は日本に行く前に友達にそう言われた。

よく日本の電車の中では、乗客は静かにして、話す時も大きな声で話さないというのは有名な話である。実際に、電車の中でみんな静かに本を読んでいたり、ヘッドフォンで音楽を聞いていたりして、本当に静かだった。周りが見えないくらいに自分のことをしていて、周りへの無関心さを感じる程だった。

中国の電車さらに街では、みんないつも親しく話していて、賑やかである。それが当たり前の私たちは、静かで話をしない日本の電車が冷たいと感じるのだろう。

なぜ日本人はそう思われるのだろうか。日本人は本当に冷たいのだろうか。

まず、「他人に迷惑をかけない」というのは、日本人の行動する基本的な原則である。私は日本にいる時、一番よく聞いたのは「すみません」と「失礼します」という言葉である。日本の飛行機で客室乗務員はご飯をみんなに配った時、ずっとみんなの足元を見ながら、何回も「失礼します」を言ってワゴンを押していた。この場面はとても印象的なので、今でも記憶に残っている。

このように、電車や街などの公共の場所で、日本人はまず集団、あるいは他人の利益を考え、他人の邪魔にならないように工夫をして行動をする。だから、冷たさを感じることもあるのであろう。

また、このいわゆる「冷たさ」は日本だけでなく、現代都市の特徴の一つだと思う。経済は急速に発展し、都市化もますます進んできた。人々は都市化のスピードに合わせなければならない。日本も同じである。

だから、日本人は周りに無関心ではなく、見る暇がないほど自分のことで精いっぱいで、目標に向かって行動している。また、都市は発展すればするほど、人々は忙しくなり、孤独感を感じやすいと思う。日本だけでなく、中国の北京、上海などの大都市の人にも「冷たさ」を感じる。

さらに、日本人はどこの国の人よりもプライバシーを重視する国だと言われている。私的な問題などを深く聞かないから、自発的に話をかけることが少ない。だから、冷たいと思われるのではないだろうか。

しかし、これは他人と少し距離を取るのは、お互いを尊重し他人に迷惑をかけないという日本人の考えだと思う。これは日本人の冷たさではなく、むしろ高度に発展している社会で生きる日本人の優しさなのではないかと思う。

自動販売機には一年中季節に関係なく温かい飲み物があり、冬に便利な温かい便座があり、いつも笑顔で挨拶をする店員さんなどから私はすぐ日本人の優しさがわかった。

しかし、距離をとって深く関わらない優しさは誰にでも理解されるわけではない。優しい言葉を言ったら、みんなはすぐこの人は優しいと思うにちがいない。同じ優しさを持っていても、無愛想で無口な人からはこの優しさは分かりにくく、気づかれない可能性もある。

「愛している」と言われると、相手は自分を愛してくれているとわかる。しかし、愛しているからこそ相手を尊重し、プライバシーに深く関わらず、適当な距離を保つ。この愛情は冷たくはなく、むしろ温かくより深く愛情を感じさせ長く続くものだと思う。

今、「日本人は冷たい?」と聞かれたら、私は絶対に冷たいと思わない。個人よりも集団の利益を優先させる考えができ、プライバシーを重視し他人と少し距離をとってお互いを尊重し、他人に迷惑をかけない日本人の考えは、冷たくなく、むしろ優しいと思う。

これに気づいた私は、日本人のことが少しわかったような気がする。


（指導教師　王丹、稲垣睦実）

◉**三等賞**　テーマ「わたしの先生はすごい」

わたしの先生はすごい

東莞理工学院　陳嘉敏

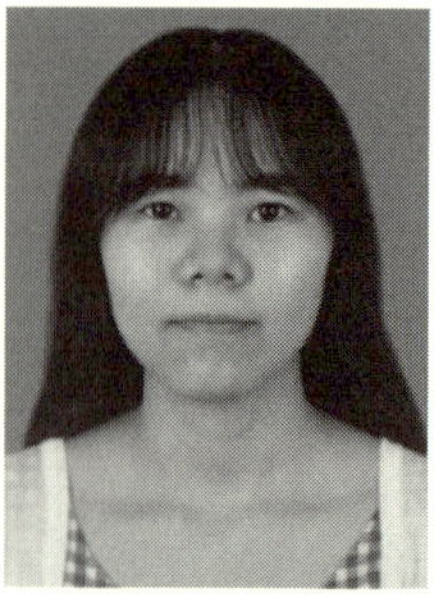

私の日本語の先生はすごい先生だ。彼の名前は入江雅之という。入江先生はとても魅力のある人だ。例えば、ギターが上手で歌も上手だ。しかし、それが一番すごいところではない。もっともすごいところは、入江先生は先生らしい先生だということだ。

入江先生には、叱られたことや泣かされたこと、励まされたことなどいろいろあった。入学したての一年生の時。まだ入学したばかりだから、そんなに頑張らなくてもいいんじゃないかという思いを持っていた私は、ずっと勉強を怠けていた。そして、時々、授業中携帯電話で電子ゲームをしていた。ある日、先生のはじめての授業の時も普段通り、授業を適当に聞いたり携帯でゲームをしたりしていた。すると突然、先生は私のそばに来て、「何をしていますか」と、私に言った。その言い方が厳しかったので、驚いてしまい、どうすればいいのかと考えていたら急に涙がこぼれた。私が中国語で「すみません。今度から、こんなことを決してしません。許してください」と言った。この時は、本当に怖かった。結局、先生は私のことを許しくださったが、当時の私にとって、この先生は怖い人だった。心から先生のことが嫌いだった。もう先生と話したくないと思っていた。この時、私はまだ先生と打ち解けていなかったので、先生も私のことが嫌いだろうと思っていた。しかし、数分後、授業の中で日本の状況を説明する演劇をするということになって、先生はまた私のそばにいらして、私を教壇に連れて行って演劇に参加させた。先生を避けようとしていた私は、ずいぶんびっくりした。

次の学期では、入江先生はまた私たちの会話の授業を担当された。それを知ったときには、私はがっかりした。ストレスも強かった。日本語の会話で、他のクラスメートより成績の悪い私は、先生に叱られないよう以前より頑張らなければならないと思っていた。しかし、予想に反して、先生はずっと私にやさしくしてくださった。PPTを使った発表では、よくできなかった時にもう一度機会をいただけた。そして、二人で会話をする時、私が聞き取れなければ、いつももう一度はっきり話してくれた。また、歌についてPPTで発表する時、私が『ドラえもんの歌』を選んで歌った時、先生は自分から手拍子をとってくださった。学期の終わり、先生はやさしく私に「だんだん進歩しています。以前は本当にできが悪かった。でも、今勉強を頑張っているあなたのことを、ずっと気にかけています」と言ってくださった。泣くほど嬉しかった。時間が経つにつれて、だんだん先生は怖くない、実はやさしい人だと思うようになった。ちょっと父親みたいな感じだ。さらに、これらのことを通じて、私は怠け者から主体的に勉強する学生になった。

今、私は二年生になった。二年生なって、先生に対する見方が変わった。入江先生は学生を授業に集中させるように努力されている。もし学生が授業に集中しないと、先生は自分に何か問題があるのかと真剣に考えて反省される。教育に理想を持っていらっしゃるから、学生への要求は厳しく、私が電子ゲームをしたことに対して怒った。しかし、一人の学生も授業に対する興味を失わせたくないという考えから、私には他のクラスメートよりやさしく、機会をたくさん与えてずっと励ましてくれたのだ。私は、先生のこんな気持ちが分かるようになっていた。それで、このことは全て勉強の原動力となり、一生懸命日本語を頑張りたいと思うようになった。その上、大学では高校と違うことをいろいろ勉強して成長した。学生に厳しかったり、やさしかったり、励ましたり、諦めなかったり、頑張る気持ちを出させたりする入江先生は、すごい先生だと思って感心している。

（指導教師　入江雅之、土肥誠）

◉三等賞　テーマ「日中青年交流について」

愛に満ちた日本への第一歩

江西財経大学　江琼

大学一年生の時、時間を潰しているタクシードライバーと雑談する機会がありました。ちょうど魚釣島をめぐって中日関係が冷え込んだときでした。ドライバーが「俺は日本が大嫌いだ。日本は世界一残酷な民族で俺たち中国人はひどい目にあったんだ。日本語を聞いたらむかつく……」と言いました。突然言われたその言葉に私は呆然としてしまいました。いよいよ大学に入って興味のある日本語が勉強できるはずのわたしは悲しさで心がぐちゃぐちゃになりました。日本が犯した中国での残酷行為は事実ですが、それはずっと前に起こったことで今の日本人に関係がないんじゃないか。そう見なければ、今の中国人といい日本人といい中日関係は全面的に理解できないように思います。そのような誤解を解くために日中の青年交流が必要だと思います。

実際に、日本から木子さんという大学生がうちの学校を見学に来たことがありました。中国には「朋あり遠方より来たる、また楽しからずや」という古い言葉があるように私たちは喜びと緊張で遠路はるばる来た木子さんをお迎えして案内しました。一年生の私たちは日本語があまり上手ではありませんが、それでも木子さんは辛抱強く優しく私たちが知らない日本のことを紹介してくれました。授業のあとで木子さんは私たちと一緒にバスケットボールをしました。ボールを運んで走る木子さんの元気な姿を見たら、これこそ日本人だと思いました。みんなも夏の日光を浴びて汗がぽたぽた流れるほど疲れましたけれど本当に楽しかったです。一週間はあっという間に過ぎ、お別れの時が来ました。この一週間で日本について理解できないことをいろいろ木子さんに聞いてもらい、木子さんを通して日本の若者の親切さや活発であることがわかりました。

ところで、今年の四月も三人のクラスメートが交換留学生として日本に行きました。その一員として留学した親友の伍さんが日本の写真と日本の生活についての日記をウィーチャットなどの通信ソフトで送ってくれました。初めて日本に行った伍さんの目で見た日本の先生は優しいし、住んでいる留学生の寮もきれいだし、環境もいいし大満足だそうです。初めて日本人の友達ができ、藤井さんという名の可愛い女の子です。デザインの授業を受けたときに伍さんのそばに座っている丸顔でかわいい藤井さんに気が付いて、積極的に話しかけました。藤井さんは国籍を問わず熱心に詳しく何でも教えてくれました。それからは、一緒にデザインをしたり、小さな声で雑談したりしています。また、ゴールデンウィークに旅行することを約束しました。藤井さんのおかげで自分が全然知らない国にいる伍さんは家族のような温かさを感じています。

現在、中日両国の若者の交流を促進するために中日青年交流センターがあります。ここでは中日両国の留学システムを作ったり、国際青年研修大学を設立したり、中日バイリンガル教育をしたりしています。以前にもこのセンターでは早稲田大学と北京大学の学生が回線を結びインターネットを通して、今後の日中関係を正面から向き合いながらいろいろな問題点を討論しました。このような活動により中日両国の若者はきっと相手のことがもっと理解できるようになるのではないでしょうか。これまで中日両国の青年は勇気を持ち、愛に満ちてお互いに第一歩を歩んできました。今後も両国の交流を促進するために、メディアなどの言葉を鵜呑みにせず、きちんと日本人と向き合って、自分の目で判断できるようにがんばらなければならない。

その日、ドライバーに「私は今日本語を勉強しているけれども、後悔なんか全然していません。私は中日の平和に微力ながら尽くせることが自慢です」と言いました。今は五月です。青い空と降り注ぐ太陽の光を浴びながら日本語を読んでいる私は本当に幸せだと改めて感じています。

（指導教師　山口文明）

◉**三等賞**　テーマ「なんでそうなるの?」

中日ごみ捨て問題について

広東海洋大学　譚雯婧

中日は二つの国でありながら、一衣帯水で、文化が似ているところが多い国同士でもある。中国人として日本文化の曖昧さ、謙遜さなどがよく理解できる。とはいえ、お互いに理解できなかったり、不思議に思ったりというところも必ずある。

私は日本へ行ったことがないが、偶然日本にいる友達にこういう話を聞いた。日本で公園といった公的場所にゴミ箱はあまり置いていないようだ。それで最初日本へ行ったときに散々迷っていたそうだ。

ご周知の通り、日本はゴミ分類にすごく細かい国である。空になったペットボトル一つでも三つの部分に分けて指定されたゴミ箱に入れることになっているそうだ。そんな日本なのに、街頭であまりゴミ箱が置いていないのはややおかしいと思う。

中国の街頭で何百メートルかおきにゴミ箱が置いてある。それは、人にゴミを適切な場所に捨てさせようとするのだ。急にゴミができて、手近にゴミ箱がなければ大変困る。その上、「ゴミ箱がないのでついつい捨ててしまう」という人も少なくなさそうで、政府はゴミ箱をもっと増やしていかないと市民への思いやりがないと評価されてしまう。

なので、日本の街頭でゴミ箱がないということを聞いたら不思議に思った。なんでそうなるの?と知りたくてネットで調べてみたが、こういうことがわかった。

ヤフーの知恵袋によると、テロ対策、家庭ごみを捨てるものが増え、野生動物の餌場になるなどの理由が挙げられている。確かに考えれば納得できる理由だ。それに前も言ったとおり、日本はゴミ分類にすごく細かい国であって、東京八王子市を例にあげると、ゴミ分類の案内マニュアルはなんと二百ページもあるそうだ。もし街頭にゴミ箱があるとわかれば、「家庭ごみを全て街頭のゴミ箱に持って捨てればいい」という者が必ず出てしまうのだろう。それは回収や衛生管理に大変手間とコストが掛かるのだ。

ただ、外国旅行者たちにとってはやや不便ではないかと私は思った。中国を例としてあげると、街中ゴミ箱が置いてあって、ペットボトルのごみを生じないように家から魔法瓶を持っていくなど、普通出かけるときに特に意識しないので、中国人が日本に旅行すると、日本の街頭にゴミ箱が置いていないことは随分迷惑だろう。ごみができたら全部ホテルまでカバンの中に入れるのも大変だし、旅行者なので駅などの場所も詳しくない。

毎年、「中国旅行者が日本の町にポイ捨て」というニュースが出てくるが、ゴミ箱がないのも一つの原因になるのではないかと私は思う。急にごみができた場合どうすればいいかというと、「帰宅するまでにゴミ箱が見つかないなら、自宅のゴミ箱に捨てればいい」という考えが、既に日本人の習慣になっているらしい。日本人は小さい頃からゴミ捨てについて教育されてきたのだ。しかし、中国人は違う。ポイ捨てを教えられてきたわけではなく、ゴミ箱に捨てるのが正しいというのだ。

多分、わざとポイ捨てするのではなく、ルールを守る気がないでもない。ゴミ箱が見つからなくて、ゴミを手に握ったまま歩いたが、その途中無意識に手を放してしまったかもしれない。確かに日本へ旅行してきた友達に、不便だと文句を言う人が多かった。

そこで、日本政府に提案が二つある。街頭には無理だが、観光地にゴミ箱を増やして、また、駅などの公的場所でのゴミ箱は分類についてよりわかりやすくするために絵とか中国語の説明とかをつけてはどうだろう。捨てる場所があるのなら、きっと誰もポイ捨てしたりはしないと思う。「中国旅行者がポイ捨て」というニュースが出ないなら、中国人が日本へ旅行する意欲も高まるだろう。日本の環境にもいいし、経済発展にもいい。

それに、中日両国の相互理解が深くなるに違いない。ほんの些細なことで、中日両国の仲がだいぶよくなるかもしれない。それが両国人民がずっと望んでいることではなかろうか。

（指導教師　原田拓郎）

◉**三等賞**　テーマ「日中青年交流について」

中日友好関係に私のできること

東北財経大学　陳維益

中国の経済は猛スピードで発展しているとともに、海外へ留学する或いは旅行する中国人も多くなっています。特に今年、日本への旅行がとても流行っています。日本へ行く多くの人の中で、若者は大きな役割を果たしています。

20世紀70年代から、中日友好関係が進み、中日の若者交流は大きな役に立っていると思います。70年代、高倉健さんを代表として多くの日本人俳優が中国の若者に人気がありました。今、中国では、韓流がとても流行していますが、日本のアニメやドラマなどが好きな中国の若者も少なくないです。特に、女子学生はＡＫＢ48や嵐など日本の人気のアイドルが大好きです。そして、多くの男の子は「コナン」などの日本のアニメが大好きです。私はそれらの日本のアイドルやアニメを通して、中国の若者が日本や日本文化に関心を寄せ始めていると思います。実は、私の友達はジェイポップが大好きです。彼女は日本語ができませんが、字幕のない日本のテレビ番組を見ています。それで、彼女はわからない言葉を私によく聞いてきます。彼女はミニブログを通して嵐などのファンたちと付き合っています。今、多くの中国の若者は彼女のようにジェイポップとか日本の電化製品などの現代の新しい物事に関心を持っています。

しかし、日本語を勉強し、日本人の留学生と付き合っていくうちに、多くの日本人の若者は現代の中国ではなく、古代の中国に関心を持っていることを実感しています。ある留学生はお茶が大好きです。私も知らないところに行ってお茶を学んでいます。恥ずかしいですが、私は日本人の先生に「中国人として、どうしてお茶もできないの」と言われたこともあります。実は、今、多くの中国の若者で中国のお茶などの伝統文化に関心を持っている人は少ないです。日本の若者が知りたい中国の伝統文化について中国の若者はよく知りません。それで、私は古代の中国だけでなく、中国の若者のように、日本の若者にも現代の中国について関心を寄せてほしいです。そして、私は中国の伝統文化についての知識を持って日本人の留学生と交流したいと思います。

一方、日本に偏見を持っている中国の若者は偏見を捨てて日本旅行をしています。確かに、今年日本へ旅行する人が多くて、「爆買い」が大きいな話題になったほどです。もちろん、「爆買い」はあまり良くないことです。若者はきっと日本の良いサービスや日本人の親切を実感できます。そして、日本人の若者も現代の中国にも関心を寄せ始めているのではないかと思っています。なぜかというと、日本人の若者は中国人がたくさんの商品を買う現状をみて、きっと「今、中国の経済はどの程度に発展していますか」とか「今、中国の若者の現状はどのようになっていますか」というような疑問を持っていると思います。

実は私は日本語専攻ですが、高校三年生まで、まさか自分が外国語を専攻するとは思ってもいなかったんです。私は日本語の勉強を通して、日本が好きになるのはもちろん、今私は校内放送部で日本についての状況を放送することが多くなりました。驚いたのは、視聴率がアップしたんです。それをみて、皆は日本に関心を持っているだということを実感しました。

中日両方の若者が上手く交流できれば、きっと長続きする中日友好関係が築けると思います。私は日本語を専攻する若者の一人として、できることを少しずつ実行しています。海外へ旅行する先輩や後輩、友達に積極的に日本を勧めています。冬休みにインターンをしていた会社の先輩は私の勧めで4月に日本へ新婚旅行に行きました。先輩は「もし機会があれば、もう一度日本に行きたい」と言いました。そして、私は日本人の留学生とうまく付き合うために、今、中国のお茶文化などの伝統文化も少しずつ勉強しています。将来、ぜひ日本人に素晴らしい中国の伝統文化を紹介したいです。

（指導教師　楊占偉、中山直己）

◉**三等賞**　テーマ「なんでそうなるの？」

心の中に神様がいる

南京大学金陵学院　王瀟瀟

日本のアニメやドラマが今世界中ですごく人気がある。様々なストーリーが面白くて、人を引きつけて夢中にさせる。その中から、日本人の日常生活も少し覗きみることができる。私のいとこも日本のアニメとドラマの大ファンだ。そして、いろいろなアニメとドラマを見たあと、いとこはあることに気づいた。今年の春節、親戚たちの集まりの時に、「どうして日本人は食事をする前にいつも『いただきます』と言うのか。しかもなんで一人で食べるときまでそうするのか」といとこに聞かれた。

実は私も日本語を勉強する前に、このことを考えたことがある。中国語の字幕を作る翻訳者たちはいつも「いただきます」と「ご馳走様」を「今から食べる」「食べ終わった」という意味に翻訳している。そうすると、中国の日本語が分からない視聴者たちが変だと思うのもおかしくない。

先日、ある先生も授業でこの問題に触れた。その先生は「『いただきます』とは、ご飯を食べる人がご飯を作る人に対して感謝の気持ちを表す言葉だ」と言った。そして、どうして一人のときまでもそうするのかというと、先生は「日本人が礼儀正しすぎるからだ」と説明した。しかし、本当にそうですか。私はその先生の説明に対して、疑問を抱いている。

私はネットで、ある日本のネットフレンドにこの問題について尋ねたことがある。そのネットフレンドからの答えは私が今まで聞いたほかの説明とは全然違った。「いただきます」とは「あなたの命を私の命としていただきます」という意味で、ご飯に対して高く掲げるような感謝の気持ちを表している言葉なのだ。そして、「ご馳走様」は食事を準備してくれた人に対して感謝の気持ちを表している言葉なのだ。これがそのネットフレンドの説明だった。それで、私はようやく分かってきた。

日本人は昔からずっと神道の影響を受けている。そして、自然への畏敬の気持ちは科学技術が高度に発達している今でも消滅していない。人々は様々な自然現象にそれぞれの神様の存在を認めている。そして、食事が楽しめることも自然からの恵みだと思っている。生き物を殺すことはよくないが、自分が生き延びるために、栄養に富むものを体に取り入れなければならない。だから、食事をする前に必ず手を合わせて、食材に感謝する。料理人もご飯を作るために苦労をしたので、食事が終わると、また手を合わせて、料理人に感謝する。食事の最初から最後までずっと真心からの感謝の気持ちを抱いている。それは何人で食べようが全然関係ない。それで、多くの日本人がいつも完食することも食材と料理人への敬意を表しているのだろう。欧米の人々も「アーメン」という言葉を使うが、その意味は「いただきます」とは、やはり少し違っている。キリスト教を信じている人々は神様だけに感謝しているわけだ。

なんといっても、信仰心を持っている人の心には神様がいると思う。人の行動を束縛するのは厳しい法律ではなく、心にいる神様だ。信仰がある限り、人は純粋でやさしい心が保て、自然と仲良く共生できる。

ここまで書いて、私自身は食事の時、食材に感謝したことが一度もないことに気づいた。そして、たまには料理が美味しくないと思うこともある。今、本当に恥ずかしいと心から反省する。

あの日、私はそのネットフレンドの答えと自分の考えをいとこに伝えた。私はテーブルに載せてある盛りだくさんの料理を見て、口には出さなかったけれど、心の中でそっと「いただきます」と言った。その時、いとこもきっと黙って、心で祈っていただろうと思う。これからは、食事の前に自然に感謝の気持ちを表したいと思っている。

神様、どうか、私の心にも住んでいただけませんか。

（指導教師　桑山皓子）

◉**三等賞**　テーマ「なんでそうなるの？」

日本文化から見る根性のある日本人

吉林大学　李珍

ある日本ドラマで寿司屋さんの家系が17世代継承し続けてきたのをみた。「何？　17世代も続けられたなんて、信じられない！」と私は不思議に思った。

ネットで日本にはその寿司屋さんだけでなく、ラーメン屋さんや豆腐店、しかもトヨタ自動車やキヤノンなどの大企業も世代を経て永続して来た結果、今があることにも気付いた。

中国だと、「家族経営って、そんなに長続きしないよ。途中で止めちゃうんじゃない」と思っている人が決して少なくないと思う。中国にも食べ物にせよ、手工芸にせよ、昔から続いて来たものが多かったが、家系が断絶したためその秘法を世間に知らせないまま消えてしまったか、時代の変遷のためかによってだんだん失ってしまったものが数多くある。

ところが、日本人の友達の話によると、日本人は伝統文化を親から子へ伝えるのを重視しているのだと聞いた。その文化を失うのは家族伝承の責任を取らないのと同じだと言う。そこで、私は日本の「雛人形」のことを思い出した。雛人形は新暦の3月3日に日本で行われている雛祭りに家に飾る人形である。その雛人形を子々孫々引き継いでいく家庭もあると聞いた。

引き継ぐだけでなく、日本人は自分たちの文化を他人に伝播し、共有しようとする根性もあると思う。日本人はほとんど日本へやって来る外国人の観光客には必ず茶道、花道、着物の着方、花火などを体験させてあげようとする。私はその国をちゃんと理解するには言語だけではなく、文化だと思っている。日本人のこういう文化の伝播は外国人が日本という国を理解する上で、役立つはずだ。

また、日本人は世界各国の良いと思ったものは積極的に受け入れて消化、吸収している。その具体的な例を挙げると、一つは中国の茶道、着物、三味線などである。もともとは中国から伝わってきたものであるが、日本独自のものにし、日本の伝統文化となっている。これらは中国ではもうほとんどと言っていいほどその原型は見られなくなっている。今更、これらを中国の伝統のものだと断言しているわけではない。「継承する」とはもともと先祖代々伝承していく人、それを必死で守ろうとする人が必要だが、中国人はもうこれらを継承するのをあきらめてしまったのだろうか。もう一つの例は「言葉」である。日本人より作られた、即ち和製漢語である。その中の「経済」「共産主義」「自由」「知識」などの言葉はいま中国でもなくてはならないほどまるで元来の中国語のように使われていて便利である。

先にも挙げた寿司屋さんや家内工業のことから考えられるのはその人たちの責任感や使命感である。家族の伝統を引き継ぎながらこの厳しい世の中で生き残るために新しいものを考え出すのはきっと誰よりも苦しかっただろう。しかし、その苦しみを超えたからこそ輝く今があるのだろう。伝統文化を継承し、それを他人に伝播しながら、柔軟に受け入れて自国に合うものへと転化させ、またはその文化に対する責任感と使命感はすべて日本人の根性であると私は考える。

時代とともに日本人の文化の継承の仕方は変わっているが、その文化に内包する本質的なものはずっと変わらないである。我々中国人はもう後戻りができないところまで来ているのかもしれないと思っている人もいるだろう。しかし、中国もこれから、日本の継承の仕方、発揚精神を見習って、私たちがまだ失ってないものをちゃんと守ろうとすれば、自国の文化をそのままずっと継承できると私は思っている。異文化の良い点を受容することも大切であるが、何よりも先ずは、自国にある継承すべき文化を消滅させないようにと私は願っている。

（指導教師　森屋美和子）

◉三等賞　テーマ「日中青年交流について」

蒼海を越える翼

浙江大学城市学院　顧宇豪

日中青年交流の課題について、私自身は最も感想を持っている中国の青年だと言ってもいい。なぜなら、半年間、私はある日本人留学生とずっと同じ寮で一緒に住んでいたからだ。彼の名前は山口裕司。今はもう留学が終わり、日本に帰ったけれど、彼と過ごした半年間は私にとって一生忘れられない、貴重な思い出だ。実際に相手と向き合い、話し合い、共に暮らしたからこそ、真剣に日中青年交流について考えることができた。

直接日本人と交流する前も、日本人は礼儀正しく、きれい好きで、細やかな気配りができるという印象を持っていた。実際に一緒に暮らすと、改めて日本人の優れた品格に感心した。礼儀はもちろん、私が毎回部屋を出る時、部屋に戻った時、裕司くんはいつも「いってらっしゃい」「おかえり」と声をかけてくれた。夜も「お休み」、朝は起きる時間が違うので、いつも静かに起きるようにしていた。些細なことでも、その中に込められた気持ち、それは心を暖める力だと思う。きれい好きだという点については、裕司くんはよく部屋を掃除した。おかけで部屋はその半年間、とても清潔だった。

私が一番感心したのは日本の青年の考え方だ。そう言っても、曖昧かもしれないが、文化や社会の環境の違いと大きな関わりがある。まず、人生観、価値観では、現在中国の若者たちの中には「金銭万能論」という拝金主義が氾濫し、物質主義的な娯楽が燃え上がっている。信仰や宗教にあまり関心がない中国人は虚ろな魂が浮世の渦にのみ込まれる。一方、裕司くんの答えは全くちがうのだ。人生で、色々な国に行きたい、世界の様々な文化を体験したい、将来ＮＧＯ、ＮＰＯに参加したいと私に言った。私はそれが偉いと思う。理想というもの、我々はいつの間にかそれを落としてしまったのだ。中国人はもっと夢を持つべきだ。裕司くんは私の心の友だ。彼が見せてくれたのはこの広い世界の光だ。

戦後70年、日中関係の未来は今だに誰にも予想できない。日中の青年の心の中に暗雲が垂れこめているのは、避けられない現実だ。しかし、日中の青年には交流が必要だと信じている。特に中国の青年は、実際の交流を通して、自分はどんなことを反省すべきかをもっと考えなければならない。正直、今の中国人はまだ古い伝統を受け継いだ「ローカル主義」に縛られている。中国は広い。こんなに広い国にも関わらず、人々の生活範囲は逆に狭いのだ。そして、教育も押し込むようなやり方だ。確かに今はネットや通信技術が発達しているが、中国の若者たちは実は相当限られた空間で、情報や観念の影響を受ける一方、本当かどうか確かめずに、当たり前のように気炎を吐く。今日、日中青年交流については、手段はもう問題ではない。もう鑑真の時代ではないからだ。もっと根本的な問題は人にあり、つまりまず自分を解放しなければならない。日中青年交流は、最初から「日中」の文字を気にしているばかり。しかし、「人」こそその中で唯一客観的に存在するものだ。人と人との付き合いを根本から考えるほうが、政治や民族の利益、意識のようなものよりずっと正しいと言えるのではないだろうか。そして歴史的な問題について、歴史は踏み台だと思う。踏み台はより高いところに至るためのものであり、逆に足を邪魔し、転ばせるなら、まさに本末転倒だ。「一身を独立し、一国を独立す」、これは福沢諭吉の『学問ノススメ』の最も心に響いた一句だ。その言葉の深意は、日中青年交流にも合致している。

別れの時、裕司くんは「ありがとうね」と言ってくれた。とたんに、涙がこらえられずに、あふれ出した。男が泣くのは恥ずかしいが、裕司くんに感情豊かだと言われたことがあるので、仕方がない。日中青年交流について、心から祈る。この世界の美しさをもっと多くの人に見せよう。いつか、相手に「ありがとう」という気持ちを素直に伝えられるように。

（指導教師　程菱、斉藤順子）

◉**三等賞**　テーマ「わたしの先生はすごい」

「あいうえお」体操

西北大学　王詣斐

「せんせい、おはよう」。まだ小学校に行っていない六歳の男の子が元気な声で私に挨拶した。

実はついこの間、初めてアルバイトを始めたのだ。家庭教師として毛ちゃんという男の子に日本語を教えることだ。50音図を教え終え、簡単な単語を教えるようになった頃、毛ちゃんは冒頭の一言を言ってくれたのだ。その一言を聞いた私は、それは「あいうえお」体操のお陰だと痛感したのだ。

「あいうえお」体操というのは、謝先生が教えてくれたもので、私たちが、勝手に名付けたものだ。この体操は目から、首、最後は腰を「五十音図」のカタカナとひらがなの筆画を描くように動かす運動のことだ。謝先生は私の日本語の啓蒙の先生だ。背が高くなく、黒いショートヘアに眼鏡をかけ、いつもにこにこしたかわいい先生だ。

日本語を三年間も勉強してきた今になって、最初の一年間の基礎段階の大切さが分かってきた。物凄く肝心な一年だが、仮名の暗記から早口言葉の訓練まで退屈な記憶ばかりだった。今だに記憶に新しいのは、休憩時間になったが早いか、皆が机の上にうつ伏せになったことだ。その時、退屈しのぎに謝先生が独創した「あいうえお」の体操が登場した。

謝先生が「まずは目。あいうえお」と言ったら皆目を閉じて目玉を動かし始める。私は時々怠けて、こっそりと目を開けて他人の様子を盗み見たら、謝先生が誰よりも真剣な表情で目を閉じて皆と一緒にやっていたのだ。謝先生の真面目さが面白おかしいが、それよりもっと滑稽なのは、大学生である私たちだった。大げさな動作で、楽しそうにこの幼稚園のようなやり方に一斉に従っていたのだ。

ある日、どうしてこの体操を創造したのかと謝先生に伺ったら、「ただ気分転換だよ」としか答えなかった。だが、どうも何か理由があると私は思った。

最近、通訳の先生が授業で通訳になるには何が必要かとみんなに問いかけた。すると、日本人並みの日本語や、博学であることなど様々な答えが出てきた。先生は頷きながら「体の健康も忘れないでな」と注意した。そこで、私はふと謝先生の「あいうえお」体操が思い出された。いい運動になる絶好の体操なのだから。

でも、この体操の真の奥義を理解したきっかけは、バイトで「先生」と呼ばれたことだ。

最初の授業で、気分転換や体を動かしてもらうために毛ちゃんと一緒に「あいうえお」体操をやった。ところが、次回の授業で、彼はなんと教えた仮名をすっかり覚えていたのだ。子供の記憶はたいしたもんだなあと感心したら、「実は自分で練習してたんだよ。あの体操で」とお母さんが真相を教えてくれた。その時こそ、謝先生の「あいうえお」体操は、私たちに日本語を体で覚えようと伝えるものだと悟った。

それから、私の授業が進むと共に謝先生の苦心が分かってきた。外国語を勉強する人は、一時的な新鮮感だけでは、勉強がうまく続かない。それに、いったん辛さを感じたら、長い間、落ち込んでしまう。謝先生は学生の関心を喚起する勉強法を工夫しただけでなく、その方法を巧みに体操の形にしたのだ。つまり、体と心の両方に気を配ってくれたのだ。

また、いったんこの体操の面白さが分かれば、日本語の面白さも分かってくる。そして、日本という国の魅力、学ぶべき日本人のよさも分かることに繋がるのではないかと思う。

今、毛ちゃんと一緒に「あいうえお」体操をやることはすっかり定着した。たまに、お母さんも一緒に、腰を回すことを楽しんだりするのだ。

この「あいうえお」体操は、ほかの人から見れば、ささやかなことに過ぎないかもしれないが、私はすごいと思う。なぜかというと、それは、謝先生の知恵と愛の結晶なのだから。この宝物を独創した謝先生はすごいです。あの時私がそっと目を開けて覗いた謝先生の体操姿は、いつまで経っても、記憶に残ることだろう。

（指導教師　薛紅玲）

◉三等賞　テーマ「なんでそうなるの？」

なぜ豚骨だけ？

北京郵電大学　王超文

日本の理解できないところは何かというと、ほとんどのラーメンが豚骨で作られることにほかならない。なぜなら、私はイスラム教徒で、物凄く人気のある日本のラーメンが食べられないからだ。

去年初めて日本に行ったとき、せっかくなので日本の代表的な食べ物の一つ、ラーメンを食べてみようと思った。あるラーメン屋さんに「すみません、ラーメンには豚肉が入っていますか。イスラム教徒なんですけど」と聞いた。すると、残念なことに、「豚肉は入ってないけど、豚骨を使っています」と言われた。おまけに、ラーメン屋さんは日本のほとんどのラーメンは豚骨で作られていると教えてくれた。すなわち、日本のラーメンの作り方が変わらなければ、私は一生、日本のラーメンが食べられないということになる。残念でならない。

なぜラーメンは豚骨でしか作られないか。いろいろな原因があるかもしれない。そして、今の作り方は昔から変わらずに受け継がれてきた可能性もある。ただ、今の時代は昔より相当に変わったので、日本のラーメンも時代遅れになるのではないかと思う。２０１３年12月のＮＨＫの調査結果によると、日本全国に５万人のイスラム教徒がいるそうだ。また、２００３年から２０１０年にかけて、日本に旅行に行くインドネシア人（世界でイスラム教徒が最も多い国）とマレーシア人（イスラム教徒が約60％）の人数は年々急速に増えたそうだ。国際化がますます進んでいる今、来日するイスラム教徒も大幅に増えているので、日本側も彼らの飲食にふさわしいものを多く提供する一歩を踏み出したほうがよいのではないかと思う。

ところで、中国では蘭州ラーメン（蘭州は中国甘粛省の省都）と呼ばれるものが有名だ。それが何にも増して優れたところはイスラム教徒が食べられ、また全国どこでもチェーン店があるということだ。だから、日本と比べて、中国ではイスラム教徒が住みやすい。56の民族がある中国では、イスラム教徒の人数は多いと言えば日本より多いが、中国のもっとも人数の多い漢族と比較すれば、それほど多くない。しかも、ほとんどのイスラム教徒は中国の北方地区に住んでいて、南方地区はほんのわずかだ。だからと言って、南方地区に旅行する時、あるいはそこに住んでいるイスラム教徒は飲食がそんなに不便ではない。蘭州ラーメンのおかげで、中国のイスラム教徒は食事に悩むことが一度もない。おまけに、イスラム教徒のために、自分の居場所の近くの蘭州ラーメンのお店がどこか、それを教えるアプリケーションも開発された。

去年の冬、南京に旅行した時、もともと南方地区では飲食が不便じゃないかと心配したが、そのアプリケーションのおかげで、イスラム教徒の私が食べられるものをちゃんと見つけることができ、何も心配する必要がなかった。四日間、毎日蘭州ラーメンを食べていて、飽きてしまったが、日本にいた時、ラーメンが食べられなかった時よりずっと満足だった。それに、南方地区の蘭州ラーメンは地元の食習慣に合わせて、少し違うところもある。例えば、南京のものは味がさっぱりしているが、湖南省のは非常にからい。それで、中国のあちこちに旅行するイスラム教徒は蘭州ラーメンを通じて、地元の食習慣が味わえる。

もし多くの日本人が中国人のように、イスラム教徒のことを心から理解できれば、日本ではイスラム教徒のことが認められ、イスラム教の習慣も尊重されるだろう。そうすると、ラーメンは豚骨だけで作られるものではなくなり、イスラム教徒も本場の日本料理が味わえる。そうなれば、今日本に住んでいる五万人のイスラム教徒は日本人の思いやりや親切をしみじみ感じられ、きっと心に感謝の気持ちがあふれると思う。それにとどまらず、世界のあちこちから日本に旅行するイスラム教徒がどんどん増え、日本の経済回復にも役に立つのではないだろうか。

（指導教師　小柳麻由子）

◉三等賞　テーマ「日中青年交流について」

戦後七十年目の両国関係を考える

韶関学院　蔡超

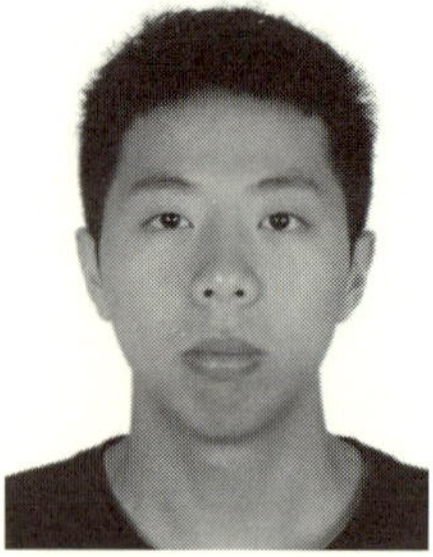

日中戦争が終わって、もうすぐ70年目を迎えようとしている。それが原因かもしれないが、最近、中国国内のテレビでは、頻繁に日中戦争に関する番組を放送するようになっている。その中で、私たちがいつも耳にする言葉が一つある。「私たち中国人は、日中戦争の歴史を心に刻み、国辱を忘れず、中華の夢を実現し、その歴史を日本人の皆さんにも伝えなければならない」。とても印象的な言葉だが、不思議なことに、私はこの言葉を聞くたびに、自分自身も分からずに、複雑な気持ちになってしまうのだ。

なぜかというと、それは去年のお正月、上海に遊びに行った時に、ある日本人の女子中学生に出会ったことがきっかけだった。上海と言えば、一番有名なのはやはり外灘の夜景！　黄浦江の遊覧船に乗って上海の夜景、その美しさに完全に陶酔していた時だった。突然、後ろから「ステキ！」という日本語が聞こえてきた。誰にでもありそうな〝職病〟のせいか、大学で日本語を勉強している私は、思わず後ろを振り向いて、「ステキですね」と日本語で話しかけてしまった。その瞬間、一人の可愛い女の子があまりにもびっくりしたせいか、しばらくじっと私の方を見たあと、だんだん笑顔に変わり、彼女から「こんばんは」と挨拶で返してくれた。それがきっかけで私と神崎という日本人の女子中学生は船の上で知り合ったのだ。二人は出会ったばかりなのに、まるで何年ぶりに会った友達のようにいろいろと楽しく話ができた。別れる時に、彼女は私に「2008年に、中国の四川省で地震が起きたんですね。その時、私は被害者の皆さんに少しでも役に立てばと思い、募金活動などに参加したりしましたが、今はもう大丈夫なんですか」と聞いた。その時、私は「もう大丈夫ですよ」とすぐ答えたものの、実は、四川省で起きた地震のことはとっくに忘れてしまい、今どうなっているか全然知らなかったのだ。その時、中国人でありながら、中国のことに今までずっと無関心であった私が恥ずかしくてたまらなかった。

先日、ネットで偶然2012年に放送されたNHKスペシャル番組「復興に歩む日中の人々～中国　崔永元」を見たことがある。被災地のボランティア活動に何度も参加する中国人留学生、日本を脱出する外国人が少なくない中で、日本に踏みとどまった中国人ビジネスマンの姿はとても感動的だった。そして、中国の有名なキャスター崔永元さんが最後に残した言葉もとても印象的であり、大きなショックでもあった。「地震は、中国で起きようと、日本で起きようと、それは人類の災難である。無関心でいることは、中国人にとっても、日本人にとっても、それは人類の恥である」

中国も日本と同じように地震が起きやすい国である。特に最近、中国の西南部では地震が頻繁に起きている。当時、中国人の防災意識はあまりにも弱かったため、四川大地震では多くの命が失われてしまったのだ。一方、日本では、消防庁の施設で、地震、火災、救急が無料で体験できる。地震体験コーナーでは、シミュレーション室で様々なレベルの体験ができ、避難の仕方も学ぶことができる。地震への備えは日常に浸透しているため、大きな地震があっても被害は少ない。地震だけではない。例えば教育、医学、科学技術など、私たち中国人が学ばなければならないことはたくさんあるが、私たち中国人は日中戦争のため、学ぼうとするよりも恨みや憎しみなどが先に出てしまうのだ。

温家宝前総理が日本を訪れた際、このようなことを話したことがある。「経済交流は両国の利益のためなら、文化の交流は気持ちを伝えることである」。確かに、日中両国の関係恢復には交流は不可欠なものであり、今私たちにとって交流が必要なのだ。戦後70年目に入ろうしている今、交流することこそ、日中両国の友好関係の架橋になるのではないか。

（指導教師　鄭光峰）

◉三等賞　テーマ「日中青年交流について」

孫と爺の友情

煙台大学　孫秀琳

今回のテーマでは、私は敢えて「孫と爺の友情」と題して書く事にしました。今回のテーマは日中青年交流についてですが、孫と祖父ほど年齢が違う中国人と日本人の間にも友情が生まれるのだという事を、私自身の経験をもとに紹介したいと思い、このような作文を書きました。

先ず、お爺さんについて紹介しますが、お爺さんは年齢が81才で8年前に奥さんを亡くし、子供は3人で、みんな結婚して独立し、孫が4人います。お爺さんは現在一人暮らしで、衣食住を全て一人で賄っています。中国では、80才を超えた人達は、殆どが隠居生活ですが、お爺さんは、81才でパソコンを使い、車を運転してゴルフに行き、一人旅もするのです。私はこのような話を聞いて本当に驚きました。このような元気な高齢者がいる日本は、さすが世界一の長寿国だと思いました。

私とお爺さんが出会った経緯について、紹介します。私は日本語会話の勉強のために、インターネットで日本人の友達を探していました。一方、おじいさん は、一人暮らしの淋しさから、一緒におしゃべりができる友達を探していました。そんなわけで、私たちはインターネットで知り合い、私とお爺さんは、お互いにメリットを見出して友達になりました。最初は、私はこのような高齢者の方ではなく、もっと若いハンサムな人を探していましたが、柳の下に泥鰌はいないという諺にもあるように、なかなか理想の相手とは巡り会えませんでした。しかし、毎日お爺さんとインターネットで会って話しているうちに、次第に孫と「祖父」の友情は深まって行ったのです。

1年半前の、私の会話のレベルは低く、テレビ電話で話が続かなくなり、途中で止めた事も何度かありました。お爺さんとは、最初、簡単な単語の勉強から始め、次には音声メッセージの交換を続けました。毎日少しずつ勉強しているうちに、私のレベルは次第に上がって行きました。半年ほどして、私はびっくりしました。日本語専攻四級試験の時、作文を上手に書けたのです。私の会話レベルが上がっただけではなく、聴解・読解・記述も同時に上がっているのに気が付きました。私達はテレビ電話の通話を再開しました。いちじるしく私の会話能力は高まっていきました。お爺さんは、ゆっくりと話し説明が解るまで何度も繰り返す姿に、私は感動させられました。テレビ電話の調子が悪い時には、国際電話を使って会話を教えて下さいました。贅沢な勉強に私は戸惑いました。それだけでなく、お爺さんは、ルームメイトにも会話を教え、資料を送って下さっています。そうして、私とお爺さんの友情は、確かなものになって行きました。

お爺さんが、何故ここまで中国の若者を大切にしてくれるかは、二つの動機があったからだそうです。それは、かつて在中国日本大使の丹羽宇一郎様から、草の根交流を深めようとの自筆のお手紙をいただいたからだそうです。私も見せていただきました。私の経験から中国の学生と日本の高齢者、また中国語を学ぶ日本人学生と中国人、このような関係を拡大する機関があれば、どんなに素晴らしいことかと深く感じています。

中日交流で国家間では、利害が一致しない問題が多く、必ずしも良好な親善関係とは言えません。ですが、末端の民間交流では、数多くの親善関係が生まれています。民間の親善関係は無限の広がりの可能性を秘めています。お爺さんは、この民間交流を、草の根交流とよく言います。民族を越え、距離を越え、世代を越えて、私はお爺さんと知り合いになりました。私も、お爺さんも、中日間に存在する様々な困難を乗り越えてきました。それはお互いに善意があったからだと思います。国家間においても、善意をもって困難を乗り越え、日本と中国は将来、真の友好国になれる事を、私は信じて疑いありません。中日は、永遠の兄弟国であって欲しいと、私は思います。

（指導教師　二木康晴）

◉三等賞　テーマ「日中青年交流について」

草の根外交官としての経験

外交学院　李如意

私は２０１２年９月から中国外交学院に入って、日本語を勉強するだけではなく、外交を副専攻する学部に入学することになった。学校の中でいろいろな中日交流の話はできるけれども、生の声を聞くためにこれは十分ではないと思う。学校以外に日中関係改善に現実的に携われることをしようと思っていた。そしてその第一歩として私は中日学生会議を選んだ。

２０１４年8月、私は第33回中日学生会議に参加した。同じ年代の日本人が中日関係についてどう考えているのか、本当のところを知りたい。これが最初にこの会議に応募した理由だった。終わってみると本当に充実した時間を過ごしたものだと思う。

私は社会分科会に所属し、本会議では反日・反中活動や排外的な現象、また日本のヘイトバイオレンスについて議論した。結果から言えば、自分は今回の議論に満足していない。それは自分の求める議論成果が高すぎたのか、それとも議論が拙速だったのか、その両方なのかいま結論づけることはできないが、日本側と中国側の双方の認識には隔たりが大きく、議論のための議論に終始する場面が多くあった。

また、そうした時にしばしば国の立場が邪魔をした。私たちは双方の国の代表として国の立場を代弁しに来たのではなく、中日関係改善のために集まった学生であるのにもかかわらずだ。それらは建設的な議論と大きな成果を求める自分をしばしば飽き飽きとさせたし、結果として自らが最も議論したかった部分まで議論することができず、心残りである。今回の議論では中日双方の認識を理解することはできたが、成果として出せたものは、こんなつもりではなかったと言わざるをえない。

そんな議論であったが、私は、中日関係は自分たちの努力次第で改善させることができると信じている。深く交流することは容易《たやす》くないに違いない。こんな現実があってこそ、機会を作ってお互いに交流を進めるのは意義があると信じている。そう信じる人がいなくなれば、永遠に日中関係は改善されないだろう。

また、中日両国の参加者との話し合いを通して思い知った個々の主張、思想まで、様々なことを知ることができる2週間であった。そんな中で、全体を通して最も印象に残っているのは言語の問題である。文化の違いも、個々の主張も、言語を通してではないと知ることができないことがたくさんある、言葉は相手を知るという行為の根本であるということを痛感したのだ。私は今会議で、中国の学生と初めていろいろな話題を話し合い、自分の日本語と英語の語学能力がどこまで通用し、どの程度通用しないかを知ることができたし、物事を論理的に考える能力がまだまだ足りないと痛感した。

要するに、この会期を通じて私たちは画期的なアイデアや打開策は生み出せなかった。この無力さは厳しいものであるが現実である。そんな中で私にとって中日双方の学生の姿勢は印象的だった。主張の前提が違って意見が対立して議論が停滞し、どんなに膠着しようとも、常に対話する姿勢を崩さず、お互いが何を考えているのか理解しようとする姿勢は暗い中日関係に一縷の明るい未来を感じた。グローバル化した社会では違う価値観を持つ人と緊密なコミュニケーションが求められる。そんな現在だからからこそイデオロギーという前提の違った他者とも友人として語り合う必要性を感じた。たとえそれが時間と労力を必要としていても、私たちはそれに向き合う必要がある。今回の議論では意見の対立に驚き、途方に暮れ、その中で一つひとつ日本側と合意を作り上げる事の大切さと難しさを感じた。どんなに考え方の前提やバックグラウンドが違ったとしても彼らと協働する必要がある。それは時間がかかり、誠意が必要だ。また時には意見の乖離を前にして途方に暮れる時もあるかもしれない。それでも私たちには丁寧な日本との対話が必要なのだと感じた。

（指導教師　李濯凡）

◉三等賞　テーマ「なんでそうなるの?」

夢の専業主婦

西南科技大学　蒙秋霞

日本では多くの女性が専業主婦に憧れを持つという。

厚生労働省による平成二十三年度の「若者の意識調査」によると、「結婚（事実婚含む）した後は専業主婦になりたいと思いますか」という質問に対して、「そう思う」或いは「どちらかといえばそう思う」と答えた人は三十四パーセントであった。

確かに、会社勤めなどの場合、色々な人と付き合う上でストレスが溜まったり、就職活動の際に不採用が続き、心が折れそうになって、苦しみから抜け出せるならと専業主婦を目指しても不思議ではない。

ところで、自分は先日、SNSで専業主婦の日本人女性と知り合ったのだが。彼女は次のように話した。

「専業主婦は働かずに暮らしている、楽をしている人間と思われがちです。でも、私達専業主婦は夫と子供が会社や学校でいる間はもちろん、彼らが帰ってきてからも、仕事は続いています。言ってみれば、家事は残業だらけの仕事なんです」

なるほど、家事は「残業だらけの仕事」である。その大変さは否定できないだろう。

また、彼女はそのことについて触れなかったが、家事は無償労働でもある。どれだけ熱心に働いても金銭を得られない。私が気になるのは、「無償労働」であることを、ボランティア活動に従事しているかのように、誇らしげに考えているようにも思えることだ。

だが、無償労働であるということは、経済面においてリスクを伴う。例えば、離婚した際に、自らの取り分や貯蓄は十分なのかという問題がある。

厚生労働省の平成二十一年度の「離婚に関する統計」によると、日本の離婚件数は平成二十年現在、離婚した夫婦は二十五万千組にのぼり、これは実に結婚した夫婦のうち、三組に一組は別れる計算である。

このような状況から考えて、やはり離婚する可能性については考慮しておかなければならないだろう。それゆえ、専業主婦になるということは、極めてリスキーな選択であろう。

その日本人女性は次のようにも話した。

「ある中国人の知り合いはキャリアウーマンとして活躍していますけれども、彼女の家庭は全然円満ではありません」

彼女は、友人女性の離婚原因を「外で働いているから」というように、職を持つことと家庭内不和を直接結び付けているようだったが、それには賛成できない。円満でないのは、「(外で働いていて)家庭を顧みなかった」からだ。この女性のような考え方、すなわち、女性が家庭から出て働くと家族関係が悪くなるという、ある種、強迫観念のような考え方は日本人特有のものではないだろうか。

しかし、時代の移り変わりに伴って、女性を取り巻く環境も変化してきている。

一つ目は、価値観の変化である。昔は「良妻賢母」が理想とされた。妻は夫に尽くすと同時に子供を正しく育てなければならない、という価値観である。私はここで男尊女卑である、などと述べたいのではない。男性も家庭を持つなら、「良夫賢父」でなければならないと同様であるからだ。

二つ目は、労働環境の変化だ。安倍政権がアベノミクスの成長戦略において、女性の活躍促進を掲げたことが象徴しているように、今後は日本経済の成長に女性は不可欠である。

さらに育児面に関して言えば、母親が長時間家にいることが、子供の教育にとって必ずしもプラスに働くとは思われない。外で働いていない分、相対的に育児のことに目がいくと思われるが、過干渉になりはしないだろうか。

例えば、私の母は私が小さい時から忙しく働いており、家にいないことも多かったが、愛情は存分に与えられたし、家の内外を問わず働き続ける姿から、私は女性の理想像のようなものも学んだ。

専業主婦になることはある女性達にとって憧れであり、同時に家庭を円満にするように思えるのかもしれない。だが、そこには幾つかの危険がある。それにもかかわらず、三割以上もの日本人が「なりたい」と考えることは、私にとって不可思議なことなのである。

(指導教師　鄭栄愛)

◉**三等賞**　テーマ「日中青年交流について」

私達の現状を理解してほしい！

―障害を乗り越えて仲良く交流しよう

嘉興学院　牛宝倫

今、私もしているアルコトが、日本の産経新聞に掲載された。その記事が2chに転載されると、「中国人窃盗団」「泥棒」などのコメントが殺到した。それを見て、多くの日本人は中国人がどんなに嫌いか、お互いに理解し合うのはどんなに難しいかよく分かった。私達は確かに国際的なマナーに反している。でも、私達の本音を、どうしても聞いて欲しい。

そのアルコトとはファンサブで、中国語で「字幕組」と言う。許可なしで、勝手に外国語の映像を翻訳し、母語字幕付きのビデオをネット上にアップロードしている。殆どの字幕組は「好き」という気持ちだけに支えられ無報酬で働いている。中国に日本のコンテンツを対象とする字幕組も少なくない。日本語を知らない人々に、近いようで遠い日本の今を伝えるために、ずっと受け継がれ、これまでやってきた。

法律的にみて、著作権を侵害しているのは、事実なので、否定はしない。製作者側の意見を無視し、勝手に行動し自己満足している。本当に申し訳ない。

だが、私達の国では、一般人は外国のテレビが見られない。外国のテレビ番組が放送されることはめったにない。見られても韓流などが多い。「じゃ、自分でDVDを買えばいい」といわれる。しかし、残念だが、簡単なことじゃない。あまり輸入されていないので、グッズの購入は非常に難しい。

でも、私達は日本にいる人々と一緒に日本の「今」の空気を感じたい、あたたかいから。日本のものは心をきれいにする――これが私達日本を愛する者の共通の認識だ。そのきれいさ、爽やかさ、又は世間に対しての様々な問題提起を私達も追求している。日本のものはもはや私達の日常に欠かせない一部となっている。「質が良い物なら欲しいと思うのが人間の本質だ」。昔の中華文化も、今の日本文化も、この勢いは止められない。人間がより優れたものを求めるのはどうしても止められない。

実はここ数年、中国のウェブ上のコンテンツは絶えず正規化している。

２０１1年以来、「Ｔｕｄｏｕ」をはじめ、中国の各動画サイトはどのシーズンでも積極的に数多くの日本のアニメの正規版配信権を購入している。今、日本で放送されているテレビアニメの8割以上が中国の動画サイトで同時配信されている。

最近、日本のドラマの正規版配信も始まった。プロと言われている一部の中国語字幕制作担当は、10年間もやってきた名高い字幕組だ。字幕組同士として、それはめでたいことだ。このニュースを聞いて、皆が「なんと地下から正規に！　やったぞ」と、大興奮した。

ウェブ上で正規コンテンツと非正規コンテンツが混在する結果、日本のポップカルチャーがより多くの人々に届いている。中国にまったく来ず、宣伝もしないアーティストや番組だとしても､ファンが意外にたくさんいる。このような状況こそ各字幕組が望んでいることだ。

それと同時に、中国の何でも獲得できるウェブ環境から、お金を払って正規コンテンツを楽しんでいる日本ファンが生まれた。例を挙げるとしたら、２０１４年のＡＫＢ48総選挙で、まゆゆの勝利を決定づけたのは「中華砲」と呼ばれる中国のファンからの3万５０００票の組織票だった。「私達もまゆゆを応援したい！」

それはここ数年、私達はネットショップでＣＤなどの日本の発売グッズを買うようになってきたからだ。オリコンの売上数字を見て、「ああ、私もその中の一人」と喜ぶことがあり､随分流行ってきている。私もその中の一人だ。

さらに、お返しはお金だけではない。日本からの影響を受けた中国のオリジナルウェブマンガの一作「雛蜂」が今年アニメ化して、日本で放送される予定だ。これはもっと大きなお返しだ。

多くの面で日本とは比べものにならないが、私達中国人は精一杯頑張っている。これからも、ウェブ環境がよくなっていって、違法のコンテンツがきっと大幅に減っていくと思う。

だから、私達の活動に期待してほしい。障害を乗り越えて仲良く交流しよう。

（指導教師　照屋慶子）

※映像の未許可配信を肯定する立場ではありませんが、学生の一主張として掲載しました（編者）。

◉三等賞　テーマ「なんでそうなるの？」

微妙な距離感

北京科技大学　範紫瑞

日本語を勉強して二年になるが、日本人の友達がまだいない。いつも日本人の留学生と親友になって相互学習したいと思っている。これまでもいろいろな中日の交流会に参加してきたが、不思議なことに、なかなか日本人と親しい友達になれなかった。どうしてなのだろうか。

交流会は盛り上がり、お互いに連絡先も交換して、相手の日本人も楽しそうに見えた。それなのに、どうして後で連絡すると、態度が急に冷たくなるのか。私が何か失礼なことをしてしまったのか。それとも、元々私のことが嫌いで友達になりたくないのか。留学生の態度の変化は、私には理解できず、すごく悩んだ。

中国では距離感から美しさが生まれるという言葉がよく言われる。たとえば、山の景色を見る時、遠くから見れば、何と美しいことかと感じるが、本当に山に登って近くで見たら、死んだ木や汚いところもあってそんなに素敵ではない。人との付き合いも同じだ。日本人はそう思わないのだろうか。

そう言えば、確かに日本人は、会う時、または、別れる時、ただお辞儀をして挨拶する。抱き合ったり体をなでたりする姿はなかなか見られない。それは日本人が外国人と付き合うときだけではなく、日本人の中にある暗黙のルールである。いつも情熱的な中国人と違って、彼らは微妙な距離感を保って慎重に付き合っている。

中国も日本も協調性を重んじる社会であるが、日本人は微妙な距離感を保つことを選ぶ。自分のある部分を隠して、最もよいところを人に見せるのに対して、中国人は何も隠さないことだ。「私たちは親友よね。なぜその秘密を私に言ってくれないの。私のことを信頼していないの」。こういう思いを持っている中国人が結構多いと思う。特に中国の大学生の寮では、プライバシーを侵すことが起こりがちだ。侵された人は寮の平和な雰囲気を守るために、我慢するしかない。「親友」は元々気楽な存在なのに、重くなる。さらに、侵された人はまた侵す人になって、悪循環が続いていく。

交友関係において被害者であるとともに加害者である私は、改めて日本人と付き合うときの微妙な距離感を考えてみた。それは冷たいというより、むしろ日本人がお互いに尊重し合うことを大事にしていると言うほうがふさわしい。距離感があるからこそ、安全性が感じられる。近すぎる関係は両方に悪影響を与える。それを避けるために、お互いに尊敬する気持ちを持って付き合ったほうが楽ではないかと、今の私はこう思うようになった。

「人生かくも初見の如し」という詩句は清代の納蘭性徳という詩人が書いたものだ。人生の中で意中の人と初めて出会った時のような気持ちを持って人と付き合うべきだという意味として伝わっている。初めて出会った気持ちで相手の長所の方に注目して、相手の話に興味を持って聞いて、お互いに温まり合い、楽しみ合う。「初見」という言葉で距離感を強調する古人は、たぶん今の日本人と同じように、尊敬する気持ちを持って特別なやり方で友を大切にしていたのだろう。残念ながら、それは今、心を静かにすることができにくい私たちにとって、なかなか難しいことである。

しかし、素敵な関係になるには時間がかかる。昔「礼儀の国」と絶賛されていた中国は経済の高度成長にともなって、焦って目先のものだけを求めているのかもしれない。「君子の交わりは淡きことの水の如し」というような境地に戻るために、もう一度、努力する必要がある。人と人のつながりを十分楽しむのは人生の喜びの一つであるが、微妙な距離を保ったとしても、親友になれないわけはないのだと思う。

はっきりと認識したわけではないが、率直に言いたい。今私はその距離を乗り越えたくなくなった。

（指導教師　松下和幸）

◉三等賞　テーマ「わたしの先生はすごい」

私の先生

太原理工大学　畢奇

大学一年から日本語を勉強していた私たちは二年生の春に村田先生と出会った。その時村田先生は、初めて外国籍の先生として中国に来て私たちの大学で私たちに日本語を教えてくれた。

その頃、初めて日本人の先生に会う事が出来、私たちは本当にうれしかった。髭を生やしてニコニコしてスーツを着ていた先生は、初めて教室に入ったとたん、みんなに優しくて真面目な印象を与えた。それから一緒に頑張っているうちに、私たちはお互いに少しずつ馴染んでいった。

仕事と言ったら、村田先生は申し分ないと言っても過言ではないかもしれない。テキストに頼らず毎回しっかり考えて授業の準備をしてくる。オリジナルの教材を作り、授業の最初にみんなに配布してから授業をする（中国では先生の指示で学生が教材を作っているので準備、印刷する）。色々入念に調べてから教材を作っているのでテーマはいつも面白い。さらに授業中内容を説明する時、よく黒板に絵を描きながら講義してくれた。先生は授業する方法も状況により改善し、できるだけ学生が進歩できるようにしていた。例えば「聴解と会話」という授業では、初心者レベルの私たちは授業中なかなかうまく会話をすることができなかった。先生は反省し、生徒に意見を聞いたり自分で試行錯誤したりしながら方法を変えて試した。それから授業の前にみんなは会話で取り扱うテーマについて作文を書き、提出して先生はチェックしてからおかしいところがあれば直して返す。授業中会話の練習をした。レベルの低い私たちでも十分に会話の練習ができるようにする為だ。でもそうしたら先生は残業する事なしに学生の作文をチェックできない。そのため、先生は休む時間や、食事する時間すら惜しんで作文をチェックして図書館で一人ずつ説明してくれた。その仕事に対する奉仕精神と責任感には本当に感心させられる。

村田先生はただ仕事を真剣に努力するだけでなく、親切で優しい心の持ち主でもある。先生は日本文化を紹介するため、よく和食とか抹茶等を作り教室に持ってきてくれた。その生きた教材を満喫しながら受ける授業は格別だ。また学期の最初にも日本から食材を持ってきて自分で料理を作り、先生の部屋中で日本食パーティを開いてくれた。私たちはおいしい料理を食べながら日本の食生活など色々な日本文化を勉強した。

村田先生のおかげや自分の努力もあって、私は日本語について興味がだんだん深くなり、日本文化や日本人の考え方などを少しずつ理解できるようになってきた。

また先生は真面目に働くばかりでなく、自分の人生もちゃんと計画している。大学時代からアメリカやフランス等たくさんの国へ海外留学に行った。卒業後はインド等に行って仕事をしたり、ボランティア活動に参加したりして活躍した。豊かな経験を持っていて羨ましい限りだ。様々な外国語ができるし、たくさん外国人の友達がいるので楽しそうだ。

今中国に暮らしている先生は中国文化に関しても強い興味を持っている。先生は時間を惜しんで登下校中も単語の勉強をしたり、一所懸命頑張って中国語の勉強をしたりしていたので一年もたたないうちに中国語レベル試験6級（ＨＳＫ６級）に合格した。本当にすごいと思う。それ以上に中国の伝統文化にも熱心だ。学校で先生として仕事をする傍ら、暇を見つけては書道や、伝統楽器の二胡、太極拳、八極拳等の武術も熱心に練習している。

多くの人にとってこれでも結構忙しいかもしれないが、先生は向上心が高く、日本大学の通信制大学の院生になり、大学院の勉強もしている。本当に立派で敬服させられる。先生の影響を受けて私も早いうちに人生の計画を立てて未来へ向き生き甲斐のある人生を追求している。

人生でそのようなすごい先生に会ったのはかなり幸運な事だ。もっと幸いなのはその幸運がまだ続いている事だ。私たちとすごい先生は一緒に未来へ歩んで行き、共に充実した人生を送る事を楽しみにしている。

（指導教師　村田幸一）

◉**三等賞**　テーマ「なんでそうなるの?」

化粧 — 自分との対話

大連外国語大学　劉秋艶

かつてNHKは「パウダールーム」というドキュメンタリーを放送したことがあります。「パウダールーム」とは、個別に仕切られたスペースを使用できる化粧室のことです。深夜まで営業しているこの部屋には、一日中絶え間なく女性たちが出入りします。化粧と生活が切り離せない日本人女性に比べ、中国人女性はあまり化粧に関心を持っていないのは事実でしょう。

中国には、古来より「女性は自分を好きになってくれる人のために自分を飾る」という言葉があります。化粧に工夫を凝らし過ぎれば、男性を引きつけるためだと思われかねないのでできないという人も少なくないです。

そのため、中国人の目には、日本の女性が化粧にこだわり、化粧室ビジネスまでも盛況となる事態は不思議に映るはずです。しかし、日本の女性は化粧にこだわる理由は、単にこの言葉のとおり、男性の目線を気にしているためだけなのでしょうか。私は、安易に結論を出すべきではないと思います。この現象から日本の女性を取り巻く社会の変化が読み取れると思われるからです。

時代の変化にともない、社会から求められる女性の役割も多様化してきました。異なる場面に、適切な身なりで対応するのは、女性にとって重要な能力になってきています。かつて、私は塾の講師のアルバイトに応募したことがあります。面接は順調だと思ったのに、「外見がやや年齢よりも幼く見えるので、学生から信頼されないのではないかという点が気になりました」と担当者に断られました。その時初めて、自分の立場に相応しい身なりをすることも社会に出たら大切な能力だということに気づきました。そして、正式な服を着て、薄化粧もして次の面接を受け、やっと採用されました。このように、身なりを整えることにより、異なる役割を演じる時の心構えの切り替えをすることこそが化粧の最も大切な機能だと思います。

現代女性は、仕事と私的な生活の両方ともに細心の気を配らなければなりません。ＮＨＫの番組の中でも、金曜日の夕方、仕事のストレスから解放され、週末は気軽に過ごせるように、女性たちは皆念入りに化粧をし、少し派手な自分に変身します。月曜日はまた、リラックスした状態から気分を立て直し、薄化粧の真面目な会社員の姿に戻ります。そして、一日の仕事が終わった後は崩れたメイクを拭い去り、仕事の悩みも投げ捨て、優しい母親の顔になります。こうして、化粧は単に男性を喜ばせるだけに留まらず、日本の女性が自分の社会的役割をしっかりと分担し、仕事と生活とのバランスを取るための一つの手段だと考えられます。臨機応変な化粧からは、仕事にも生活にも妥協せず、完璧な女性になりたいという日本の女性の向上心を垣間見ることができます。

そして、日本の女性が化粧に対して抱く深い関心は、社会から求められる多様な役割に対応する必要があることだけでなく、女性の自意識の高まりも反映しているように思われます。そう考えると、日本の女性の化粧は、自分と対話し、理想的な自分を探す営みだと言っても過言ではないでしょう。番組の中に、「パウダールーム」を利用する女性の中には、初めて薄化粧を試し、大人の世界に入る高校生がいる一方、子供の手が離れ、自分の生活が楽しめるようになった50代の女性もいます。化粧を通し、大人の世界に踏み込んだり、今までと違った新たな自分に挑戦したりします。日本の女性たちは鏡を見ながら、今の自分自身を見つめ直し、化粧を通じて理想の自分に近づいていくことができると思います。

繊細な日本人と異なり、より豪快でナチュラルな感じを好む中国人から見れば、日本の女性が化粧にこだわることは奇妙に感じるかもしれません。しかし、これは決して男性の目線を気にしているからだけでなく、女性でも社会的役割をちゃんと担いたいという向上心を持ち、目に見えぬ自意識と戦いながら、理想的な自分を追求しているからなのだと思います。

（指導教師　川内浩一）

◉三等賞　テーマ「わたしの先生はすごい」

わたしの先生はすごい

南京師範大学　楊慧穎

これまで接した多くの恩師方の中でも、私は日本語教師である林敏潔先生のすごさに、心から敬服しています。日本語上達のため、先生から課外指導を受けており、ご多忙な先生のご様子を知り、何かの役に立ちたいと考えて、先生の〝追っかけ〟をしています。

先日も先生は学生の卒業論文の修正に没頭したため、お疲れのあまり首が回らなくなってしまいました。見かねた私が、「先生、刮痧（カッサ）治療をして差し上げましょうか」と申しました。「刮痧」とは伝統的中国医学の治療法で、私が蓮華スプーンで先生の背中を少し擦ると、なんと赤紫の斑点が背中全体に広がってしまったのです。先生の白い背がまるで鞭打たれたように傷だらけとなり、これが先生のお体だとはとても信じられず、目も当てられないほど痛ましかったです。先生は若い頃は全国大会レベルのスポーツ選手だったというのに、なぜ軽く擦っただけでひどい反応が出てしまうのか、と考えると、いつもご自分のことより学生や学校のことを優先して毎日精一杯働いている先生のお姿が浮かんできたのです。

学生の卒論や修論の修正に追われる五月は、教授方の「黒い五月」と言われていますが、林先生にとっては黒い黒い五月なのです。先生は一日平均約何万字もの論文を査読、指導し、長時間目を使ったので、一時的に目が見えなくなりました。同時に、先生は国内外の会議等に参加しているので、一体いつ就寝なさるのか、と私は心配しています。先日の日本出張中でも、朝昼は学会に参加し、夜は日本人専家募集等の学校の事務と学生論文の査読、添削に追われ、しかも出国前日と帰国翌日にも修士論文の審査会を主宰し参加なさっています。

先生は学部主任をお務めになるほか学生・院生を多く

指導し、最近では江蘇省初の日本語学科博士課程創設に尽力されました。そのほか国家・教育部・外国の各種研究プロジェクトのリーダーとなっておられ、ご自分の研究や論文執筆でも大変お忙しいご様子です。

よく日本に出張されるので「空飛ぶ教授」と呼ばれる林先生は、東南アジア文化友好協会評議員を務める等、中日の友好事業においても活躍して、毎年何回も国際学会・国際会議において司会等を担当しています。先生は24年間も日本で学び教え、中日両国のことを深く理解しておられます。日本では東京学芸大学特任教授を勤めるかたわら、慶応、早稲田など10大学で教鞭を執り、中国に対する友愛の気持ちに溢れる日本の学生を大勢育成しました。中国では南京師範大学で日本語と日本文化を教え、日本を客観的理性的に愛する中国の学生を立派に育てています。

助けを求める学生に対して、食事や睡眠の時間を削ってでも、必ず全力を傾注して対応します。例えば日本留学を申請する学生・院生が毎年何十人もおり、留学申請書類の修正とか推薦書の発行を先生にお願いしますが、先生はいつも自分の子供のことのように世話をされています。

先生は学生の感情面にもいろいろご配慮されています。不幸不運に見舞われて落ち込んだ学生が、先生の長期にわたる親身のご指導を受けて、明るさを取り戻したこともあります。その他、学生の爲の様々な工夫と多大な努力とを挙げれば、切りがないほどで、先生は私たちの教師であると同時に、母親でもあるのです。

残念なことに、今は日中関係が国交回復以来最悪の状況に陥っており、この数年来、日本語学科の人気が下がっています。中国現代文学とメディア教育に関しても専門家である先生は、ある時「なぜ日本語教育を離れて他の分野を専任職としないのですか」と問われました。先生は「更に多くの学生に本当の中日関係史を理解してもらい、平和友好の精神を広め、将来の中日友好の架け橋となる人材を育てることが私の仕事なのです」と回答しておられました。私たちも先生の足跡を辿りながら、中日友好の使者となることを目指して頑張りたいと思っています。

（指導教師　林敏潔）

中国人の
日本語作文
コンクール

歴代
日本大使賞受賞者

※第四回（2008年）より設立

2008

北京大学の徐蓓さん(中)、湘潭大学の張桐赫さん(右)

2009

青島大学の郭文娟さん

2010

西安交通大学の関欣さん

2011

国際関係学院の胡万程さん

2012

湖北大学の李欣晨さん

2013

国際関係学院の李敏さん

2014

東華大学の姚儷瑾さん

特別収録

現場の日本語教師15名の体験手記「私は作文をこう教える」

私の日本語作文指導法

宮山昌治　同済大学
木村憲史　重慶大学
寺田昌代　対外経済貿易大学
入江雅之　広東省東莞市理工学院
河崎みゆき　上海交通大学
堀川英嗣　山西大学
照屋慶子　嘉興学院
松下和幸　北京科技大学
劉敬者　河北師範大学
金澤正大　元西南交通大学
若林一弘　元四川理工学院
大内規行　元南京信息工程大学
雨宮雄一　北京第二外国語学院
閻萍　大連理工大学城市学院
半場憲二　武昌理工学院

〈面白み〉のある作文を

同済大学　宮山昌治

日本語を学ぶ際にもっとも難しいのはやはり作文であろう。もちろん、会話も大いに難しいが（敬語となると、日本人でも正確に使いこなせる人は多くはあるまい）、会話の場合は、聞き取りは重要な点を聞き逃さなければ何とかなるし、話す時は発音や文法が多少おかしくても、相手に意図が伝わればよい。会話の教材を探すのも容易で、参考書がいくらでも出ている。聴力なら映画、ドラマやアニメなどで鍛えることができるし、話す方は相手がいないとやや不便だが、ネットによる相互学習もあることだし、日本人相手に練習すれば、短期速成も可能である。もちろん、一流の通訳になるのは至難の業だが、努力すれば、短期で上級レベルに達するのは夢ではない。

しかし、作文で上級レベルに達するのは非常に難しい。作文は会話と異なり、形として残るので、間違いが目立ってしまう。だから可能な限り、文法の正確さを目指さなければならないが、助詞などを完璧に使いこなすのはかなり難しいことだ（日本人でさえ怪しい人がいる）。さらに、文法が正確であっても、中国語を直訳した感じの不自然な文章をつい書いてしまいがちである。また、達意の文章となると、母国語でそれが十分に書けない人は日本語でもやはり書けないだろう。だから、正確無比で簡潔明瞭な文章を書くのは、日本語を何十年も学んだ研究者ですら容易なことではない。

それでは、どうやって作文を指導すべきか。私の考える作文指導の最終目標は、とにかく間違いが少なく、意図がきちんと伝わる文章が書けるようになることである。だが、まさに「言うは易し、行うは難し」で、作文指導は容易ではない。一番困るのは教材である。作文をテーマとした教科書はそれほど多くないのだ。しかも、会話の本と違って、文法書に類するものなので、面白い挿絵もないし、やや難しくもあるし、専門家や好事家以外、読んで面白い本とは言えない。学生にとっては非常に取っつきにくい本なのである。さらに分量もかなり多く、要点がどこにあるか、学生には摑みにくいだろう。だから、教師としては、そうした本をいかに効率よく教えるかに気を配らねばならないのだ。

私は作文指導については三段階を置いている。まず第一段階は、文法を中心に教える。それで、簡単な感想文は書けるようになるだろう。第二段階は、感想文の域を脱した、作文コンクールに出すに値する作文が書けるようになることである。第三段階は、論文が書けるようになることだが、これは今回のテーマからは外れるので述べない。

第一段階は、文法中心と言っても、文法をすべて教えていたら時間がなくなってしまうので、基礎的な表記法、助詞の使い方、敬語の使い方など、作文に最低限必要な知識をざっと教えることにしている。それと並行して学生に作文を提出させて、それを直して返すことを繰り返す。その際に、学生が間違えやすい個所を抽出してデータを集める。中国人が日本語作文で間違えやすい個所はどこかを分析した研究書がいくつかあるので、参考にはしているが、概して量が膨大なので、すべて教える時間はない。だから、学生の作文から誤りのデータをとって、そこから頻出順に教えたほうが、効率が良いと思う。それらの誤りがなぜ誤りなのかを解説することで、学生が同じ間違いを再び冒す可能性はずいぶん低くなる。

第二段階は、感想文から作文コンクールに出すに値する文章を目標とするが、それは、学生は感想文や「模範的」な作文には長けているが、それ以上のレベルの文章が得意でないことが多いからだ。もちろん、それは論文と言うには程遠いレベルである。

感想文なら気ままに所感を記せばよいので、出来事を紹介して、楽しかった、悲しかった、と主観的に記せば事足りる。だが、その上のレベルの少々論理的な文章となると、すぐに「模範的」な作文になってしまうのである。「模範的」な作文とは、書店で売っている〈模範作文集〉のなかにあるのとそっくりな作文のことだ。こうした本には、よくある例を一つ挙げて、ありきたりの紹介をして、もっともらしい教訓話で締めくくる形式の文がたくさん紹介されている。〈模範作文集〉を参考にして、インターネットでちょっと調べれば、例はいくらでも見つかるし、その例を紹介したあと、最後の締めくくりの立派な言葉につながる文章を差し挟めば、簡単に作文が出来上がる。

たとえば、「災害」というテーマで書くとすると、どこかで起こった災害を調べて紹介する。困っている人が大勢いるので、そのための救助や募金活動について触れる（事例をいくつか示す）。最後に、困っている人には手を差し伸べるべきである、などと記す。また、たとえば「中日友好」というテーマなら、かつて両国間には悲しい戦争があった。その後、両国は一衣帯水の隣国として、経済面や文化面などで協力関係にある（データなどで示す）。わたしたちはこの協力関係を一層推し進めていくべきだ、と締めくくる。

もちろん、こうした作文は万人受けする正しいものだが、悪く言えば、頭をひねらなくても書けるものだ。たしかに具体例があり、その解釈もあるという構成なので、「模範的」な作文として申し分ないのだが、いかんせん個性に欠けており、〈面白み〉に欠けるのである。こうした作文でよくない点は、作者と何の具体的な関係もないことなのだ。だからこそ、万人が一様に、機械的に書けるものなのである。せめて、抽象的で立派な言葉で作文を締めくくる時に、自分はどんなことができるか、どんなことをしたかを具体的に書くべきではないか。

作文コンクールに出すのであれば、〈面白み〉がやはり必要である。そもそも、誰もが書ける「模範的」な作文であれば、内容も構成もそっくりな作文が全国から何百と集まって来ることだろう。そんな〈面白み〉のない作文は読んでもらえないのだ。作文というものは、読んでもらえるものでなければならない。

〈面白み〉といっても、面白い話を書けばよいということではない。作文に個性があり、書いた人がどんな人なのか伝わってくるものを書いてほしい、ということなのだ。それには、インターネットですぐに探せるような例ではなく、自分が体験した例を出すことだ。そして、それにお決まりの感想と結論をつなげるのではなく、その体験から感じたこと、考えたことをしっかり記すことが必要だ。とくに、体験から感じたことで、なにか驚きがあったはずである。その驚きによる考えの変化を記せば、構成が豊かになるし、どのような考えなのかが強調されてよいだろう。その変化の発見は、作者のみならず読者にとっても刺激となるので、読ませる作文になるのだ。

構成をどのように立てればよいかについては、帰納法、演繹法、弁証法といった論理学の術語を教えて参考に供することにしているが、実際のところ、書いてみないとなかなか身につかないもので、そういった構成の工夫は二の次でよい。なにより、何か自分が体験したことで深く感じ、考えたことを言葉にすることが重要だ。

作文コンクールはその点、読者に向けて作文を書くための良い訓練になると思う。受賞作を読むのも非常に有益なことである。どのように個性を表わしているか、その技術を範として習得すれば良い。自分の考えを人にはっきり伝えるためには、自分の考えをしっかりさせなければならない。そして、それを魅力的に説明するという一連の訓練は、その後の卒業論文でも、また仕事や生活でも大いに役に立つことだろう。だから、私はなるべく作文コンクールには参加するように呼びかけている。

宮山昌治氏（中央）と学生たち

作文と論文のはざまで

重慶大学　木村憲史

日本語教師歴も十年を超え、中国に赴任してからも、複数の大学にて教鞭を執らせて戴いた。その過程で様々な科目を担当してきたが、語学の四技能（読む、聞く、書く、話す）の核心に当たる「会話」や「聴解」、そして「作文」は、所が違えども毎年のように担当してきた。本稿は、私の中国の大学における「作文」の授業での指導経験を元に帰納法的見地から拙論を述べるものである。

一般的に、授業で目指すべき作文能力とは何であろうか。それは正確な文法を駆使し、自分の書きたいことを読み手に伝わるように表現することであろう。これは日本語に限らず、どの言語を学ぶにしても必要とされる能力であるので異論はないだろう。では、中国の大学における日本語専攻の学生に対する作文の授業の最終目標は何であろうか。私は日本語で卒業論文を書けるようにすることだと思っている。

日本の大学において外国語を専攻した場合、卒業論文の研究対象としてだけではなく、論文の使用言語そのものも、その専攻した外国語に義務付けられることはあまりないであろう。つまり、中国語専攻の学生であっても日本語で論文を書くことは少なくないということである。しかし、中国では、外国語を専攻する以上は、研究対象としてだけではなく、使用言語としても外国語を用いることを義務付けている場合が多いのである。少なくとも私が赴任した河南省や重慶市の大学では、論文は日本語で書くことが必須条件であった。このような環境では、作文の授業の最終的な目標は「作文の書き方」というよりもむしろ「論文の書き方」を如何にして習得させるかということになる。

そもそも作文と論文の違いとは何であろうか。長文を駆使して自分の意思を表現するという点では、両者に相違はない。しかし、作文は自分の書きたいことを自由に書いても問題はないが、論文は自分の意見を他者にも共感してもらえるように努力する必要がある。つまり、作文は「主観的」であっても評価されるが、論文は「客観的」で、「論理的」でなければ評価されないということである。極言すれば、同じ文章でも、「作文」であれば褒められる文章が、「論文」では貶されることすら生じ得るのである。

このように二律背反する要素を持つ「作文」と「論文」であるが、中国の大学で指導する日本語教師は、どのようにしてこの問題に対処すべきなのであろうか。勿論、大学では「初級作文」「中級作文」「高級（上級）作文」のように段階別に作文の授業が用意してある場合が多い。しかしながら、カリキュラムの設定が十分でない場合があり、授業内容は担当講師の裁量に委ねられやすく、担当する講師が別々の場合、意思の疎通や引き継ぎの問題が生じ得る。また、中国では大学生の就職難が深刻化しているために、四年生になると就職活動や進学準備に軸足を置き、結果として四年次の授業は出席率や意欲が他の学年よりも低くなる傾向にあるので、科目として存在していても有名無実化してしまう。結局、論文の書き方も満足に知らない学生達が、卒業するために論文執筆に取り組むことになり、論文指導担当の講師も一から論文の書き方を指導する時間は与えられていないので、論文作成に際して問題が生じることがある。

このような問題が全ての大学で起きているわけではないだろうが、私の経験を通して考えてみると、決して少なくないように思われる。この問題の最善の解決策は、大学側がしっかりとしたカリキュラムの体系を作り、学生の能力の段階に応じて、「条件作文」や「パラグラフライティング」から始め、「自由作文」、「プロセスライティング」を経て、「卒業論文」へと指導できる環境整備をすることであろう。しかしながら、現実問題としては日本人講師が中国人講師と協働して大学のカリキュラム作りにまで参画できる例は殆どないため、現状のまま問題が先送りされる可能性が高い。そうなると、次善の策としては、作文の担当講師が限られた時間の範囲で、「論文」への道筋をつけられるように誘導する策を模索するしかないのである。

以下は上記の問題意識を持ちながら、私自身が実践してきた作文の授業の一例である。平均的な学生の日本語能力は日本語能力試験N２（２級）合格レベルで、次の試験でN１を目指す段階の学生を対象にしたものである。

先に述べた通り、「作文」という名の授業でありながら、「論文」を最終目的としている以上、「作文」から「論文」へと学生の意識付けを少しずつ変化させるように指導する必要がある。つまり、学生にはいつものような「作文」を書かせる授業を行いつつ、フィードバックの段階で「客観的」「論理的」な文章を自然と目指すように誘導するのである。

私が実際に学生に与えた課題は、「ペットにするなら犬がいいか、豚がいいか」という文章を書かせるものであった。なぜこのような課題を与えたのかというと理由は三つある。

一つ目は、犬であろうが、豚であろうが、身近な動物であり、誰もが共通の意識を持ちやすい対象であるということである。中国で教師をしていると戸惑うことの一つは、同じ中国人で、同じ大学の学生でありながら、出身地や民族そして経済的な背景が異なると、共通点よりも相違点の方が多いことである。故に、「～は中国ではどうですか？」という質問には注意が必要なのである。何故なら、バラバラの意見が噴出し、収拾がつかなくなる恐れがあるからである。その点から鑑みると、身近な動物は比較的共通の意識を持ちやすい。

二つ目の理由は、殆どの学生がペットとして馴染みのある犬を選ぶことが容易に想像できることである。実際に、今までこの課題を異なる学校で、百人強の学生達に与えてみたが、九割以上の学生は「犬」を選び、「豚」を選ぶ学生は殆どいなかった。

三つ目の理由は、「犬か猫か」よりも、「犬か豚か」にすることで、学生は、自身の経験や知識から犬の素晴らしさ、もしくは豚のペットとしての問題点を集中的に列挙するので、教師としてはフィードバックの段階で「主観的」な作文と「客観的」な論文の違いを指摘する際の格好の例が多く提供されるからである。実際に、この課題を与えられた学生の半分以上は、「犬の素晴らしさ」を切々と書くことに終始し、三割程度の学生は「犬の素晴らしさ」と「豚の問題点」を挙げる程度で、犬の問題点や豚の長所に言及し、比較考察するという「客観的」な文章を書く学生は殆どいなかった。

さて課題を完了させ、文法的な問題点を洗い出し、フィードバックの段階に入ると、学生達には「君たちは、詐欺にあったことはありますか?」という疑問を投げかけることにしている。唐突な質問に学生達は、最初は戸惑うが、決して難しい質問ではないので、自らの経験の有無や、友人やインターネットを通じて知った伝聞情報などを口々に語ることが多い。そして、「詐欺師はどのようにして人を騙すのでしょうか?」と質問を重ねる。勿論、様々な意見が出てくるであろうが、一つの意見として「甘言を弄する」という内容が出てくる。そこで、学生達に「『あなたは可愛いですね。頭がいいですね。やさしいですね。だからお金を貸して頂戴』という人にお金を貸しますか?」と更に問う。この問いに殆どの学生は否定的な態度を示す。それを踏まえ、「では、なぜあなたたちは、『犬は可愛いです。人間に忠実で賢いです。友達のように接してくれます。だから犬の方がペットとしていいです』としか書かないのですか? 良いことばかり書いていても、読む人には『本当かなぁ?』と疑われてしまいますよ」と指摘するのである。

そこで初めて、学生たちは、「主観的」な文章と「客観的」な文章の違いに気付き始めるのである。それを梃子に私はより客観的な文章を書けるように指導し、最終的には論文を書くのに相応しい能力の習得を目指すのである。

紙幅の関係上、これ以上の詳細を記すことはできないが、このように「主観」から「客観」への流れを作ることが私の作文教授法なのである。

時間がない！

対外経済貿易大学　寺田昌代

私は書くことが苦手だ。

近世以降「読み書きそろばん」が基礎知識の代名詞とされてきたが、私はこのいずれも苦手である。学部も文学部ではなく、修士研究は音声学。読書といっても文献と実用書がせいぜいの日々である。そんな私に何が書けるのだろう。今回の体験記も遠慮しておこうと思っていたが、エッセイ風でも可とのことだったので恥を忍んで投稿することにした。

もうお分かりのことと思うが、私の一番担当したくない科目が「写作」（作文）である。母語話者であるという理由から大抵この科目は日本人教師が担当する。私も例外ではない。おそらく、文学で博士号を取得した中国人教師のほうがよほど上手な日本語文を書くに違いない。それがわかっていてもやはり引き受けなければならない宿命の科目である。中国国内の教育機関に勤める日本人教師は、それぞれに工夫を凝らし、学習者の能力向上に努めている。今回のテーマを書くにあたり、様々な作文指導法が報告されていることと思うので、私はまず、中国国内における作文教育の問題点について考えてみたい。

問題は、ずばり「時間がない」ことである。

以前勤めていた大学では三年生で通年の授業が設定されていた。せめて二年生から始めないと遅いのではないかと思っていたが、今の大学に至っては四年生の一学期にしか写作の授業がない。要領の良い学生は少しの助言で作文能力が飛躍的に向上することもあるが、文法の間違いや表現の不自然さが中間言語的に固まっている学生は少なくない。一学期間、たった十六回で「修辞」まで習得できるとはとても思えない。知識として得てもそれを実現できなければ意味がないのである。

では、習得するためにはどうすればよいか。おそらくは何度も書くしかない。ここでもうひとつの時間の問題が発生する。作文は時間のかかる作業なのだ。

今の中国の大学生は、ダブルメジャー、ダブルディグリーの導入により受講する科目が非常に多い。就職活動において日本語だけで勝負できなくなった昨今、日本語学科の学生といえども、日本語だけに専念するわけにはいかないのが現状である。学生にしてみれば、日本語作文になど時間を費やしたくないというのが本音だろう。もしかすると、外国語だから書かないというわけではないのかもしれない。卒業論文の季節になると「査重」のお達しが回ってくる。「査重」とは他人の書いた文章をそのまま使用しているかどうかを調べる、つまり「サイト記事のコピペ」の検査である。卒論指導を経験された方には覚えがあるかもしれないが、学生自身が書いた部分とあまりにも異なるため、コピーペーストしたことが一目瞭然という論文があまりにも多い。嘆かわしいことではあるが、こと外国語教育においては、学生ばかりを責められない。かつて「唖巴日語」といわれ、「読むことはできるが話せない」日本語教育が問題になっていた。その経験を踏まえ会話を中心としたコミュニケーション重視の教育が推進されてきた。現在、アニメなどサブカルチャーの効果も手伝って「唖巴」の汚名は返上されたといえよう。コミュニケーションの方面においてこの教育は成功したようにみえるが、一方で「読み書き」が置き去りにされてしまったようにも思える。結果的にそれに充てる時間がより少なくなったのではないだろうか。

もとより、作文は修辞を学ぶ科目である。日本人でも苦しむ作文を外国人、それもほんの数年前まで「あいうえお」も知らなかった学生が短期間で習得できるのだろうか。学習期間、学習者の環境、教育方針、いずれの面においても「写作には時間がない」のである。

このような環境の中で「中国人の日本語作文コンクール」は、まさに一筋の光だと思う。よほどの日本アニメヲタクでも日本語で日記を書き続けるとは思えない。何かきっかけがなければ書けないのが「作文」なのだ。しかし、残念なことに、しつこいほど働きかけてはいるものの、答えてくれる学生はまだ少ない。募集期間に写作がないため、授業に組み込むこともできず、また、団体応募もできない。今の私にとってこのコンクールは宝の持ち腐れである。たくさんの学生をこのコンクールに送り出せる諸先生が羨ましい。

さて、授業の話に少し触れたいと思う。

写作での学習項目は、履歴書の書き方、ビジネスに応用できるメールや手紙の書き方、卒業論文の書き方、この三項目に絞っている。もちろん、提出された作文に関する誤用の解説も含まれているが、時間的にはこれが限界である。その代わり、二年生の会話の時間に短くとも必ず日本語を書いて提出させるようにしている。会話なのに書くの?と思っている学生もいるかもしれないが、この段階で誤用を発見しなければ手遅れになりかねない。とにかく書くことに慣れることが写作の前段階であるように思う。

また、視聴説の時間には、資料映像をもとにメールの書き方を学習することにしている。日本語と中国語ではメールの書き方で大きく異なる点がある。代表的な事柄として挙げられるのが、改行と依頼メールの最後のことばである。二十から三十文字程度で改行し、四行程度で一行空けるのが日本のメールの習慣だが、中国にはそれがない。何かを依頼するメールでは、中国語は英語と同じく感謝のことばで締めくくるが、日本語は必ず「よろしくお願いします」である。これらのことは、誰かが教えなければわからない、またはそうする必要を感じない事柄かもしれない。携帯電話のチャットやショートメールに慣れているせいか、宛先や差出人の名前を書くことにすら気づかない学生も多い。写作の授業を受ける頃には、既に学生は日本語でメールを書いている。授業を待っていては遅いのだ。

作文の授業以外に作文をさせるというのは、何かズルをしているような気もするが、こんなことができるのも、常に理解を示してくれる対外経済貿易大学の先生方のおかげと感謝している。

比較的長い文章、例えばスピーチコンテストや作文コンクールに出す原稿などは、できるだけ中国語文を同時に提出してもらっている。学生が何を表現したいと思っているのか、微妙なニュアンスは学生が書く日本語だけではわからないことがある。「こういう事が書きたいのだけど日本語でどう書けばよいかわかりません」と学生が部分的に中国語を書いてくる場合もある。私の作文指導の中でここが一番大切な部分だと思っている。なぜなら「書きたいことを書く」のが作文だと思うからだ。個人的には面白くない文章だと思っても日本語として完成すればそのまま応募させるのが信条である。

修辞の良し悪しは既に学生に身についている。母語よりも外国語で上手な文章を書く人を私は知らない。「外国語の能力は母語の能力に比例する」というのが私の考えの一つであり、「母語を活かして外国語を学ぶ」ことが習得の近道だとも思う。また、外国語学習には「気づき」が重要だとよく言われる。作文は時間がかかる作業だが、とにかく書いて、たくさん間違えてほしい。間違いに気づかなければ正しい使い方はできないのだから。

最後に、書くことが苦手な私だからこそ学生の皆さんに伝えたいことがある。「書くよろこび」とは書くという作業ではなく完成した時の充実感を言うのだと思う。毎朝鳥のさえずりが聞こえるまでパソコンに向かい、何度も何度も指導教師のダメ出しを修正し、苦しみぬいて修士論文を書いていた。でも、それを提出した時の解放感や満足感は今も忘れない。これから卒業論文を書くみなさんにも是非このよろこびを知ってほしいと心から願っている。

対外経済貿易大学の隠れ名物『壁の落書き』
「貿大であなたに出会ったこと、それが私の人生で最も美しい風景」

わたしの作文指導

広東省東莞市理工学院　入江雅之

1．大学について

本大学は中国大学の基準からみると、2Bランクの公立大学ということになっている。理工学院の名の通り、理工系の学部の学生が多く（総計2万人規模）、外語系は英語4クラス、日本語1クラスとなっている（日本語学科は、2011年新規創設、当該クラスは2期生にあたる）。

2．本大学の作文授業について

作文の授業は、2年次（9月～翌年6月）、計14回（週1回90分）となっている。

3．対象クラスについて

2014年授業時：2年生・23名（男5名）　毎週月曜日　午後2時30分～4時10分

学生は、基本的には真面目に授業に取り組み、宿題なども確実に提出する。

4．指導目標

原稿用紙の書き方、表記上の注意等から始まり、約1000字程度の文章作成までを主な目標と設定した。また、初期の段階から学生同士が文章を読むことを重視し、後半では学生相互に誤文修正や、文章構成について討論できるようにした。

5．教師の取り組み

「授業は失敗の場である」、学生の発言の間違い、ミスは褒めるべき対象であると考えている。その反面、「わかりません」「知りません」という回答は厳禁している。そのため教師の質問に留意している。

誤文ばかりでなく、美しい日本語表現をした作文を紹介する。

週1回、3人ずつのグループで朝始業前に30分の自由会話を教師と行い、普段の学生の様子や考えなどを把握。

そのため、授業において誤文の例を出す際、実名を出しても抵抗感がなくできた。

6．授業について

（1）初回授業

①星新一「ゲム星人」の途中までを印刷し、読ませ続きを考えさせる。

②原稿用紙の書き方の規則を指導。

③その場で、文を書かせる。

（2）第1段階（第2回～）　文字数400字

★目標

①原稿用紙の書き方が正しく理解できる。

②正しい助詞の使い方を理解、応用できる。

③単文から複文への挑戦。

④既習文法事項（慣用句、諺）を使い、楽しく表現できるようになる。

★授業内容

①月曜日授業の際、テーマを提示。（資料1）

⇩　木曜日（読解授業の際）提出。

②週末にかけ、教師が添削、感想を書き、PPTにて、誤文例を作成。（資料2）

③月曜日に、誤文例を元に、学生に正しい表現を考えさせる。（①に戻る）（資料2）

④清書した作文の裏面に、他の人の感想を書いてもらう（5人以上）。清書は再提出。

（3）第2段階（第9回～）　文字数900字以上

★目標

①他の学生の文章を読み、構成についてアドバイスできる。

②よりよい表現方法を獲得できる。

★授業内容

①WORDにて作成させ、印刷後、次回の授業に持参。

②授業時、4～5人のグループを作り、話し合いをさせる。内容は、主に、文章の構成について。

⇩教師による添削。

③清書をし、感想を裏面に書かせる。

（4）第3段階（第12回～）

★目標

①他の学生の、文章の構成、および日本語の誤文修正ができる。

授業内容

①授業時

4人グループを作り、下記について話し合い

1）助詞、文法、不適格な表現方法などを直す。

⇩30分経過後、教師が全員の文を読んで回る。

（感想と、学生が気づかない点を指摘）

2）もっと、面白い文章にするにはどうしたらいいか、アドバイスをさせる。

②翌週までの宿題

修正したものを、WORDにて教師に送る。

③翌週、誤文修正

7. 反省と課題

わずか14回の授業で、文章能力を飛躍的に向上させることは無理ではあるが、文章を作り、自ら推敲することの重要さは理解させられたのではないかと考える。ともすれば単調な作文授業であるが、毎回学生が意欲的に活動してくれたことには満足している。作文の授業は本来、初級・中級・高級日本語の授業の中で継続的に行われることが望ましいが、中国人教師の場合誤文の修正が難しい場合が多いため、消極的になりがちである。

今後は、他の中国人教師も巻き込んだ形で、作文指導を実践していきたいと思う。

8. 資料

（1）作文テーマ（次回宿題用）

第1回　ゲム星人

第2回　臨死

第3回　大人になった瞬間

第5回　あなたは、運を信じますか

第6回　自殺について『わたしの意見』

第7回　一枚の写真から、ひとつの体験を表現する

第8回　「あなたは先生です。成績が上がらない

生徒にどのような指導をしますか」字数900~1100字

第9回　私の小さな冒険

第10回　中国では、両親が男の子を欲しがることの是非について

第11回　あなたは、両親を老人ホームにいれますか？

①親の希望

②実態（中国の高齢化、自宅で死ぬのと施設で死ぬ実際の人数）

③自宅介護の問題点

第12回　「わたしだけが知っている　○○さんの面白い話」

第13回　「自分の欠点を笑い話にしよう」

（2）誤文例（典型的な例）

1．ゲム星人は、その問題の解決方法を出てくれる。

自動詞、他動詞の違いの明確化

2．地球と違う星球

中国語の単語をそのまま使用してしまう

3．あなたをスパイと言ってあげて、本当にすみませんでした。

~てあげる、~てもらう、の意味と使い方

4．私はほしい未来が、全部自分の手で叶える。

複文構造の理解と助詞の使い方

5．ある日、父は泣いて、私はどうするか全然分からないといった。

泣くという言葉のさまざまな表現方法について（目を潤ませる、涙が滲むなど）

6．よく働くと、お金を稼いでいい生活ができる

~と、~ば、~たら等の使い方の違い

7．実は私は自殺したことがある。中国では自殺した老人は多い。愛している家族

動詞の活用形の意味の違い

8．あそこには、化物があるよ。

ある、いる、の語感

「私」でなければ書けないことを大切に

上海交通大学　河崎みゆき

1．中国の日本語作文の任務とはなにか

この約10年に及ぶ中国の大学教育における作文指導では、ある程度成果を上げてきたという思いと、未だに模索を続けている部分とがある。

中国で教える前、中国帰国者センターや日本語学校、某省財団法人でニュースレターの編集校正などをしてきたため、作文指導や文章を書くことの経験を積んでいた。しかし、中国の大学教育では、何をどう教えるかが、作文授業の場合、すべて日本人教師の裁量に任されているため、到達目標や指導方法に確立したものがない。そのため、設定した目標は、①卒業論文が日本語で書けるまでの作文力の育成 ②大学生として、メールや就職活動でのアピール書などの実用作文が書けることの2つだ。1は日本国内の留学生や日本人大学生のレベルには到達できないとしてもやはりアカディミックジャパニーズグループがいう「日本の大学での勉学に対応できる日本語」を意識し、大学生という知識人としての持つべき日本語作文力を目指したいと考えている。

2．カリキュラムの問題

8年半教えた華中科技大学でも現在の勤務校・上海交通大学でも作文授業は2年後期から3年生前期までの3期、週1回15回×3期＝45回の授業だ。ほぼ毎回400字で1本。筆者が設定した各期の目標は以下の通りだ。

3．2年後期：写作（1）日本語で作文を書くことに慣れる。身の回りのことを書く力を養う。

初めての日本語作文となるため、日本語で作文を書くことに慣れることが重要だ。そのためハードルをあまり高くせず、自分を文脈化する過程で、できるだけ幅広いテーマに取り組む。テーマの例は、私の家族、私の趣味、私の町、私の好きなことば、私の尊敬する有名人、町で見かけた人（観察）などである。これらのテーマは基本的に特に資料収集をしなくとも、自分の中にもある材料

で書ける。一番大事なことは、魅力ある文章の基礎にある「私」が出やすいテーマとすることである。経験から言って中国人の学生は、似たりよったりの文を書きがちなので、文は人なり、人に読ませるだけの文章にすることを目指して指導している。外国人への作文指導としては、もちろん文法の正確さや、表現力というのは大事なポイントであるが、文法が正確であればよい文章であるとは限らない。よい文章というのは書いた人の見たもの、考えたことが読者に伝わり、読者を納得させたり、新たな観点をもたらすものだ。血の通わない模範文的文章では基本点が取れるに過ぎない。この段階では、生き生きと読者に伝えるためには具体的な例を用いるように指導する。例えば、家族のことを書くなら、その人がわかるエピソードを書かせ、好きな○○ならなぜ好きなのかという理由が必要だ。そこにやはり「私」が見えてくる。

4．3年前期：写作（2）社会的テーマに挑戦する

2年生後期から、社会的問題に目を向けて、調べて書くという作業を体験してもらっている。そのため、テーマは必ず事前に伝えて、基礎的知識や、関連のニュース報道に注目してその問題について考えるように課題を出しておく。テーマは環境問題や、教育問題、医療福祉、科学、情報化社会といったものだ。ただし、大きいテーマはそのままではもちろん400字では書ききれないので、例えば、環境問題では自分の町や身近にある問題に注目するように指導する。"Think globally, Act locally"が環境問題の基本である。社会的問題はきちんと把握し消化できるまで調べたりしていないと中身のない、たんなる批判や上滑りの議論に終わってしまう。何が問題でそれをどう解決できるかを調べたり考えさせたりするようにしている。前期の「私の問題」から、突然難易度が高くなったと感じるので、教師側も身近なニュースなどを用意したり、閲読などと連動させて書かせることもある。この際気をつけたいのが、ネットの丸うつしである。関係資料を調べると勢いそのままの切り貼りや、ただの翻訳になってしまうことがあるので、それは剽窃行為であり、消化して自分の言葉にし、引用の場合は引用先を明記することなどを指導する。怪しいと思ったらかならずネットでチェックしている。また、ここでも人が書かないような問題を見つけてくるよう指導している。これ

は小論文に相当するので、小論文の形式について指導している。

5．3年後期：各文形式、レポート、実用作文、コンクール作文

3年前期でも教師への連絡メールの書き方や、暑中見舞いなどメールの書き方は指導しているが、後期では、依頼、断り、お見舞いなど、ある程度形式が決まっていて、知識がなければ書きづらいものを指導、手紙も、拝啓・敬具や季節の挨拶文などなど旧来の書き方もとりあえず教えている。また大体この時期（あるいは3年前期）に日本語作文コンクールに挑戦してもらい、これまでの400字から、1500～1600字の長さのある作文を書かせている。3年後期の目的は主に4年の卒論につながる①レポートの書き方や、②メールの書き方を中心にした実用作文が書けるようになることだが、1の準備としてグラフの読みかかたや、調査報告の書き方、要約のしかたなども指導している。

現在 日本の日本語教育実践の大きな流れに作文でもピアワーク活動があるが、知識重視主義、教師から、いわば「早く、正しい、大量」の知識をもらってそれを記憶していくという中国式教育に慣れている学生たちにはピアワークは不評である。この現状を打開したいと試行錯誤中だが、一方で学生の好む教授法ということも無視はできない。

また、中国の名門大学日本語学科の学生が必ずしも日本企業への就職を100％希望しているわけではないことを考えると実用作文はどこまで教えるか、主に中国人の先生が担当する卒論の書き方の指導と、作文の授業における卒論の書き方の指導をどこまで相乗りさせていくか、日本人教師の裁量に任されるのではなく、協力関係が必要であると感じている。

6．指導方法ー作文クラスブログの活用

最後になるが、作文指導では、学生になかなかなぜこう直したのかという過程が見えにくいということがある。筆者はクラスブログを用いて、解決に努めている。手順は一つのテーマにつき、4～5人ほどブログに書いてもらい、授業時間に教室でスクリーンを通して、作文をみんなで見ながら添削していく。全員分では、飽きて

しまう学生もいるので、1テーマ4～5人までとしている。他の学生に関しては原稿用紙で提出し、原稿用紙の使い方を含めチェックしている。ブログにすることによってテーマに合わせた作文が4～5本ずつ残っていく。ブログには添削前と後のものを残している。

7．終わりに

作文指導は添削が教師の負担になることも確かであるが、ハッと心打つ文章に出合う体験もする。

日本で教えていた時、アルバイトで休みがちのある学生の書いた作文だった。

「夜、アルバイト終わります。電車に乗ります。窓から東京タワーがあります。赤いです。キレイです」。万年初級の文法で書かれた作文だったが、彼が見た東京タワーの美しさが20年近く経った今も心に残っている。

若くして病気で亡くなった学生の作文に書かれた、お姉さんが帰郷し、一緒に裏庭の桃をもいだ時の喜び。彼の級友たちと御墓参りに行き、彼のお母さんやお姉さんに会い、口には出せなかったが、作文の中の桃の実る夏の日を一人鮮やかに心に描いた。

作文指導は時間は割かれ、寝る時間も削られ、苦労も多いが、その中に学生の思いや思索、成長が見えるうちは、添削、コメントを書くという作業が続けていけるだろう。また、そういうものが見えてくるようこれからも指導したいと思っている。

書いたものには責任を持つ

山西大学　堀川英嗣

「日本語らしい日本語を書きたい」という気持ちは日本語を学ぶ学生一人一人が抱いているであろう。

一篇の文章を産み出すには多くの苦悩が伴う。「日本語作文」は通年の授業として三回生のカリキュラムに組み込まれており、仮に最終的な目標到達レベルを掲げるとすれば、それは「可能なかぎり忠実に自身の思いを再現できるようになること」であろうか。それを手助けしていくのがぼくの仕事だと思う。

そうはいったものの、実際には院生受験や就職について迷い始める時期でもあり、じっくりと腰を落ち着けて作文を書くことはなかなか難しい。従って「作文なんか面倒だ」と考える学生は少なくない。そこで文章を書くことの面白さを説くことから始める。これが一つ目の仕事だ。

まずは小説家や学者といった、所謂文章のプロがどのような考え方を持ち文章をものしていくかを話すことからはじめる。例えば村上春樹の「地下二階の小さなドア探し」や「井戸掘り」の話、またはデビュー作一句目から「完璧な小説など存在しない」と言い放ち衝撃を受けたこと、更には安倍公房の「夢と創作」の逸話や「川端康成がノーベル賞を受賞した後になぜ作品を発表しなくなったのか」「莫言はなぜ書き続けることが出来るのか」「なぜ小説家には自殺者が目立つのか」等の話をし、理想とする作文の姿を皆に考えてもらう。

心の準備が整ったら次は具体的に筆を動かすことになる。指定の教材はないので、第一学期は毎週、様々な文章の形式を練習し筆を慣らしていく。具体的には、まず日本語の文章に共通する形式や符号の再確認を行い、続いて一、二年生の時に飽きるほど書かされてきた感想文から入り、意見文や手紙、記事、ポスター、電子メール等の書き方へとすすめる。前者三種は自身の気持ちを素直に表現することを大切にし、後者は実用文書の書式やそれに相応しい言葉づかい等を学ぶ。細かな説明は省き、率先して日本語資料室や図書館へ赴き関係する参考書物を紐解くと同時に、名著を読み作文のための栄養分を蓄えていくことを勧める。名著を読む理由は簡単で、本を読まない人が文章を書けるようになるはずはないからだ。特に図書館や日本語資料室は宝の山であり、ぼくが口であれこれ説明を加えるより何倍も役に立つ。その中で「このような文章を書きたい」と思える書物に出合うことが出来たらしめたものだ。ある学生は川端文学にほれ込み全集を読破した。そのことが直接彼女の作文作成によい影響をもたらしたことは言うまでもないだろう。

読書を通じて各種の文体の形式や表現方法等を学ぶ。また手を動かすときには、中国語で考えてから日本語に訳していくのではなく、頭の中に日本語システムを樹立させることの必要性を強調する。翻訳の場合どうしても中国語に「引っ張られてしまう」からだ。直に日本語で考えることで描く、多くの文法的な誤りが存在するも、やや日本語らしい文章になる。これが第二段階だ。

この時、彼らに念を押す。それは自分の著した文章には必ず責任を持つことだ。毎週授業の二日前に提出してもらい、添削を加え、授業中に一人ひとりの作文について討論していく。その時に、「内容はもう忘れてしまいました」と言ってはいけない。授業では主に、一人ひとりの作文に対して、意味の通じない箇所について「一体何が言いたいのか」「なぜこのような文法の間違いをしてしまったのか」等をクラス全体で話し合う。そこからクラスに共通する問題点をあぶり出し、修正を加えていく。更にクラスメート同士で添削し合い、真剣に何度も推敲する必要を説く。季羨林先生は晩年、病床で口述したものを助手の方が書き記していた。その際に「3000字くらいなら推敲しなくても大丈夫だ」と仰っていたが、僕たちはそうではないこと。漱石や志賀直哉等の原稿の複製を見せ、文豪でさえ脱稿の際には容貌が一変していることを伝える。

「自分の書いたものには責任を持つこと」。これは口を酸っぱくして言い続けている。

春節休み前には、恒例の作文コンクールの課題が発表されるため、休みの間に構想を練ってもらい、後期一週目の授業で意見発表を行う。彼らの意見を尊重しながらも「テーマからずれていないか」「書ける内容かどうか」等を皆で検討し、微調整を加える。コンクールに出品する作文の制作はマラソンのようであり、学生たちは体力と気力を振り絞り、与えられた課題や字数制限に苦しみながら取り組んでいく。すると、「もう言いたいことは書き尽くしましたが、字数が足りません」「何度も考えましたがどうも内容が面白くありません」等の悩みが出始める。そこで欠かせないのが栄養補給だ。これが第三段階、即ち後期の主な仕事となる。

補給は作文コンクールの作品制作と並行しながら、短文を用いて表現力を磨く練習を行う。谷崎純一郎や野間宏の『文章読本』や『文章入門』といった本を読むことを勧め、一つの内容を表わす時にも、様々な言い回しの中から自分が伝えたいニュアンスを模索することの大切さを伝える。そして観察したものを表現する練習を行う。例えば、「教室の窓から見える景色」「隣の席のクラスメートの顔」等について細かい描写が出来るように練習を重ねる。ディケンズは窓辺の景色に何ページも用い、竹添進一郎が描写した清国は李鴻章を脅かすほどであったのに、なぜ自分たちは300字も書かないうちに詰まってしまうのかを考える。そして描写の対象を徐々に「見えるもの」から「見えないもの」、即ち写実的なものから感覚的なものへと移行し練習を続ける。

一定の観察眼を身に付けることで、「文字数の不足を無理やりに足していく」のではなく、「溢れ出す文字の渦をどのように制限字数内に収めるか」に重点を移せるようにしていき、最後にはこの短文練習をマラソンに応用させる。学生にとっては初めてとなる日本語を用いた長文制作となるので、チェーホフの銃を例に「出現した一つ一つの文字がそれぞれに意味を持つ必要がある」ことを強調する。彼らは時間いっぱいまで推敲を重ね、自分の伝えたいことを可能な限り正確に書き連ねていく。このように作文コンクール出品作は完成していく。

作文は非常に個人的な作業であり、個人の努力で読書を重ね、推敲を重ね、書作を重ねるしかない。そこにマニュアルや特定の指導法は存在しない。言葉づかいから句読点の打ち方、全体の結構まで人それぞれであり、絶対的な評価は存在しないと思う。

「いい成績を取れるようなものを書く」必要はなく、要は内容の上で「自分が納得できるもの」を書けたら、それで御の字ではないだろうか。

授業という狭い枠の中でぼくがやれることは、文章を書くことの苦しさやその後に待っている達成感や爽快感を知ってもらうこと。話し合いや確認作業を繰り返す中で、彼らが表現したいものを彼ら自身の手で、可能な限り眼前に再現できるように手伝うことくらいだ。

学生と私の感想

嘉興学院　照屋慶子

添削しながら何度もグッときた。鼻もぐずり、目も霞んだ。学生達の生の声を聞いたと思った。初め日本が嫌いだった学生達は日本語や日本人と触れ合いながら日本文化を少しずつ理解していった。今は日本が好き、日本語が好きだと言っている。自分なりに少しでも日中交流に力を尽くしていきたいと書かれた作文を読むたびに胸が締め付けられた。今回、このテーマで感想文を書くきっかけになった。

日本僑報社の日本語作文コンクールは字数制限や期日制限を守れば、誰でも応募できる。日本語学習者全員に門が開かれている。他の日本語作文コンクールとは違う。入賞したら、北京での受賞式に参列、作文と顔写真が掲載された作文集、賞状、賞品、安田奨学金への応募資格などが得られる。最優秀賞受賞者は一週間の日本旅行もある。又、中国全土から集まった入賞者同士の北京での出会いと交流は何物にも換えがたい。入賞者への副賞はこれまでに例がないほど多い。努力した事が即そして大きく報われるコンクールだ。

第10回のコンクールで三等賞を受賞した金夢瑩さんが卒論のテーマを「日本僑報社の中国人の日本語作文コンクール　第1回～第10回　三等賞までの受賞作品の分析」とした。日本僑報社の作文コンクールの意義を理解したようだ。今後の作文コンクールの拡散と深化が期待できる。

私は作文コンクールへの応募を念頭において作文の授業をしている。

作文コンクールに応募した2年生の感想〔添削すみ。順不同〕

● 原稿用紙に鉛筆で考えを書く事により字も上手になった。

● 作文のテーマを決めて書くのが苦手だった。何度も添削されて大変だったが、作文に徐々に自信が持てるようになっていった。

●日本人らしい視点で物事に対峙するのが面白かった。
●作文を書く時、私が今まで勉強した全てを使い、自分の考えと経験を入れる事が必要だ。
●本当に言いたい事を自分の気持ちで書くと、簡単な文法や語彙を使っても良い作文になる。
●どんな事があっても日本語の勉強を諦めないと決めた。
●作文を書く時、具体的な物、風景などを入れるといい。絵を描くように書くと読み手によく理解してもらえる。
●インターネットで得た情報や想像だけで書いた作文は人の心を打たない。
●間違った所を何度も書き直したように、これからの人生で、失敗しても何回転んでも、立ち上がればいいという事を学んだ。
●作文コンクールに応募したお陰で、途中で諦めないで最後まで頑張れるようになった。
●何度も添削する先生を見て、真面目に取り組むようになった。照屋先生は全ての学生に大きな期待を寄せ一緒に頑張ろうと励まし続けた。私達は作文に対して情熱的になっていった。
●作文は自分を映す鏡だ。以前に書いた作文を読むと封じ込めた記憶が蘇る。将来読み返すと、過去になった今の自分と会える。
●作文を書き、日本語は美しいと感じ、好きになった。
●作文を書く基本は根気強さ、細心の注意力だ。
●作文を書く事によって日本人の真面目さを学んだ。私も真面目になっていた。文化は本当に不思議な力を持っていると気がついた。
●作文は一人で静かに書く。無我の境地に入る。自分の心の深い所にある考えや思いを見つけて書いた。書いた後、不思議な満足感で満たされた。
●作文を書くポイントはテーマからずれない事だ。
●作文を書き、日本語の単語の発音を覚えた。
●初めは面倒だったが、今は日本語の作文の方が書きやすくなっている。
●身近な事を取り上げて自分の見聞した事についてありのままに書く。感情も込められるし読み手からの共感も得られる。

●字数制限は厳しく一字の過不足でも不合格になる事もあると聞いた。小さいところから人の素養が見える事が分かった。

●起承転結をしっかり書くと良い作文になる。

●作文コンクールへの応募は一生の思い出だ。

●作文を書く事は、自分が自分と向かい合い、話し合う過程だと分かった。

●作文を書き応募できて自信がついた。自分の人生に野心がもてるようになった。

●面倒だったが書いた後は満足した。逃げないで諦めないで頑張る事を学んだ。自分にも可能性と潜在能力があると知った。

●日本語は外国語だから間違いがあるのは当然だと思い、恐れず書く事。単語や文法も使う事。

●自分を信じたらどんな難しいテーマの作文でも書けると分かった。

●作文を書く時、最も重要な事は真心と真実を表現する事だ。

●作文を書く時、集中力が必要だ。辛抱強く、真面目に書く。

●日本語の成績がいいから作文が上手だとは限らないと先生は言った。それを聞き、「頑張ろう。書きたい」と思った。

●真実の思い、自分の感情を書くと良い作文になる。

●初めは1500~1600字の作文を書くのは無理だと思った。何度も書き直しよくなっていった。できないと思った事ができるようになり人間は強いものだと感じた。今は日本語の作文が好きだ。

●作文コンクールに応募して、自分を信じる事は強大な力になると知った。

●作文を書く前に、感情や偏見から自分を自由にすると良い作文が書ける。

●作文はテーマに沿って、始めから終わりまで一貫した展開がなされていなければならない。

●作文の素材は生活の中にある事が分かった。

●自分で作文が書けたとは意外だ。1500~1600字の作文が書けた。自分に誇りを感じている。

●初めは大変だと思ったが終わってみたら、そんなにたいした事ではないと分かった。大きな進歩だ。

●日本人の考えを理解して書く。
●作文を書くのが好きだ。時間をかけて一つの事を考える。考えは人を深く思考させる。その過程が好きだ。今はゆっくり書いているが、何度も書き力をつけたい。その場で与えられたテーマがすぐに書けるようになりたい。

教科書、教材を使っての勉強だったが、応募する作文を書く事によって読み手を意識するようになった。応募作文を書く事によって少しずつ客観的思考回路ができていった。

字数制限、期日制限などを守る事で日本人の「厳しさ」を学び、読み手の事を考える事によって「思いやり」「思慮深さ」を学んだ。

初めは不可能だと思っていた1600字の作文が書け、自分に自信がもてるようになり、これからの日本語学習や人生にも前向きになった。困難な事にも諦めずに挑戦していく姿勢ができていった。

日本僑報社の日本語作文コンクールに応募して学生も教師である私も成長した。学生は日本語の作文力が向上した。教師は添削力が向上した。応募するからには入賞を目指して作文を書くのはいい事だ。回を重ねるごとに、ただ書きたいように書くのではなく、どのように書けば読み手が理解できるか考えて書けるようになった。

又、日本語学習の作文力の向上に留まらず、学生も教師も自分なりに、自分のできる事で日中交流に尽力したいと思うようになった。

長い時間をかけ、学生と教師が協力し、いい作文を書くという作業に携わった。応募したからこそ得られたものは大きい。

学生達は難しい漢字の語彙や文章表現は使えるが述語につながっていかない。述語がきちんと書けるように指導していく事が今後の課題だ。

今、私は3000字の作文を書く立場になった。頭がまっ白になり長い間書けなかった。日本語を学んで2年目の中国人の大学2年生が日本語で1600字の作文を書かなければならないというプレッシャー、苦痛は大変だっただろう。想像を絶する。やり遂げた学生達と自分に拍手を送りたい。

思いや考えを表現する手段を身につけさせる作文指導

北京科技大学　松下和幸

作文教育の根幹に、次の二つのことが不可欠であると考える。

⑴「外国語は書こうと思った時に、表現力を獲得することができる」

⑵「母語話者の教師だからこそ、学習者の多様性を持った作文（会話）能力を高められる」

括弧の穴埋め練習は文法形式の習得には必要かもしれないが、作文教育では意味がない。「ぜひ～したい／きっと～しよう」という表現は、「卒業後必ず留学する、したい」という思いをどうにかして文字で表現したいと思った時に、探し当て、使い方を確認し、表現形式が身についていくものだ。モデル文をほぼそのまま書き写すような練習は、昔の日本の、受験のためにだけ必要で、実際に使えなかった英語教育を思い起こさせる。

「書く」は正確さ、語彙力、文法的な的確さ、表現形式の適切な使用、展開のしかた、説得力などまさしく「総合力」が問われる。したがって、学習者にとって、一番大変なポジティヴな知的スキルである。

自分で書こうと思って書く時に、思い通りに表現できない事に気づく。文法もその一つ、語彙もそうだ。どう描写するか、どういう表現で意見が言えるか、どう展開するのがいいかという構成もそうだ。この時が文章力を身につけるチャンス。闇雲に覚えていても、用が足りない。まして使えなければ意味がない。主体の脳が動き出して初めて表現へと向かう。言い換えれば、先生が言った事を覚えればいいや、例文を暗記すれば試験にパスできる、という発想にとどまっている限り、書く力は決して伸びることがない。一過性の暗記力に頼ることは適切ではない。

次に中国の学生に教えてきた中からまとめることができる五つの作文指導法を記したい。

１．作短文から作文章へ

短文より、長文だ。日本語に慣れるためには、日本語の表現形式になれる短文づくりは必要だが、文法の習得には役立つにしても、いざ書く時にほとんど役に立たない。少し長い文章を書くのが、「作文章」の上達への近道だ。そこで、私は「作文章」として、２年生は４００字（原稿用紙1枚）に慣れさせ、３年生は８００字以内で書くことを課題にしてきた。

「短文づくり」は、「作文章＝写作」の授業で扱うよりは、精読、範読／閲読、会話、聴力、新聞、などの授業（宿題）で扱うのがいい。表現形式練習、短文の感想文、さらに、要約文作り（本日の授業の要約、文章を読んだ後の要約、荒筋書きなど）、視点替え作文（内容をAさんの視点、Bさんの視点でまとめる）など、非常に有効だと思う。

２．動機付けが大切

２年生後半から始まる作文の授業では、自己紹介や、ふるさと紹介、好きな郷土の食べ物、自分の名前の由来などを課題にして書かせる。これは、確かに書きやすい話題だ。しかし、そのまま書かせると、つまらないガイドブックとなる。話題を幾つも紹介するのではなく、ポイントを一つ、多くても二つに絞らせる。さらに、どうしてそれを選んだのか、何を読み手に伝えたいのか、「どうして」「何を」を深く考えさせる。このポイントを外すと、中身のない薄っぺらな紹介となってしまう。

３．ＭＳアプローチ

考えさせるときにＭＳアプローチを使う。Mutual Stimulation Approachと命名している。近くにいる４人くらいで話をさせる。隣と前後の人たちがグループとなる。相互に話すときに、「どうして」という言葉を使わせる。だんだん話が一般的なものを超えたものになっていく。時間があれば、グループごとに発表させる。相互刺激からシェアしていく方法である。

４．ＴＦＯＣ構成法

次に使うのが、四段落の構成展開法である。Ｔはトピック（Topic）、Ｆは事実（Fact）、Ｏは意見／考え（Opinion）、最後がＣでコンクルージョン（Conclusion）

である。Tは2～3行くらい。Cも2～3行くらい。FとOは5～6行。これで、原稿用紙1枚にほぼぴったり収まる。少々日本語がおかしくても、構成がしっかりしているので文意が通り実に有効だ。この構成法の大切なところは、事実をきちんと書くことにある。表現形式「～ている」「～てある」を用いたり、存在文やコピュラ「である」を使うことになる。そして、その事実を踏まえて意見や考えを述べる。「と思う」「と考える」「である」「たい」「てほしい」もよく使う。そして、結びに、「○○は見る価値があるので、友人が来たときには案内する」「この名をつけてくれた父や母に感謝する。／今になって、自分の名前の良さがわかった」などトピックと同じでない表現で、ピリッと終わらせるようにさせる。私も例をたくさん出すが、結構面白いものが出てくる。こうして、学習者は事実の描写、自分の考えや意見あるいは評価、という二つのFとOを考える表現方法に慣れていく。

5．ステップを踏んでアカデミックライティングへ

作文の最終目標は卒業論文が書けるようにすることである。文字の書き方から、原稿用紙の使い方、実用文（手紙やメール）の書き方、アカデミックな文章へと進めていく。

闇雲に書かせればいいではすまない。表現能力をつけていくには順序立てて進めなければ、書き手は「書けない」「上達しない」という嫌な思いが積み重なり、書くのが辛くなる。それ故、順次新しいことを学びながら、発見や考える喜びを味わえるようにすることが教師の仕事だ。初めは、先に示したように、三要素、すなわち、（1）事実や周りの世界の描写、（2）意見や判断の表現、（3）文章の構成を身につけていくことが、文章が書けるようになる大切な表現技術の入り口だと考えている。更に進めば、例えば、事実文は、描写文（～ている）、説明文（のです／ます／ました）、報告文（ます／ました）を書けるようにする。また、主観文としては、判断文（です）、評価文（形容詞／形動）、意見主張文（と思います／Vべきです／Vなければなりません／Vてはいけません、など）というように、順次必要な要素を取り入れながら、TFOCを生かしていく。書く力は確実に大きく伸びる。

話題としては、数限りなくある。書く対象（四季／学

校／幼い頃の希望／将来／日本語は難しいか／言語外の立ち居振る舞い／文化／歴史／スマホの功罪／中日交流を前進するには／時事問題など）もあれば、グラフや資料の読み方や表現の仕方、比較の表現、調査やその結果の表現、引用の仕方、こうしたものはアカデミックライティングでは必ず必要となってくる。

作文指導は科学的な道理の積み重ねによって、進めていかなければならないことを痛感する。全部を網羅しすくい上げることは不可能であるが、基礎的なシラバスを常にターゲットからの位置を考慮しながら改善している。

最後に、私が作文で使っているアプローチは、先に示した、⑴ＴＦＯＣ構成法⑵"MS Approach"に加えて、⑶CEL Viewpoint（視点：内容Contentと表現Expressionの結合Linking）、⑷Self-Brain-Storming、⑸Self-Mind-Mapping、を活用している。

「作文章」を学生が書き、それを見てチェックする。表現の多様性に適切に指導できるのは、日本語母語話者の教師である。会話も、同様に、いろいろな場面での会話に適切に対応し、指導できるのはやはり日本語母語話者の教師だといえる。今後とも誇りを持って学生と歩みたいと思う。

中国人学習者の生の声よ、届け！

北京科技大学　松下和幸

「『○○を好きですか』と格助詞『が』でなくて『を』を使ってはいけませんか?」

「理由や原因を表す接続助詞『から』と『ので』はどう違うのですか?」

高校の国語教師だった私は、神奈川県から派遣され1986年に北京にやって来て2年間日本語教育に携わった。その時に学生から上のような質問を沢山受け、すっきり説明できなかった。日本人なのにと悩んだ。この経験がきっかけで、オーストラリアに留学し、「言語学」「日本語教育」を本格的に勉強し、博士号を取得し、再び中国に戻った。

2007年に湖北民族学院で働いた。そこでは学生がその能力を内外で発揮できる場がなかった。その時に僑報社の「第4回作文コンクール」を知り、応募させた。幸いなことに一人が3等賞に入った。機会を生かせて良かったと思った。

ここでは、現実を知っていただくために、この第11回コンクールに向けて、実際に行った指導をそのまま書くことにした。

作文の添削は大変。膨大な時間と大きな〝想像力〟が必要だ。学生が初めて書く作文は日本語になっていない。2年生後半になって初めて作文の授業がある。

今回は、希望者だけでなく、2クラス全員50人を超える学生に応募を働きかけた。原稿用紙4枚の長さは彼らにとって初めての体験だ。

「せっかくの機会を生かすかどうかは君たち次第だ。今がチャンスだ。初めてでもチャレンジしてみよう！チャンスは……はいっ」

と言うと、「前髪にあり」と多くの学生から声が返ってきた。会話の授業で「チャンスは前髪にあり」が出てくる。学生がすぐ覚える言葉だ。

「その通り。今がそのチャンス。ぜひ、取り組んでほしい」

続けて、

「日本って、変だ。日本語って何か変。日本文化って、わからないところがある。そんなことをまず隣の人と話してみてください」

学生は指示通り、よく話す。

「では次に、周りの4人で話してみてください」

「話をやめて。はい、グループごとに、日本、日本語、日本文化、日本の習慣など、変だなあ、理解できない、ということを2つずつ出してみて」

すると、どんどん出てきた。

まず、言語では、「結構です」の曖昧性、中国で薬は「食べる」なのに日本語では「飲む」という。「いただきます、ごちそうさま」という言葉があるが、中国語にはない。

食生活では、日本人は麺類やスープにも音を立てるが、中国では顰蹙。箸は、日本の場合、横に置く、短い、先端がシャープ。中国の箸は縦に置き、長く、先端には丸み。あのまずい味噌汁を毎日食べるなんて。

住環境では、家庭の風呂が一人ずつ、お湯を替えないで、シェアする。変！　日本のトイレはどうして綺麗なの？

立ち居振る舞いでは、時間に厳しい、トイレの中でご飯を食べる、いじめがある、割り勘が不思議、友達になっても電話連絡が日本人からは少ない（中国人は頻繁に連絡する）、手紙や年賀状をよく書く、自殺者が多い、年齢にうるさい（「コナン」のサブタイトルに年齢。ドラマでも年齢を言う場合が多い）、遅刻すると中国人は理由を言うが、日本人は謝って言い訳なし、バレンタインデーの義理チョコは変、チョコは恋人に贈るもの。

さらに、仕事面では、専業主婦（という職種）がどうしてあるの、女性が仕事を持つのは当たり前。女性がいつもスカート、特に冬にスカートなんて。女性の化粧。目に悪いコンタクトをつける、男性が髪にポマード、ミスキャンパスの女性への美が、中日で全然違う。

これは面白い。彼らの生の声だ。意外なものまで出た。この生の声を日本語で届けたいと思った。

「では、今日の残りの時間は、今話題に上ったこと、あるいは、まだ出ていないことでも構いません。遠慮なく書いてください」

原稿用紙を左右に刷ったA4の紙を2枚配った。

「原稿用紙4枚に、挑戦しましょう。日頃気になっていることをぶつけてみよう。遠慮はいらない。同じように思っている人もいるかもしれません」

この日は金曜日。書く時間は25分くらい。残りは、宿題にして、火曜までに提出することにした。原稿が集まった。遅れたのは2人だけ。その日から、私には地獄のような〝フルフル〟タイムの毎日が始まった。

私には作文を含め週14時間授業がある。5月から6月初旬にかけてイベントが特に多い。アフレコ大会（大学の学生会が主催＝私は審査員）、スピーチ大会（北京地区の予選。代表者を指導）、プレゼンテーション大会（学内のイベント。原稿チェックなど）、朗読大会（北京教師会。双学位5人の指導）、この作文コンクール（60人弱）。空いた時間は授業準備と作文のチェック。昼休みは、イベント指導の時間。5月、昼食は食堂に行かず、朝作って持参したサンドイッチとネッスルのコーヒーとなった。

作文のチェックは日本語だけに限定した。学生と話しながら、内容をいいものにするために、引き出して書かせていく、という方法は採れなかった。時間がない。2年生だけで50数人。原稿を読み、日本語らしく添削するのに、少なくとも一人30分要す。一人終わるや、はい、次、はい、次、というように見ていく。「少しずつ見ていけば必ず終わる」「終わらない仕事はない」と言い聞かせる。「うーん。何が書いてあるのか。わからない。うーん」「曖昧な日本語？　本当か？」「友達になりたいのに、日本人はメールもくれない。中国人は出しているのに」「中国で子育ては祖父母にかかっている。そうか、そうか」と独り言の連続。

翌週の授業に返却を目指したが、添削は終わらない。授業はメールの書き方や構成法など、計画に沿って進めたい。授業の中でコンクールのことを扱う余裕がない。返却は翌々週となった。土曜も日曜も添削で、まる2週間かかった。返却するや、学生は複雑な顔をした。こんなに間違いが多かったのかと、赤いボールペンの文字の多さに驚いたようだった。

授業では、「大学に入って勉強をして以来、もうすでに2年間になる」「嬉しいだ、行きたいだ」など典型的な誤用を示し、理解させる。次に、返された原稿から、間違いや発見を確認させる。次は、隣の人や、その前や後ろの人と発見や間違いをシェア。そして、各グループでシェアしたものを2つ発表させ、日本語の表現を順次理解させ身につけさせていく。この方法をMS (Mutual Stimulation 相互刺激) アプローチと命名。相互に刺激し合い、シェアすることは効果的な方法の一つだ。

「また、宿題にするけれども、返却したものをワードで書き直し、意味不明とある箇所はわかるように直し、提出すること。締め切りは、次の火曜日」

期待通り、全員が提出。コンピューターの画面を見ながら、どんどん送られて来た原稿チェック。必要な者とだけ連絡を取り合う。原稿用紙の場合と同様、コンピューター画面でも一人30分かかる。特に心したのは、「できるだけ、生の声」を大切にし、訂正は日本語として読んで伝わることに徹した。あくまで学生の作品、必要以上には手を入れない。

こうして、5月の締め切りギリギリに応募者全員56人のチェックを終え、30日に事務局に送ることができた。

中国は通算10年になるが、学習者が変だと思う事柄がこれほど多くあるとは思わなかった。特に、多くの学生が日本語も日本人も曖昧、と受け止めていて、その曖昧さは相手を思いやることから生まれるのだと受け止めていることにも驚かされた。彼らの指摘の中には誤解や無知が原因の場合もある。いい指摘もあれば頷けないこともある。理解しえないことがあるのは当たり前のこととはいえ、それを寛容に、かつ、自己反省をしながら、再発見していく作業は楽しいものだった。

パソコンで作成した学生の文章指導体験

河北師範大学　劉敬者

私が日本語を指導している大学では、日本語作文は二年生の一学年、週に2コマのカリキュラムになっている。外国語学習者に求められる「聞く・話す・読む・書く」の4技能をバランスよくアップさせるための一環として作文は欠かせない。本学では、作文という科目は以前から日本人の先生に担当していただくことになっている。

通常の授業においては、手書きで400字ぐらいのものが多いので、原稿用紙に書き詰めるのが一般的だ。文法や文型などの表現も考えながら、一字一字書くので、文章上の書き間違いは比較的少ない。「書く」という技能習得のためには、レポート・スピーチ原稿・留学用の書類・卒論・就職用履歴書なども対処しなければならない。

一方、卒論や履歴書などは、手書きの作文と違って、千字以上になるので、パソコンによる処理が多い。パソコンで文章作成する場合、日本語の文章力だけでなく、文書作成に関するソフトの運用スキルも要求される。

パソコンで作成した学生の文章は、日本人の先生も中国人の先生も指導し訂正した経験があるだろう。パソコン処理だからといって、手書きのそれと比べて完成度が高いだろうか、それとも「うっかりミス」が多いだろうか。

私は、学生の卒論・留学用書類・就職用履歴書・スピーチ原稿などを指導したり、訂正したりしているが、日本語の表現力は別として、パソコン処理であるが故のミスが散見されることに頭を痛めている。今回のチャンスをお借りして、これまでの指導体験で、頻繁に目にした小さなミスを書くことにしたい。そして、これを参考に今後の作文指導に生かして、よりミスの少ない作文能力をつけさせたいと思っている。

●ワード字体の初期設定によるミス

ワードは文書作成に適したソフトだが、Windowsの言語によって、標準フォント（字体）が異なる。中国語オフィスのワードデフォルト（初期設定）は「宋体」であるのに対し、日本語オフィスのワードデフォルトは「ＭＳ 明朝」になっている。

したがって、中国語オフィスのワードによる日本語文章処理の場合、字体設定が必要となる。仮にそれをしない場合は、次のような日本語らしくない表示になってしまう。

日本語フォント	中国語フォント	注意点
冷たい	冷たい	漢字の右に注意
残る	残る	横線は3本から2本に
終わり	終わり	糸偏の違い
影響	影響	上部真ん中の点がなくなる
映画	映画	「由」から「田」に
営業	営業	「呂」から「吕」

一見したところでは同じだが、よく眺めると見づらいし、読みづらい。これは見た目の美しさだけでなく、正しい日本語か間違った日本語かの問題にもなる。また、日本語文章作成の場合、日本語字体を使わず中国語字体を使ったら、文字化けしてしまう恐れがある。一方、中国語文章作成にあたっては、「宋体」のような中国語字体を使わないと、決まって妙な表示になってしまう。要するに、日本語なら「ＭＳ 明朝」字体を、中国語なら「宋体」を使うべきだ。この規則は常に心がけなければならない。

文書作成の場合だけではなく、印刷の場合にもポイントがある。「ＭＳ 明朝」字体設定済みのワード文書でも、中国汎用のプリンタに対応していないフォントを使用すると、文字化けしたり、印刷できない場合がある。解決策の一つとして、プリントアウトしたい文章を「ＰＤＦ」形式で保存してから印刷すると、文字化けの心配はなくなる。

●同音異義語によるミス

次に、パソコンのインプット時に起こりやすい、同音異義語によるミスの例を見てみよう。次の間違った例は、学生の文章から抜き出したものだ。正しい例と比較してみよう。

同音異義語	正しい例	間違った例
てき（適・敵）	良知は人間の本能であるが、適していない環境で善が悪に屈服する。	良知は人間の本能であるが、敵していない環境で善が悪に屈服する。

かぜ（風邪・風）	風邪を引いてしまいました。	風を引いてしまいました。
	風が吹いています。	風邪が吹いています。
すみ（墨・炭）	タコが墨を吐く。	タコが炭を吐く。

以上の例は、不注意だったりパソコンの転換機能に頼りすぎなどで、よく出てくる間違いだ。同音だが、意味が全然違うので、文字転換に注意してほしい。ささいな誤りが想像を絶する影響をもたらすかもしれない。ミスだらけの文書は役に立たないどころか、害にもなるのだ。

注意不足や確認作業を怠ったことで、自分の表現したいことと違うものになることもある。キーボードを打ちながら出てくる語句を注意深く選んで、文章を綴ったほうがいい。「パソコン熟練者だから安心」という思い込みは危険だ。

●改行によるミス

日本語の文章は、改行して次の段落を書き始める場合、一文字分の空白を入れるのが規則になっている。日本語の「一字下げ」に対し、中国語での作文の場合は、「二字下げ」になる。この点も注意すべきだ。

中国語作文の規則に慣れた学生の文章では、次のような書き方の例がある。

間違った内容のキャプチャー	説　　明
1.2　祖先崇拝 　　仏壇・神棚・墓参り・盆・彼岸 前提となる霊魂観がある。つまり、	二字下げになっている。
5．応募者の日本語能力や学習態度で 　日本や日本語に深く興味を 現段階では、日本語能力試験1	1.5字下げや二字下げになっている。
5．応募者の日本語能力や学習態度で 　　　日本に興味を持って、熱心 しっかりしている学生だと思ってお	自由に空白を入れた。
あなたにとって、一番大切 問題を　よく思ったことがありま 番大切なものは　夢と思っていま 要ではないわけではないです。私 また私の人生の動力です。自分の 意義があると感じます。人間とし 何のため生きていますか。人生の 　　子供の時から、心に自分の 時々私を聞いて、　りちゃん、あ	自由に空白を入れた。

よい文章を作成するには、言葉や語句の豊富さだけでなく、書式も正しく書くことが大切だ。特に履歴書や願書は、自己アピールの大切な書類なので、初歩的・基本的なミスのある文章では、減点されてしまう原因になる。

●入力による促音や拗音などのミス

次に、パソコンのインプット時に起こりやすい、不注意によるミスの例を見てみよう。次の間違った例は、学生の文章から抜き出したものだ。正しい例と比較してみよう。

正しい例	間違った例
ちょっと	ちよつと
今日のテーマは「中日交流の……」です。よろしくお願いいたします。	今日のテーマは「中日交流の……」です。よろうしくお願いいいたします。

誤字や脱字や衍字のようなミスは、入力時の不注意からくるものか、もしくは、普段の読み方が間違っていたから、入力時の誤りにつながったわけだ。促音や拗音のついた言葉はよく間違うので、入力の場合、特別に注意すべきだ。

上述のように、学生が日本語文章作成の場合、ソフトの違いからくるミスもあれば、人間の不注意からくるミスもある。

大学生の手書き文字離れの問題が深刻化する中、パソコンや携帯による文章作成は、主流になってきている。それゆえに、よい文章を作成するには、日本語の表現力・構文力とともに、ソフトの運用テクニックも両立する必要があるのである。

パソコンで文章を作成していれば、だれにでもミスはあるだろう。ささいなミスのある文章は、心配の種だ。すっきりと見やすく、文字の印象が美しくなるようレイアウトされた文章であれば、伝えたいことがよりよく伝わり、好感も持たれるはずだ。

したがって、日本語の文章作成指導にあたって、語学だけでなく、ソフト関係の知識も同時にトレーニングすべきだ。

作文指導の基本

元西南交通大学
金澤正大

西南交通大学日本語学科では「写作1」（2年生後期）、「写作2」（3年生前期）、「写作3」（3年生後期）と、基本作文科目が週1コマで3段階にわたっています。私自身がすべての科目を担当していた時の指導の基本について述べます。

作文の基本目的（目標）を、卒業後に企業などに就職するのが基本的な進路なので、企業において必要とされる基本的文章能力の獲得とします。企業（大学院などに進学する学生も含む）の求む文章は簡潔で明解な文章です。要するに一度読んで内容を誤解なく理解でき、かつこれが短いほどよいことになります。なぜならば、文章は必ず読み手を必要として、そのため書くからで、企業ではこれが顧客であり企業内人です。それに、文章を読む時間は短いほど能率が上がるからです。ですから、簡潔で明解な文章、すなわち、事実と主張との区別を明瞭にした事実文となるのです。

以上の目的に合わせ、「写作1」では、まず基本的に作文自体に馴れてもらいます。テキストとして『日本語作文I』１９８８年専門教育出版を使用していました。最初の時間は「私の故郷」という題で作文を書いてもらうことで、学生に作文に馴らせます。これは学生の出身地を知るという裏の目的もありますが。次回からテキストに沿って課題の課を選びます。関連語句・言い回し文型と説明を加え、そして質問をします。本テキストは少し古く、日本での学習者用なので、当然ながら中国の実情にあった説明・質問や新語句を入れます。最後に、中国の学生用にアレンジしたより具体的な課題を示して、次週までの宿題とします。例えば、「私のアパート」とあれば、「私の学生寮の部屋（紹介）」といった具合です。字数は６００字程度とします。作文の授業は初めてなので、作文に馴れさせるとともに、やはり事実文を主体となるように課題を選びます。翌週からは前半は前に出した学生の作文の（文法・語句・字・表現とあらゆる）誤謬を例として示し、学生に正させ、説明を加えます。最後に、作品総体の構成・内容に関して、学生の作品の中からよい例と悪い例を示しながら、課題に沿った作文の基本骨格を提示します。これが評価の基準ともなるわけです。後半は新しい課題の提示となります。この繰り返しで授業は進みます。

「写作2」のテキストは『日本語作文Ⅱ』１９８８年専門教育出版です。卒業後の社会人としての文章作成を見通して、本作文は事実文を基本とします。明解で簡潔な文章です。すなわち、一度読めば理解できる文章を基本とします。最初の時間は自由課題で作文を書いてもらいます。これは手慣らしです。次いで、テキストから順に課題の課を選び、その課にある関連語句などを解説しますが、少し古いので、現在のことも加えます。そして、若干の質問をします。最後に具体的な課題を説明し、翌週までの宿題とします。例えば、「図書館」ならば、「本大学図書館の書籍貸出し手順」という具合です。字数は８００～１０００字程度と「写作１」に比較して増していきます。翌週は前に出した作文に評価と誤謬訂正を付して返すとともに、時間の前半でその総体的な解説と次の課題提出を行います。後半は、本多勝一著『日本語の作文技術』１９８２年朝日文庫などを題材に、明解で簡潔な文章を書くための講義を行います。以下この繰り返しとなります。

「写作3」は最後の仕上げ授業になります。ここではいわゆる作文から離れます。簡潔さを追究します。同時に、文章能力はコミュニケーション能力が実はヒヤリング力と密接な関係があることに鑑み、読解力の向上を主眼として、大野晋氏の提唱された縮約法を採用した授業とします。何故かというと、企業などでの文章は、詩文などとは異なり、必ず他者の文章を読んだ上で、これを資料として自己の文章（事実文）を作成するのが基本だからです。すなわち、確かな読解力無しには文章を作成できません。これを鍛えるのにいいのが縮約法です。具体的には、最初の授業で、縮約法の解説をした上で、本文を提示・解説してから、私自身が縮約した文章を提示して実例とします。次回では、まず本文を提示します。

これには『朝日新聞』社説を用います。１２００字程度という長さと内容的に事実を基本として主張のある文だからです。内容に関して学生から質問を受け、さらに補充解説をして、文章内容の理解を進めます。これを３分の１の４００字以内（原稿用紙１枚以内。但し、大野氏の縮約文では改行を含みますが、私の場合は改行無しで字数制限をしますから、実際には大野氏より字数が多くなります）に縮約することを宿題として、翌週に提出してもらいます。そして、この後の授業の前半は私自身の縮約文提示と学生のそれとの比較で、後半は新しい本文提示です。これを繰り返します。

以上により、簡潔で明解な事実文作成を目指します。なお、作文コンクール参加を授業に組み入れていないのは、作文コンクールで求められている文が何らかの感動を求められているのが普通ですので、上記の目的と異なるからです。もちろん、学生に求められれば、作文コンクール用の文の指導は授業とは別に個別にしていましたが。

西南交通大学の４年生（２０１２年）

短期集中マンツーマン講座

元四川理工学院　若林一弘

語学の鉄則はふたつある。もっとあるかもしれないが、とりあえず次のふたつを日々感じる。

ひとつは、語学習得でもっとも重要なものはモチベーションであること。語学と言わず、すべての学習の要はこれで、よい教師とは生徒の学習意欲を高められる人のことを言う。逆に、モチベーションさえ高められれば、それ以外の教師としての知識や技能は（まして免状などは）問題でないとも言える。

もうひとつは、外国語は授業だけでは習得できないということ。予習復習宿題をまじめにやっても、なお授業のみでは不十分で、授業以外のところで努力しなければならない。本を読む、アニメやドラマを見るなどもいいけれど、そういう受動的なことばかりでなく、能動的な活動も望まれる。

その授業以外の部分で学生が自主的に行動していればいいのだが、性格的にそれが苦手な学生や、正課外でそのことばを使う機会のない環境にある学生に対しては、課外活動の形で補うことが教える側に必要となる。オーガナイズされた形態でのそのような活動の代表的なものは、スピーチコンテストや作文コンクールである。特にこのふたつは、ネイティブスピーカーが力を発揮する場でもある。

作文の授業は正課にあるが、30人も40人もの学生がひとつの教科書を使ってやるわけだから、いわば「レディメイド」である。授業でやるのはどうしても文章の基本、書き方の基本で、それをなぞった課題の遂行ということになる。必要条件は満たしているとしても、最低限に近く、十分条件まで満たすものではない。課題の添削で教師は疲弊するが、その労力に見合うほどの効果があるとはとても言えない。

自由作文は、書く人ごとにそれぞれテーマから視点から内容から、一人ひとりの個性や経験によって異なってくる。その指導は、いわば「オーダーメイド」である。作文指導というからにはここまで必要だが、実際問題としてこれを多人数のクラスの全員に十分に行なうことは物理的に不可能だ。おざなりに終わってしまってもしかたがない。

そのきめ細かい「オーダーメイド」を可能にするのが、作文コンクールだ。コンクールだからテーマと字数は指定されるが、それ以外は応募者それぞれに任される。

スピーチコンテストや作文コンクールは、言うなれば「短期集中マンツーマン講座」である。

それは立体的に行なわれる。まず、学生がテーマに沿った作文を書いてくる。そのときは白紙に手書きで書かせるようにしている。字数は、大まかには意識するが、細かくは気にしないで。持って来たら、教師はまず語彙や文法の不適切な部分を直す。

だが、最初の原稿の問題はそれだけではない。日本人が日本語で書く場合もそうだが、書いている当人はよく知っていることがらなので、説明が足りないということがよくある。自分はわかっていても、他人が読むときには何のことかよくわからないという個所が必ずあるので、どういうことか説明させた上で、そこを補足させる。

また、語彙文法の誤り以前に、そもそも文として意味不明な箇所というのもしばしば見られる。何が言いたいのか本人に説明を求め、それを聞きながら朱筆を入れる。

結構布置についても考える。話の順番を入れ替えたほうがいいこともよくある。

つまり、ディスカッションを重ねながら、学生と教師が一対一で向かい合い、著者と編集者の関係で作っていくのである。学生は教師と話し合い、自分の意図を説明し、指摘に対して対応しなければならない。書くだけではないのだ。資料に当たって調査検索もすることになる。立体的とはそういう意味である。いい勉強になるし、自分の書いた文章を教材として行なわれるのだから、さらに効果的だ。

だいたいできあがったら、原稿用紙に書かせる。それで字数が確認できるから、そこでまた削除補筆をさせる。字数も適当な範囲になったら、パソコンでの浄書となる。書いては直し、書いては直しを繰り返して、だいたい5回ぐらいは書き直すことになる。

このごろはメールに添付して応募する形式が多いが、最初は必ず手で書かせる。それは、手に文を覚えさせるということのほかに、字の練習というか確認もしたいからだ。中国人の場合は漢字の誤りはまずないが、簡体字を書いてくることが多いので、日本の字体をしっかり入れるのは意味のあることだし、ひらがなの癖字もこの際に直す。個体発生は系統発生を繰り返すというか、「た」を「太」のように、「あ」を「安」の崩し字のように書く者が多くて、なるほどと感心するのだが、しかしもはやひらがなの字体は確立しているのだから、妙な癖字はやはり直す必要がある。

これだけやれば、整った作文になる（おもしろいかどうかはまた別だが）。

私が個人的に注意していることは、嘘を書くな、話を盛るな、ということだ。嘘は言うまでもなく言語道断だが、よい結果を得るためには「化粧」は必要かもしれない。だが、入賞が目標ではない。あくまで勉強のためである。そもそも文章を書くということ自体が、ある視角を持ち、取捨選択をし、再構成し配列する作業である以上、どうしても「作文」（作りごとという意味での）であるわけだが、常識的に守らねばならぬ線はある。

スピーチコンテストは学生の能力を伸ばすうえで非常に有用だが、大きな欠点がひとつある。思うような結果が得られなかった学生のモチベーションが下がってしまうことがときどきあるのだ。これに気をつけなければならない。作文コンクールは、その場で審査結果がわかるわけではなく、結果発表まで時間があること、聴衆の面前で行なわれるのではないことで、スピーチコンテストほどこの点の問題があるわけではないが、留意しておくべきではある。

どんなテーマにせよ、学生は自分の経験に基づいて書く。だから添削と話し合いを繰り返すうちに、その学生をよく知ることができる。それが教師の報酬である。

「書いてよかった」と達成感が得られる作文を

元南京信息工程大学　大内規行

1．はじめに

筆者が大学で教えていた科目は「日語写作」「経貿日語」「日語会話」「職場日語」「商務日語会話」などである。今は日本で日本語指導にあたっているが、来年中国に戻り、日本語教師を続ける予定である。担当していた「日語写作2年」では教科書の指定があって、作文の準備・基礎、私用文、伝達文、論説文、公用文などを1年間で教えることになっていた。しかし、教科書をそのまま教えるだけでは学生の興味を引きそうもなく、まとめとしてはよいかも知れないが、「書く力」を身に付けさせるには心許ないように思えた。そこで、「今、学生たちに必要な作文の技能は何か」を問いつつ、授業内容や指導方法を考えた。以下は、私が行った指導のうち、文章の要約とスピーチ作文についてのものである。

2．要約を通して文章の型を学ぶ

2年の学生に作文を書かせれば、それなりに書いている。しかし、段落もあり、まとまりのある文章になっているかというと、決してそうではなかった。そこで、構成のしっかりした論理的な文章をインプットすべきものとして提示し、アウトプットとしては要約させる活動を行った。この要約は、原文の表現をできるだけ用い、内容の順序を変えずに段落も作り、元と比べほぼ3分の1、4分の1の縮約文章になる。この作業を通じて文章の型を学ばせることができると考えた。

（1）指導のポイント

①興味がわく魅力的なテーマを選ぶ。

②原文読解のための質問や語句説明でスキームの活性化をはかる。新出語彙の導入説明でキーワードの確認。読解を助けるための5W1Hを把握させ、段落に分ける。

③作業の手順と内容

〈1〉各段落で、中心文とそれを説明している支持文とに分ける。

〈2〉中心文を順に並べて、論理的にわかりやすく手を加え、要約を普通体で書く。

〈3〉導入・本論・結論（まとめ）の3段落で原稿用紙に書く。400字の制限文字数の範囲内でまとまりのある文章にする。

〈4〉題材の内容に応じて使用可能な文型を提示する。たとえば、

序論：主題についての文型…「（筆者は）～と述べている」など。

本論：主張のための文型…「（筆者は）～という」など。

結論：まとめの文型…「（筆者は）～と主張するのである」など。

（2）テーマ（題材）例（2年2学期）

授業（90分）	分類	原文のテーマ	出典
1	新聞	エジプトで気球爆発、日本人4人死亡（935字）	朝日新聞 2013・2・27
2	雑誌	清掃会社から「おもてなし」の会社へ。テッセイの新幹線劇場（1448字）	http://omtnsh.co.jp/case/jirei/256を改変
3	新聞	猛稽古で昇進、涙こらえ「千秋楽」仲の国断髪式（1073字）※仲の国：中国出身の力士	朝日新聞 2012・6・3
4	「中国人の日本語作文コンクール」受賞作品	中国人はなぜ大声で喋るのか（1681字）	「中国人がいつも大声で喋るのは何でなのか？」（2013）日本僑報社
5		幸せな現在（1589字）	

（3）要約指導のまとめ

授業の終わりに要約文を回収し、最後に教師の模範文の提示をPPTで行った。作文は教師がよい点や改善点を記入し、次週に返却した。これらを通じて育てることができた作文力は、文章の中での各段落の関係と役割、そしてまとまりのある文章の型がわかるようになってきたことである。また「中国人の日本語作文コンクール」の作文を教材に活用することで、論理的で主張の明確な作文のイメー

ジが具体的につかめるようになったことである。

3．スピーチ原稿・スピーチ発表の活動

作文を書くことを前向きに受けとめてもらいたい。学習者が語彙や文法の間違いを気にしすぎたり、受け身で作文を書かされているなら、作文がだんだんつまらないものになってしまう。むしろ作文の面白さは、自分らしい体験や意見を文章でもって他人に伝えられたときではないか。スピーチならそのような状況を作りやすいだろうと考えた。スピーチは「書きたいこと」を書くと同時に、聞き手の「役に立つ」内容を書き、そして相手の心に感動を与える総合的な活動である。スピーチ作文なら、達成感も得られるに違いない。

（1）授業とスピーチ活動の流れ

「日語写作2年」の授業では90分の授業が16回配分される。実際にスピーチに関する活動を行うときは、元々の授業プランの一部をスピーチ活動に回し、また授業外にすることで時間を確保した。実際の活動例を表で示す。

授業におけるスピーチ活動（2年2学期）

授業回数	授業内容	授業外活動
1回	オリエンテーション：自己紹介（90分）	
2回	スピーチ文とスピーチ（90分）	
3～8回	普段の授業（90分）	スピーチ原稿の作成：提出→よい点、改善点を記入して返却→発声練習
9～13回	スピーチ：授業冒頭に5～6名による発表及び講評（25分） 普段の授業（65分）	
14～16回	普段の授業（90分）	文集作成：PC入力→提出→文集

（2）スピーチ指導のポイント

①スピーチを書く前に（テーマの設定）

テーマ設定とその題材の集め方として、自分がよく知り、興味もあって、日常生活の生々しい出来事、聞き手が共感、理解できる題材など。さらに話を信用させる事実、統計的数字などを入れることで説得力が生まれること。

②原稿の字数は２５０字～５００字程度とした。約２５０字で1分間のスピードを標準として、1分間スピーチを基本としたが、時間は本人の自由とした。

③原稿が書きあがったら、教師に提出する。よい点と改善点を記入して返却した。

④スピーチをするまでに（話し方の練習）

大きい声で読む練習。「は」や助詞の後、大切な言葉

の前と後などにポーズ（間）をおくと聞きやすくなる。アイコンタクトと笑顔をもって聞き手を見て話す。何を伝えたいのかを常に意識する。

（3）スピーチに関する指導のまとめ

①個性的なテーマと発表の成果

テーマはバラエティに富んだものになった。身近なこと（自分のこと、家族、ふるさと、将来の夢など）や社会や文化（日本文化、日本語、中国社会、中国文化）などである。各自が〝書きたい〟を追求した結果だと思いたい。特に社会や文化についてのテーマは私に、日本と中国について多くのことを学ばせてくれた。作文の力のおかげである。多くの発表者が原稿を暗記してきて、聞き手を見てスピーチしていたことも、期待以上の収穫だった。スピーチを聞くことで学びの相乗効果が起きていたのではないかと思う。

②自信を持たせるためのスピーチの講評

発表が済んですぐに教師が講評を行った。文法や語彙に関することよりもテーマの面白さや発表の様子に関する講評を中心にした。「キーワードの発音がよかった」「発音がきれいでゆっくりはっきりと言えていた」「ジェスチャーもよかったし、何を伝えたいかがはっきりわかった」「全部暗記しているのはきっと練習していた結果だと思う」など、自信がつくように、達成感が得られるよう講評した。

③スピーチ原稿で文集を作る

始まるまではいろいろ心配したが、スピーチ原稿はどんどんよいものが集まってきていた。そこで、このまま終ってしまうのは残念だと学生たちに文集を提案し、作成が決まった。これは、自己の成長記録の一つとなること、文集を読んでお互いに刺激を受けてほしいことを期待しての提案であった。文集は最終回の授業で全員に配布した。

4．最後に

指導したクラスの中から、「中国人の日本語作文コンクール」に入賞したり、省ブロックのスピーチコンテストに入賞したりする者も出ている。学習者が書いた作文は私に日々の指導の振り返り材料を提供してくれるものと肝に銘じ、これからも学習者にとって最適な指導を探究していきたい。

より良い作文指導を目指して

北京第二外国語学院　雨宮雄一

1．はじめに

テーマは「私の作文指導法」であるが、いくつか断っておかねばならない。まず、これから述べる内容は、決して「私の（オリジナルな）」ものではない。公刊されている、国語教育や日本語教育における作文教育についての文献や、より一般向けの「文章の書き方」についての書籍等を参考にさせていただいている。そして、私自身、これらの文献を読みつつ、その一部を試行錯誤的に実践しているという段階で、まだ「指導法」のレベルとは言いがたい。それでも、この文章を書こうと考えたのは、一つの実践例として示すことで、問題点を指摘していただくことを期待して、ということである。

2．学生は思考力がない？

２０１４年４月、北京師範大学において、日本語教育国際シンポジウムが開かれ、作文教育をテーマとした講演やワークショップが行われた。そのワークショップにおいて、中国人大学生の作文について、「みんな同じようなことを書いている」という意見が出た。私も以前からそう思っていたが、そのように思っている先生は他にもいらしたようだ。そこで、「学生の思考力を高めるにはどうしたらよいか」という議論になった。この背景には、「中国人学生の思考力が低い」という認識があるように思うが、私は必ずしも「中国人学生の思考力が低い」とは思わない。なぜなら、指導の結果、こちらが指導した以上の伸びを見せる学生も珍しくないからだ。だから、私は決して「中国人学生の思考力が低い」のではなく、考える方法を知らない、または、考える訓練が足りないのではないかと考えている。もっとも、「考える方法を知らない」であったり、「考える訓練が足りない」であったりすること自体、大学生としていかがなものかと思うが、これは中国だけの問題でもないと思うし、そのような訓練は、いずれ、どこかで行う必要がある。また、こういったことは日本語教育の範囲外という考え方もあろうが、作文においては必要な要素でもあり、このような現状の場合、作文の授業の中で行う必要がある、というのが私の考えである。

3．ブレイン・ストーミング

さて、「どのように考えたら良いか」であるが、まずは、書く材料、いわゆる「ネタ」が必要である。書く材料を集めるのに有効な方法のひとつが「ブレイン・ストーミング」である。ブレイン・ストーミングについては、様々な文献で言及され、広く知られていると思われるし、筆者も勉強中なので、詳しくは述べられないが、例えば、樺島忠夫2002によると、「もともとは集団でアイデアを出し合うための方法（P149）」であるが、「自分一人でも行え（P149）」るとあり、作文を書くにあたり、材料を「自分の知識、経験、思考を頭の中から取り出す技術（P148）」として紹介されている。具体的には、樺島忠夫1999、同2002、日本語文章能力検定協会2004、同2008等を参考にされたい。

4．筆者の実践

筆者自身も、作文の授業で、このブレイン・ストーミングの導入を試みているが、まだ、試行錯誤の段階である。問題点としては、ブレイン・ストーミングに慣れていないことがあり、いきなり1人で行うのは難しいように見受けられる。そこで、クラス全員で一緒になってブレイン・ストーミングを行ってみた。題材は、「第11回中国人の日本語作文コンクール」の3つのテーマを用いたが、ブレイン・ストーミングが行いやすいように、それぞれのテーマを、内容が変わらないように文言を少し変更して提示し、ブレイン・ストーミングを試みた。「クラス全員で一緒になって」といっても、最初は、自分だけで考えさせ、紙に思いついたことを書き出す時間を作った。その後、クラス全員で一緒にブレイン・ストーミングをしたが、今回はクラスの人数が10名と少なかったので、1人ずつ、10分間1人でブレイン・ストーミングした中から、1つずつ出してもらって、筆者が前の黒板に書き出していき、学生には、自分の紙に書いてないことが黒板に書かれていたら、それも自分の紙に書き加えるように指導した。

5. 実践の反省

3つのテーマでブレイン・ストーミングしたが、アイデアがどんどん出てくるテーマと出にくいテーマが出てきた。難しいテーマについては、教師側によるガイドを工夫することによって、ある程度解決が可能だと思ったので、次の機会に試みたい。アイデアが数多く出たテーマについては、筆者が予想もしないアイデアが次々と出され、それなりの効果はあったと思う。

また、クラス全体で一緒になってブレイン・ストーミングした後、また、各自でブレイン・ストーミングするという段階を作っていたが、時間の関係で宿題とした。しかし、チェックしたら、宿題をきちんと行った学生は少なかった。この段階も授業時間内に行う必要があったと同時に、このブレイン・ストーミングという段階の必要性と、ブレイン・ストーミングの結果をどのように作文執筆につなげていくかということの説明が不足し、結果的に学生に理解が及んでいなかったという問題も痛感させられた。後者については、筆者自身の大きな課題で、作文を書くのに必要な学習事項を体系化し、システマティックに学習させることも必要だと考えている一方で、その学習事項が作文を書くにあたり、どのくらい重要で、どのようにつながっていくかを学習者が理解できるように指導することの難しさを感じている。

6. その後の指導

なお、ブレイン・ストーミングを行った後は、各自、その結果から書けるテーマを見つけ出し、内容をふくらませ、初稿を執筆させた。そして、各学生には、最低2回、授業時間外に教師による直接指導を受けるようにした。1回目は、文章の内容や構成を中心に指導を行った。ブレイン・ストーミングが不足したまま初稿を書いた学生もいるので、内容について学生と話し合いながら進めた。その際、教師側から学生にいろいろと質問することになるが、これも広い意味でのブレイン・ストーミングと言えよう（野口悠紀雄1995ではこのような使い方をしていると思われる（P150)）。その過程で、新たに面白いアイデアが出てくることもあった。そして、2回目の直接指導では、表記・語彙・文法等を中心に指導し、その後、最終稿提出というスケジュールで執筆させた。このように直接指導を多くとれたのは、当時のクラスの人数が10名と少なかったということも大きいと思う。大人数を指導する場合もなるべく直接指導ができれば良いが、それには工夫が必要だろう。

7. おわりに

最終的には、日本人教師から見ても「面白い」と思える作文に仕上がった学生もいれば、こちらの指導があまり理解してもらえなかった学生もおり、今後も改善の余地は多いが、「考える方法」を知り、「考える訓練」を積めば、ある程度の時間をかけてブレイン・ストーミングを行うことで、学生の思考力が刺激され、オリジナリティのある面白い作文につながるということは言えるのではないか。今回は、特に作文の内容作りの段階に注目して述べたが、この段階の重要性をいかに理解してもらって、内容作りの方法を自分のものにしてもらえるためには、教師としてどのような役割を果たすべきかという点において、自身に与えられた今後の課題は多い。

以上、自身の実践を問題点も含めながら述べたが、ここで述べられた問題点を克服するような実践が重ねられれば、そして、そういった先生方の実践に学んでいけたらと考えている。

参考文献

樺島忠夫1999『文章表現法 ―― 五つの法則による十の方策 ――』角川書店

樺島忠夫2002『文章術 ―― 「伝わる書き方」の練習 ――』角川書店

日本語文章能力検定協会2004『日本語文章能力検定 4級 徹底解明』オーク

日本語文章能力検定協会2008『日本語文章能力検定 4級 改訂版問題集 文検スタディ』オーク

野口悠紀雄1995『続「超」整理法・時間編 ―― タイム・マネジメントの新技法 ――』中央公論社

講義の様子

力をつける作文指導法

大連理工大学城市学院　閻萍

「日本語作文コンクールの作文を書いてみませんか」と学生に聞いてみたところ、「先生、すみません、普段は400字ぐらいの文章しか書いていないので、いきなり1600字ぐらいの作文を書くのはちょっと……」という答えがほとんどだった。それだけではなく、「コンクールだから、うまく書かなきゃいけないし、私にはできるもんか……」とすぐ諦める学生もいるし、「オリジナルの作品を書きたいけど、今、頭の中で何も浮かばない……」と嘆く学生もいた。

では、なぜ学生達はこのように思っているのだろうか。その理由を分析するために、学生達の日本語学習の現状について簡単に紹介したい。

まず、私が今教えている学生のほとんどは、大学1年生から日本語の勉強を始めた学生たちだ。そのため、大学の2年生と3年生になると、日本語のレベルは、それぞれ日本語国際能力試験の2級と1級前後の程度だと考えてよい。また中国国内で実施された日本語4級の試験に合格するために、学生全員は授業で60分以内に350～400字の作文を書き終わらせる練習をしている。その中の約3％の学生は日本語8級の試験の準備で、450～500字の作文の練習も個人的に行っている。その結果、学生たちは400字ぐらいの文章は書き慣れているが、長い文章は書けなくなっている。

それから、今の学生たちは大学受験に合格してから、作文を書くことはめったにない。日本語どころか、中国語の作文でさえ、書くのは自信がないという学生は少なくない。資格試験の直前にいくつかの例文を暗記し、それをまね、決められたテーマに沿ったものだけを書く。コンクールに出す作品を書くことは、自分にとって絶対無理だと思い込んでいる学生が多い。

最後にまた、オリジナルな内容を書く事にこだわりすぎてしまい、何も書けなくなる学生がいる。一方ではネットサーフィンの常連さんである若者だが、ウェブサイトを通じ関連情報を収集することに慣れている。しかし、膨大な情報と知識をどのように選別、活用し、自分なりに新しいものを生み出すかという能力、努力が欠けているようだ。

当時の私は教師として、押されても前へ進まない学生達のことに悩んだ。そこで、私は次のことを考え、実行してみた。

第一に、作文の授業で徹底的に、書くための基礎知識を教え、短文のほか長い文章も書いてもらうようにしている。

1. 基礎編において表記の仕方や句読点の使い方や書き言葉の普通体と連用中止形や、話し言葉と書き言葉の区別や文章の構成などについて紹介する。その中で学生にとって一番難しいことは話し言葉と書き言葉の区別である。たとえば話し言葉の「だから」「でも・だけど」「あんまり」「とっても」「やっぱり」「どんどん」「ぜんぜん」「ぺらぺら話す」「なんか」はそれぞれ書き言葉の「したがって」「しかし・だが」「あまり」「非常に」「やはり」「急速に」「全く」「なめらかに話す・軽い口調で話す」「など」と対照して教える。

2. 表現編において場所、因果関係、伝聞・引用、変化などを表現する短文を教える。「～から」「～（の）おかげで」「～によると～そうだ」「〔動詞〕ようになる」などの文型を例文の中から探し、その使い方をマスターさせる。さらに適切な言葉で空欄を埋めるなどの練習問題を解き、文法に従ってやや短い文を書く訓練をしてもらう。

3. 最後の実戦編においては要約文、説明文、意見文などの例文を出し、説明したうえで学生たちに書いてもらう。最初は400字の文章を書かせる。それから長い文章を書く。「800字の文章を書いてください」と教師が学生に言った時、不満の声が聞こえたが、教師の指示通りに書いてもらううちに学生たちは段々上手になり、不平の声が聞こえなくなった。800字の文章が書けるようになってから、また400字の作文に戻る時、わりあいに簡単に書けるようになった。

第二に、うまく書きたいと思っているのに、上手に書けない場合、「うまく書きたい」と思う意識が強すぎる事に問題があると指摘し、その考にこだわらずに素直な気持ちで書けば、自分なりのいい文章を書けると説明してあげる。

学生たちにきちんとした文章を書きなさいと教えるが、支離滅裂な文章でなければ教師としては評価する。つまり意味が通じないような文章は書いてはいけない。人称を途中で変えてしまうことや、文体として「です、ます」と「だ、である」を混在させることは通常良くない。文章を書くときに大事なのは、筆者の考えがきちんと読者に伝わる文章を書くことだ。「上手に書かれた文章」はその結果なのだ。これらのことが分かればすぐに作文を書けるようになると考える。

それから作文を書く時に読者の立場に立って書くことは肝要だ。例文を暗記した後、辞書を調べながら書くより、今知っている正しい日本語を使い、文を短く切った簡潔な文章を書いたほうがよい。文章の精度を上げようとするならば、自分で使う言葉を選び、質を上げるには、簡潔な文章にする作業を行う。いい作品というのは、わかりやすい日本語を使い素晴らしい考えを読者に伝えることができる文章ではないだろうか。

第三に、「オリジナル」であることに対し、過剰に拘らないことである。

なぜならば、どんな物語でも作品でも、「先人の作ったものを念頭に入れながら、派生として新たなものを作ること」なのである。新たなものを作ることができるのは、たくさんのものが以前に作られているからである。だから純粋な「オリジナル」というものはまれである。普段に使われているオリジナルとは先人が作った作品を踏まえたうえで、なぜか現在まで触られたことのない分野について初めて描いたものではないだろうか。オリジナルはたった一つの新しい側面だけでも示せればいいと考える。

つまり今言っているオリジナルを目指すには、過去のものを知っておくことが重要である。ネット上の役立つ情報、今までの優秀な作品に目を通し、分析した上で、新しい側面から見た作文を書くことが大切だと考える。

第四に、より多くの学生に日本の文化と作文法を知ってもらう目的で日本語翻訳作文サークルが設立された。主旨は限られた授業以外の時間をうまく利用し、日本語の小説や作文の面白さを知らせ、学生の読み書く意欲を高め、学生と教師、学生相互の間でやり取りを活発にすることだ。0人から始まったクラブは今や1年生から4年生までの約80人余に増え、大学の正式なサークル団体としても登録されている。サークルは日本語に興味のある学生を対象に、定期的に作文の講座を設けるほか、学生は先生と一緒にサークル専用のブログを作り、文学作品、作文コンクールの関連情報などを載せ、お互いに感想などを交流しあう。またウェブのコミュニケーションツールを利用し、疑問を持つ学生は先生と常に連絡できるようにしている。

以上述べた内容を要約すると以下の様になる。

一つ目、日本語を勉強する時間数が足りない学生に対し、まず作文に関する基礎知識をしっかりマスターさせる。更に既存の資料、出版物などを活用し、今まで学んだ日本語の知識を使い、人称や文体が一致するような正しい繋がりの文を書く。それから、文章は読む人をいつも念頭に置き書くものだという理念を踏まえ、仕上げの作業では文章を整える。それにより新しい自分を出していくようにすることができる。

二つ目、授業以外の活動として、作文上達のためのサークルを作ることである。ネット上のコミュニケーションツールを利用し、学生は先生とやり取りをする。先生の指導のもとで、有益な情報を手に入れ、作文を書くことを実践する。

このテーマを通じ、一番強調したいことは、「読者の立場に立って書きなさい、文章力を磨こう、継続力をつけよう、まずテーマを決めて気軽に書いてみよう」である。日本語は漢字、ひらがな、かたかな、ローマ字など文章で使用する文字の種類が多い。したがって文章を書く上で煩雑な点もあるが基本的には漢字は中国から伝わったものであり、簡体字との類似点が多く熟語なども中国語と同じ意味を持つものも多い。その違いに注意しながら以上述べたような考え方で練習を積めば必ず作文力が身につくと考える。

参考文献

堀井憲一朗２０１１『いますぐ書け、の文章法』ちくま新書
大類雅敏１９９６『いい文章うまい書き方』池田書店
胡传乃２０１３『日语写作』北京大学出版社

私の日本語作文指導法

武昌理工学院　半場憲二

私が中国人の学生たちに作文の指導をすると言っても、残念なことに、多くの学生にとって、作文の授業は苦手科目の一つのようです。しかしながら、日本語教師をする以上、作文を書かせ、あるいは書くことの意義を説き続けなければなりません。今回はそのよい機会です。これまでの作文や作文授業を振り返りながら、自分なりの考え、思い、つたない指導法を記したいと思います。

1．作文はコミュニケーション能力を高めます。

外国語学院日本語学科の学生たちは、1年生の初めは、初めてみる日本人とか、目新しい日本語の音や形に心弾ませ、目を輝かせながら学んでいます。教師のあとに続き、「あ、い、う、え、お、か、き、く、け、こ」などと練習しているときが、まさにそれです。私は、このときから、学生に作文の授業を意識づけており、「正しく書く」ように指導します。

2年生の前期くらいになると、卒業の条件に必要な日本語能力1級ないし2級試験の合格を目指します。中国人の先生方の指導もあり、学生は覚えたての単語や習得したばかりの文法を使って会話をしたり、文章を書いたりします。日本語能力試験の赤本（文字・語彙）や青本（文法）を持ち歩き、独学している姿をみかけます。学業に対する取り組み方に差が現れます。「学生らしさ」を醸し出すと同時に、遊びのほうもだんだんと忙しくなっていきます。

そして2年生の後期か3年生の前期で日本語能力2級ないし1級試験に合格してしまうと、どこか「やりきった感」が出てしまい、勉強に興味を示さなくなります。会話は苦手でも作文は上手などという学生がいます。この時期に作文授業を開始する意義は大きいと思います。

作文は、書いては消し、消しては書くという作業の繰り返し。文献や資料を探したり、引用をしたり、学生の「思考」すなわち「知的作用」を高めます。もちろん、最終的には母語の能力が決定的な要素を持っていますが、言葉を紡ぐ作業は、「コミュニケーション能力」を高めることにつながり、後の就職や留学の筆記試験、企業や大学院の面接などに役立つと指導します。

2．作文指導は、中国人教師と連携するのがベストです。

外国語学院では主に中国の先生方がインプット（ＩＮＰＵＴ）、日本人がアウトプット（ＯＵＴＰＵＴ）という役割分担が一般的かもしれません。作文はアウトプットですから大抵の大学・大学院では日本人が担当しているることでしょう。作文授業は2年生後期、または3年生前期から始まると思いますが、この時期、学生の固着した文法・用法の誤りを直すのは至難の業です。

その上、「文字を綺麗に書きなさい」「表記法（点や丸の打ち方、カッコの置き所など）を丁寧に書きなさい」などと指導しても、多くの学生は「そんな細かいことを言わないで」といった感じで、厳密さを嫌います。この現象はＴｗｉｔｔｅｒやＳＮＳなどを使い、いつでもどこでもコミュニケーションが可能となった反面、「Ｔｗｉｔｔｅｒ疲れ」や「ＳＮＳ疲れ」といった言葉に代表されるように、長時間の「思いつき」のコミュニケーションが許容されるため、作文の授業にもその影響が出ており、コミュニケーションの「質」が問われ始めているのかもしれません。

大げさに言えば、医者が手術を失敗したら、患者は死んでしまいます。弁護士が依頼人の弁論を軽んじれば、ありもしない罪を背負わせてしまいます。というように、通訳や翻訳を目指さずとも、作文の授業では言葉遣いに敏感であり続けるよう、繰り返し、指導します。

その意味では、これまでの役割分担から少し離れ、ときに中国人の先生方にお願いし、日本人の添削した作文を読んでいただくなどし、学生たちのインプット（ＩＮＰＵＴ）に反映させるのがベストです。

3．作文授業は作法、修練の場です。

（1）授業中に書かせる

作文を宿題にしようものなら、与えられたテーマをインターネットで検索し、文章をつなぎ合わせてくるという不届き者が少なくありません。脈絡がないどころか、同じフレーズを発見することがあります。全員がそうとは限りませんが、「蟻の穴から堤も崩れる」という言葉があり、学習態度の悪化を招くようなことはしません。

「この先生の授業は簡単・楽勝だ」「授業中に書けなければ宿題でやればいい」などと思われないために600字～800字くらいでしたら、連続2コマ（90分）の授業のうち、45分～60分内に終わらせるようにします。

（2）自分にしか書けない内容にする

どうしても宿題を出す場合は、内容ではなく、推敲の訓練、字数の鍛錬という形にします。最初は600～800字、一月ごとに増やしていき、字数が増えますから、授業中に書き終えない学生は次週提出となりますが、毎週新しいテーマで作文を書かせますから、必然的に「在庫」が増え、重層的な作業となります。

インターネットの検索にかからないようなテーマを選びます。そのまま書き写すわけにはいかないようなもの、「日本の対中ODAについて自分の考えを述べなさい」「10年後の日本とわたし」など日本の大学入試によく出るテーマに、自分の考えを述べるようにしたり、「中国の大学受験『高考』の問題点」など、学生自身の体験を踏まえたものに新聞や書籍の引用を認め、組み合わせたものを書かせます。

（3）字数や期限を遵守し、内容がよくても、減点はある

文体、表記法、数字や句読点の使い方など「筆記上のルール」は、一度説明をすれば理解しますが、大学生なのですから、基本的に自分で調べ、書くように指導します。その結果、作文内容に努力のあとが見られても、誤字脱字、文法や句読点の使い方に間違いがあれば1点ずつ減点します。ルールに従わなければ不合格です。

4．作文は共同作業ですすめます。

そうすることによって、学生から意外な反応があったりします。例えば、「私は日本へ行って櫻が見たいと思う」と書いた学生がいます。「さくら」と読めるが、「櫻」とは書かない。「常用漢字の『桜』を使うとよい」と指導します。また「但し」は、「漢字がよいか、平仮名がよいか」との質問には、「文章を見渡し、全体的に漢字が多いときは平仮名で、漢字が少ないときは漢字で書いたらどうか」そうすると「読みやすくなるから」と提案します。

私は、書くばかりではなく、添削もやらせることがあります。これには学生たちも驚きます。なぜなら、「日本人が添削したから絶対正しい」「教師が添削したから正しい」という固定観念を捨ててほしいからです。はじ

めに書いたように、多くの学生にとって作文は苦手科目の一つです。原稿用紙が「真っ赤っか」になって返ってくると、学生たちは気力を失ってしまいます。

まずは学生が同世代の意見をもらったり、批評を述べたり聞いたりすることで、作文の苦手意識を軽減させるのです。ただ、自由闊達な意見交換を推奨しながらも、添削者の氏名を書いて提出させ、添削した学生に責任をもたせなければなりません。添削者が書き手と異なる方向へ導いてしまうときもあります。わたしたち教師がそうあらねばならないように――書き手、学生の立場を尊重し、意図的に大きな変更を加え、こちらの価値観に引き込まないよう指導しなければなりません。

5．作文は「人」をつくります。

3年生の後期または4年生の前期残りの授業2カ月にもなると、日本語学習の追い込みをかける時期です。学生たちは就職や留学の筆記試験、企業や大学院の面接などに意識が向いています。他大学の若者たちとの競争にさらされていることを自覚します。日本語能力試験1級合格証を持っている学生がほとんどでしょうから、残されるのは会話能力、その中でも「敬語の使い方」になるかと思いますが、作文の授業も馬鹿になりません。

例えば、すらすら、さらさら、ひりひり、ずきずきなど、擬音語や擬態語が上手に使えるようになると日本語の表現力が増します。私は『擬音語・擬態語カード』を一枚デジカメで撮り、それをUSBに保存し、授業中は投影機で拡大しながら読み聞かせしています。ノートに記録し終わったあとは、その日その場で文章を作らせます。

また類似表現、例えば「いろいろ」と「さまざま」の違い、「まもなく」や「そろそろ」の違いなども、大学生のうちに使い分けられるようにしたいところです。それまでの説明では、「話し言葉」と「書き言葉」の違いだと簡単に済ませていたものが、実際の会話と作文の用法の違いなど多くのことに気づかされると、自分は教師としても、人としても成長している気がします。作文は「人」をつくります。学生たちが思考し、言葉を紡ぎ、知的な作用を高め、それを楽しめる「人」へ成長してくれるなら教師冥利に尽きます。

とはいえ、まだまだ私の知識と経験は浅い。ご意見やご批判をありがたく頂戴し、新しい文献や資料、教材研究を進めながら、今後の指導の糧にしたいと思います。

佳作賞受賞者193名（受付番号順）

天津財経大学	李夢婷
天津財経大学	馮馨儀
天津財経大学	楊　珩
天津外国語大学	馬雲芳
吉林大学	宋啓超
浙江大学城市学院	王暁依
青島大学	曹　丹
青島大学	丁夢雪
青島大学	郝　敏
青島大学	楊　建
青島大学	葉雨菲
西南交通大学	成　愷
西南交通大学	俞　叶
西南交通大学	王　暢
西南交通大学	但俊健
西南交通大学	劉暁慶
山東科技大学	聶　琪
吉林大学珠海学院	張雪寒
嘉興学院	方　嘯
嘉興学院	陳子軒
嘉興学院	霍思静
嘉興学院	朱杭珈
嘉興学院	戴蓓蓓
貴州大学	李　静
貴州大学	範　露
貴州大学	成　艶
淮陰師範学院	趙慧敏
淮陰師範学院	付　雪
淮陰師範学院	劉樊艶
淮陰師範学院	陳　聡
淮陰師範学院	呉芸飛
淮陰師範学院	顧夢霞
淮陰師範学院	牛　雪
湘潭大学	李　艶
遼寧師範大学海華学院	夏英天
華僑大学	白　洋
華僑大学	袁静文
華僑大学	曽宇宸
華僑大学	鄭貴嬰

華僑大学　徐鳳女
華僑大学　蔡舒怡
浙江万里学院　袁晨晨
浙江万里学院　唐佳麗
浙江万里学院　趙　琳
浙江万里学院　朱暁麗
浙江万里学院　王斐丹
浙江万里学院　胡佳峰
浙江万里学院　宣方園
浙江万里学院　林嫺慧
長春理工大学　趙浩辰
南京信息工程大学　余梓瑄
南京信息工程大学　劉　璐
東北師範大学　姜景美
大連外国語大学　郭　城
大連外国語大学　何璐璇
大連外国語大学　隋和慧
大連外国語大学　頼麗傑

大連外国語大学　馮佳誉
大連外国語大学　李欣陽
大連外国語大学　李佳沢
大連外国語大学　李嘉欣
大連外国語大学　艾雪驕
大連外国語大学　呂紋語
大連外国語大学　蘇靖雯
大連外国語大学　呉昱含
大連外国語大学　張曦冉
大連外国語大学　張暁晴
大連外国語大学　高　原
大連外国語大学　姚佳文
大連外国語大学　于　淼
大連外国語大学　陳　暢
大連外国語大学　韓　慧
大連外国語大学　蘇日那
大連外国語大学　蘇星煌
大連外国語大学　羅晶月

大連外国語大学　叶桑妍
大連外国語大学　張楽楽
東華大学　張　瑜
東華大学　郎　鈅
東華大学　姚儷瑾
東華大学　楊嘉佳
嶺南師範学院　黎世穏
嶺南師範学院　劉煒琪
嶺南師範学院　林小愉
嶺南師範学院　朱靄欣
大連民族大学　金美慧
大連民族大学　李霊霊
大連民族大学　周明月
山東交通学院　劉晨科
山東交通学院　徐　力
対外経済貿易大学　権芸芸
山西大学　劉孟花
山西大学　張殷瑜

惠州学院　李　媛
惠州学院　張艾琳
惠州学院　洪毅洋
揚州大学　張　鈺
四川理工学院　唐順婷
長江大学　李新雪
長江大学　楊欣儀
長江大学　鄭　巧
長江大学　陳　豪
長江大学　池夢婷
黄岡師範学院　鄔甚佳
北京科技大学　段　瑩
北京科技大学　董揚帆
南京師範大学　馬新艶
南京師範大学中北学院　夏君妍
浙江農林大学東湖校区　楊馥毓
浙江農林大学東湖校区　陳　怡
浙江農林大学東湖校区　李　毅

* * *

浙江農林大学東湖校区　孔増楽
浙江農林大学東湖校区　沈夏艶
浙江農林大学東湖校区　潘　呈
太原理工大学　李　楽
太原理工大学　李一菲
大連理工大学城市学院　孫甜甜
大連理工大学城市学院　韓　玲
大連理工大学城市学院　胡　硯
大連理工大学城市学院　李　婷
ハルビン工業大学　姜　楠
長沙学院　陳　倩
東北財経大学　王　翎
海南師範大学　鄧　婧
海南師範大学　冷　敏
嘉興学院南湖学院　檀　靖
湘潭大学　趙　莉
大連工業大学　何　丹
大連工業大学　宋　娟

* * *

大慶師範学院　靳宗爽
大慶師範学院　陳　暁
武漢理工大学　夏丹霞
武漢理工大学　馬永君
武漢理工大学　林華欽
武漢理工大学　曹婷婷
武漢理工大学　孫　葳
大連理工大学　曹　文
大連大学　閻　玥
大連大学　江　楠
青島農業大学　郭　莉
寧波工程学院　王佳怡
寧波工程学院　費詩思
寧波工程学院　陳　聡
寧波工程学院　金静静
寧波工程学院　馮茹茹
寧波工程学院　兪夏琛
遼寧師範大学　張　薇

遼寧師範大学　金智欣
合肥学院　黄倩倩
北京第二外国語大学　龐嘉美
北京第二外国語大学　張雅楠
北京第二外国語大学　孫　肖
北京第二外国語大学　金静和
新疆師範大学　甘　瑶
上海交通大学　張佳琦
天津工業大学　張雅鑫
中南大学　孫　帆
湘潭大学　彭暁慧
福建師範大学　史苑蓉
福建師範大学　林心怡
福建師範大学　張暁芸
吉林財経大学　高建宇
東南大学　劉建華
湖州師範学院　陸君妍
湖州師範学院　鄭　娜

湖州師範学院　李双彤
湖州師範学院　潘淼琴
中南財経政法大学南湖校区　李夢丹
中南財経政法大学南湖校区　馬　沙
中南財経政法大学南湖校区　秦小聡
中南財経政法大学南湖校区　袁暁寧
中南財経政法大学南湖校区　康恵敏
大連理工大学　黄鍇宇
大連理工大学　王　進
浙江師範大学　金憶蘭
浙江師範大学　王依如
浙江師範大学　鄭　卓
南京郵電大学　方　園
長春工業大学　姚　野
運城学院　李　月
運城学院　徐　捷
運城学院　謝　林
天津師範大学　吉　甜

常州大学　王佳歓
武昌理工学院　李若晨
武昌理工学院　鄭詩琪
武昌理工学院　王志芳
武昌理工学院　黄佳楽
武昌理工学院　張　娅
天津科技大学　李宝玲
東莞理工学院　黄燕婷
南京農業大学　張玉珠
山東大学　陳雪蓮

第十一回　中国人の日本語作文コンクール

開催報告と謝辞

日本僑報社・日中交流研究所 所長
段躍中

第十一回コンクールのポスター

■概要■

主催：日本僑報社・日中交流研究所

協賛：株式会社ドンキホーテホールディングス、東芝国際交流財団

メディアパートナー：朝日新聞社

後援：日本国外務省、文化庁、在中国日本国大使館、（公財）日中友好会館、日中文化交流協会、日中友好議員連盟、（公社）日中友好協会、（一社）日中協会、日本国際貿易促進協会、（一財）日中経済協会、中国中日関係史学会、中国日本友好協会、中国日本商会、北京日本人会、日本日中関係学会、アジア調査会

協力：日中文化交流センター、NPO日中交流支援機構、（公財）日中国際教育交流協会、カシオ計算機、人民網、北京放送、チャイナネット、北京週報日本語版、新華網日本語版、東方網日本語版、沪江日語網、レコードチャイナ、中国日語教学研究会、深圳中日経済文化交流促進会、広州留東同学会、長沙中日文藝愛好者協会

■審査の経過■

【一次審査】

一次審査は、日本僑報社・日中交流研究所の「中国人の日本語作文コンクール」事務局が中心となって行いました。

審査開始前に、募集要項の規定文字数に満たない、あるいは超過している作品を審査対象外として、審査対象作品を査読員が採点しました。

今回の査読員として、左記の方々がご協力くださいました。

青島武英、石渕賢一、浦野紘一、川村明美、北島邦博、小林治平、小林さゆり、齋藤文男、坂本正次、佐藤則次、柴田修司、瀬口誠、鷹觜勝之、高橋文行、張珊珊、塚越誠、寺田昌代、中山孝蔵、永井秀史、長塚聡、萩野慶子、福本哲雄、松嶋忠信、武藤正美の各氏です（50音順）。

ご支援とご協力を賜り、誠にありがとうございました。

【二次審査】

二次審査は、公正を期するために応募者の氏名と大学名を伏せ、受付番号のみがついた対象作文を審査員に採点していただく形で実施しました。

今回は、左記の審査員15名が二次審査にご協力くださいました（50音順・敬称略）。

赤岡直人　（公財）日中国際教育交流協会　業務執行理事

岩楯嘉之　NPO法人日中交流支援機構 事務局長

折原利男　元埼玉県立高校教員、日中友好8・15の会会員

金子　肇　宮本アジア研究所 代表特別助理

杉山直隆　ジャーナリスト

関　史江　技術アドバイザー

瀬野清水　元重慶総領事

高橋文行　日本経済大学教授

谷川栄子　（株）Will National First Academy 代表

塚越　誠　書家、日中文化交流の会 日本代表

藤村幸義　日中関係学会副会長、拓殖大学名誉教授

二井康雄　映画ジャーナリスト、書き文字作家

古谷浩一　朝日新聞中国総局長

吉田弘之　アジア調査会事務局長
和田　宏　ＮＨＫグローバルメディアサービス、神奈川県日中友好協会会員

【三次審査】

三次審査は、二次審査で得点の高かった学生に直接国際電話をかけて、口述審査を行いました。


【最終審査】

最終審査は、二次審査と三次審査の合計点により選出した最優秀候補者と一等賞候補者計６名の作品を北京の日本大使館に送付し、大使ご自身による審査で最優秀賞（日本大使賞）授賞者を決定していただきました。

■各賞について■
厳正な審査の結果、過去最多を記録した今回の応募作品数４７４９本の中から、２６４本の作者に各賞を授与しました。内訳は、最優秀・日本大使賞1名、一等賞５名、二等賞15名、三等賞50名、佳作賞１９３名です。

今回は、本コンクールの開催史上最多となる５０００本に近い作品が寄せられたことから、主催者はこれを十分に考慮し、三等賞枠を従来の40名（本）から50名に、また佳作賞枠を従来の１００名からほぼ倍にあたる１９３名にそれぞれ拡大いたしました。これにより佳作賞までの受賞者数は計２６４名となり、受賞者数も過去最多となった前回（１５６名）を大きく上回り、最多記録を更新しました。

■園丁賞について■
学生たちの日本語能力の向上は、指導教師なくしてはありえません。そのため、日中国交正常化35周年にあたる第３回コンクールから、学生の作文指導に実績のある日本語教師を表彰する「園丁賞」（第３回の「園丁奨」より改称）を創設しました。

対象となるのは、応募校の中から団体応募の作文本数が50本を超えた学校で、当該校には賞状を授与しました。また、各校で日本語書籍が不足しているという実情を聞き、その一助になればとの思いから、最も応募作の多かった学校には30万円相当、１００本以上の応募があった学校には10万円相当、50本以上の応募があった学校には

5万円相当の書籍をそれぞれ寄贈いたしました。日本語を学ぶ学生たちに存分に活用していただければ幸いです。

今回の園丁賞受賞校は計40校です。受賞校と応募数は次の通り。受賞校の皆さん、誠におめでとうございます。

大連外国語大学（３２３）、大連工業大学（１７４）、浙江万里学院（１７１）、淮陰師範学院（１５７）、浙江農林大学（１４１）、華僑大学（１２９）、嶺南師範学院（１１０）、武昌理工学院（１０９）、寧波工程学院（１０７）、運城学院（１０４）、北京第二外国語学院（１０４）、青島大学（１００）、東華大学（１００）、西南交通大学（96）、湖州師範学院（90）、長江大学（90）、中南財経政法大学（89）、武漢理工大学（86）、嘉興学院（86）、大連理工大学城市学院（80）、貴州大学（69）、湘潭大学（65）、天津科技大学（61）、合肥学院（60）、大連東軟情報学院（58）、大連民族大学（58）、浙江師範大学（56）、福建師範大学（56）、北京科技大学（56）、天津財経大学（56）、大連理工大学（54）、広東省外国語芸術職業学院（53）、太原理工大学（53）、大連大学（52）、恵州学院（52）、山西大学（52）、大慶師範学院（52）、海南師範大学（51）、南京師範大学（51）、山東交通学院（50）。

■新設の優秀指導教師賞と指導教師努力賞■

従来のコンクールでは、学生を対象とした各賞の授与のほか、団体応募の作文本数が50本を超えた学校に対し、前述の「園丁賞」を授与してきました。今回からはこれらの賞のほかに、優れた指導教師個人をたたえる優秀指導教師賞、指導教師努力賞をそれぞれ創設いたしました。

これは中国で日本語を学ぶ学生たちに、日本語や日本の文化を熱心に教えている中国人教師、ならびに日本人教師の日ごろの努力とその成果をたたえるものです。

本コンクールにおいて優秀指導教師賞の対象となるのは、三等賞以上の受賞者を育てた日本語教師、また指導教師努力賞の対象となるのは、団体応募の作文本数が30本以上となった教師で、受賞者にはそれぞれ賞状と記念書籍が授与されました（両賞が重複した場合は、自動的に優秀指導教師賞の授与としました）。

今回の優秀指導教師賞の受賞者は計84名です。受賞者と学校名は次の通り（順不同、敬称略）。

藤田炎二（山東政法学院）、肖瀟、濱田亮輔（東北大学秦皇島分校）、金華（華南理工大学）、李国寧（嶺南師範学院）、森本卓也（江西農業大学南昌商学院）、陳林俊、古田島和美（常州大学）、沈麗芳、王晶、佐藤孝志（西安交通大学）、岩山泰三（山東大学威海翻訳学院）、王雪松、神田英敬（武漢理工大学）、駒澤千鶴（国際関係学院）、堀川英嗣（山西大学）、加藤浩介（楽山師範学院）、山中純一（揚州大学）、大工原勇人（中国人民大学）、中上徹也（南京理工大学）、平野満寿美（黒竜江外国語学院）、岡沢成俊（広東外語外貿大学）、八木典夫（江西科技師範大学）、芮真恵（遼寧大学）、宮山昌治、金璽罡（同済大学）、西澤真奈未（吉林華僑外国語学院）、王瑩、裴麗（天津科技大学）、佐藤敦信（青島農業大学）、新村美有紀（山東財経大学）、古川翠（北方工業大学）、木村憲史（重慶大学）、馬聡麗、奥野昂人（西安財経学院）、徐微潔、濱田信敏（浙江師範大学）、舩江淳世（山東大学威海翻訳学院）、石田雄士（山東科技大学）、原田拓郎（広東海洋大学）、横山克志（鄭州大学）、佐藤朋子（南京農業大学）、遠山樹彦（瀋陽薬科大学）、岩下満（青海民族大学）、村瀬隆之（四川外国語大学）、瀬口誠（運城学院）、岩佐和美（東華大学）、汪瑋嘉（合肥学院）、林敏潔（南京師範大学）、福井啓子（長春工業大学）、余祖発（上海海事大学）、松本裕子（遼寧対外経貿学院）、山田高志郎（ハルビン工業大学）、雨宮雄一（北京師範大学）、後藤裕人（雲南民族大学）、中山一彦（長安大学）、鶴岡大歩（中南民族大学）、徐秋平、劉芳、村松憲一（西南民族大学）、須崎孝子（貴州大学）、割沢泰（海南師範大学）、孫薇（天津工業大学）、王丹、稲垣睦実（長春理工大学）、入江雅之、土肥誠（東莞理工学院）、山口文明（江西財経大学）、楊占偉、中山直己（東北財経大学）、桑山皓子（南京大学金陵学院）、森屋美和子（吉林大学）、程菱、斉藤順子（浙江大学城市学院）、薛紅玲（西北大学）、小柳麻由子（北京郵電大学）、鄭光峰（韶関学院）、二木康晴（煙台大学）、李濯凡（外交学院）、鄭栄愛（西南科技大学）、照屋慶子（嘉興学院）、松下和幸（北京科技大学）、村田幸一（太原理工大学）、川内浩一（大連外国語大学）。

今回の指導教師努力賞の受賞者は計１１７名、受賞者と学校名は次の通りです（順不同、敬称略）。教師の皆様、おめでとうございます。

久古政男、佐藤重人、磯部香、関承、迎由理男、喜田恵子、久津間英次、喜田栄次郎、藤野謙一、齋藤貢、黄一峰（大連外国語大学）、単麗（大連工業大学）、園和高（浙江万里学院）、富松哲博、趙徳旺（淮陰師範学院）、鈴木穂高、海野順二、遠藤明生（浙江農林大学東湖校区）、中尾真央、小川友里、今悠恭（華僑大学）、楊紅、程麗華、胡英姿（嶺南師範学院）、半場憲二、丸山陽馬（武昌理工学院）、不破明日香（寧波工程学院）、津田量、菅田陽平（北京第二外国語大学）、杜雪麗、李萍、張科蕾（青島大学）、曾建、王菲、徐臻、曾鴻燕、崔龍、郭玉潔（西南交通大学）、松下正行（湖州師範学院）、藤島優実、大石たえみ、美濃部大樹（長江大学）、雷洋（中南財経政法大学南湖校区）、胡婧（武漢理工大学）、李月順（嘉興学院）、閻萍（大連理工大学城市学院）、呉衛平、陽際元、朱憲文、徐紅、胡俊、劉点、曾艶、梅暁蓮、楊淵斐（湘潭大学）、蘇琦（合肥学院）、中部洋子、木村エリ子、池上孝、小沼直子、道清直子、程焱、近藤千文、藤井洋一、荒井勇、伊藤栄俊（大連東軟情報学院）、浦上早苗、高希敏、渡辺仁史、馬瑩石、喜君、張春梅、楊柏宏、有馬健、渡辺仁史、張紅（大連民族大学）、王海航（福建師範大学）、秦嵐（天津財経大学）、趙聖花、齋藤齊、飯田美穂子、伊藤貴恵（大連理工大学）、呉思佳（広東省外国語芸術職業学院）、金春梅、張晨曦、孫恵俊、張雪松、張艶菊、柯斌、劉培榮、高敬花（大連大学）、広瀬恵弥、横田浩一、水口友代、曾源深（恵州学院）、蘇伊娜、毘沢恵、于楊、張燕（大慶師範学院）、崔利梅、孫守峰、高発国、李娜（山東交通学院）、佐佐木雷太（山東大学威海翻訳学院）、曹亜輝、王華偉（天津工業大学）、曲朝霞、渡辺雄二（長春理工大学）、龐在玲、吉田岳生、曹春燕、李錦淑、王淑一（青島農業大学）、何俊山（嘉興学院南湖学院）、福井啓子、南條淳（長春工業大学）、野口研（遼寧師範大学）。

■本書の刊行経過■

日中交流研究所の母体である日本僑報社は、第1回の作文コンクールから受賞作品集を刊行しており、本書で11冊目となります。第1回からのタイトルは順に、『日中友好への提言』『壁を取り除きたい』『国という枠を越えて』『私の知っている日本人』『中国への日本人の貢献』『メイドインジャパンと中国人の生活』『蘇る日本！今こそ示す日本の底力』『中国人がいつも大声で喋るのはなんでなのか？』『中国人の心を動かした「日本力」』『「御宅」と呼ばれても』で、これら10点の作品集は多くの方々からご好評を賜り、各地の図書館、研究室などにも収蔵されております。

なお、本書掲載の作文はいずれも編集部が必要最低限の修正を加えたにすぎません。日本語として一部不自然な箇所があったとしても「学生の努力の跡が見られるもの」と考え、そのまま掲載いたしました。この段、どうかご了承ください。

今回のテーマは（1）日中青年交流について――戦後70年目に両国の青年交流を考える（2）「なんでそうなるの？」――中国の若者は日本のここが理解できない（3）わたしの先生はすごい――第1回 日本語教師「総選挙」ｉｎ中国――の3つとしました。

「日中青年交流について」では、戦後70年の節目の年を迎え、過去の不幸な歴史を踏まえた上でこれからの若者交流はどうあるべきかについて、それぞれの率直な意見が綴られていました。その中には、自らの貴重な体験を通して「歴史を忘れてはならないが、恨みを次世代に伝えるべきではない」「直接的な交流をさらに深め、互いの真の姿を見つめたい」といった前向きな展望を抱く若者の声もありました。

「なんでそうなるの？」では、日本人自身もハッとさせられたという中国の若者たちのユニークで鋭い視点に、思わず頬がゆるんだり、考えさせられたりしました。

応募作品の中には「なぜ日本人女性は冬でもスカートをはくのか？」「なぜ日本人は食事の時に『いただきます』『ごちそうさま』と挨拶するか？」「なぜ日本人はしょっちゅうお辞儀をするのか？」といった内容のものが数多く見受けられました。いずれもよく調べて分析されていましたが、どうしても似たような内容や結論になりがちとなり、上位入賞作品にこれらの作文が選ばれるのは難しいという結果になりました。やはり審査においては、その学生さんならではの視点や観点、主張のオリジナリティーが重視されたように思います。

「わたしの先生はすごい」では、先生のあらゆる「すごい」点を並べた作品も中にはありましたが、それではかえって焦点が定まらず、先生の印象がぼやけてしまうようでした。ハッキリとわかりやすく、「一点集中」で先生の特徴をよくとらえた作品が上位に入賞したようです。

なお「わたしの先生はすごい」では、サブテーマを「第1回 日本語教師『総選挙』in 中国」としました。これは、日々努力している日本語教師の姿を、学生側からより多く伝えてほしい、また佳作以上の上位入賞作品のうち複数取り上げられる「すごい」教師がいれば表彰したいと考えたことからでした。結果として上位作品のうちでは、一教師の名前が複数挙がるという事例は見受けられませんでした。残念でしたが、このメインテーマ「わたしの先生はすごい」は来年もテーマの一つとして考慮に入れたいと思います。

総じていえば、今回の応募作品もいずれも甲乙つけがたい素晴らしい作品が多く、査読員、審査員の頭を最後まで悩ませました。審査を終えたある審査員からは「多くの作文に共通していること」として「改めて（日中双方の）直接的交流の重要性と、そうした経験から導き出されたいわば等身大の意見や提言に大いに心を動かされるとともに、未来への希望を強く感じさせられた」という高い評価が寄せられました。

最終的にこのような結果となりましたが、順位はあくまでも一つの目安でしかありません。最優秀賞から佳作賞まで入賞した作品は、どの作品が上位に選ばれてもおかしくない優秀なできばえであったことを申し添えたいと思います。

いずれの作品にも、普段なかなか知り得ない中国の若者たちの「本音」がギッシリと詰まっていました。中には、日本人には思いがけない発見ができる新鮮な主張もありました。そうした彼ら彼女らの素直な「心の声」、まっすぐなメッセージは、一般の日本人読者にもきっと届くであろうと思います。

日本の読者の皆様には、本書を通じて中国の若者たちの「心の声」に耳を傾けることで、これからの日本と中国の関係を考えるほか、立場や視点を変えることで見えてくる日本のおかしさ、すばらしさを再認識するキッカケにしていただければ幸いです。

なお、本書の掲載順は基本的に査読員・審査員の採点表をもとにしていますが、なるべく同じテーマの作文が続かないよう、多少の調整を加えました。

■わたしの日本語作文指導法■

第11回日本語作文コンクールでは、中国の学生を対象とした作文募集に合わせ、中国で日本語を教える教師を対象として、その指導体験や指導方法をまとめたレポートを初めて募集しました。

「わたしの日本語作文指導法」をテーマに2015年4月から8月まで募集した結果、中国各大学の15名の教師から16作品が寄せられました。いずれも実際の経験に基づき、独自に編み出され、また磨き上げられてきた貴重な指導法が明らかにされています。

本コンクールに参加される指導教師だけでも数百名に上ると見られますが、日本語教育のため日々多忙をきわめる中、多くの教師がこのレポート募集に応じてくださり、心より感謝を申し上げます。

本書では、コンクール受賞作品と合わせて「わたしの日本語作文指導法」16作品を全文、掲載しました。日本語教師をはじめ、語学教育に関心のある多くの皆さんに、ご参考にしていただければ幸いです。

「わたしの日本語作文指導法」は来年も募集し、できれば単行本化を実現させて、より多くの人のご参考に供したいと思います。

■謝辞■

日本僑報社・日中交流研究所は、2005年から日中作文コンクールを主催しており、今年は第11回目を迎えました。この11年間、皆様のご支援とご指導のもとで多くの難関を乗り越えることができ、本コンクールは今や中国の日本語学習者の間で「最も権威ある日本語作文コンクール」「日中交流の貴重なプラットフォーム」として定着しつつあるようです。

今回は中国の28省市区（前回は24）の180校（大学、専門学校、高校、中学校。前回は196校）から、前回の4133本を大幅に上回る4749本もの応募がありました。またそれに伴い、主催者はこれを十分に考慮し、受賞者枠も三等賞と佳作賞において拡大。佳作賞までの受賞者数を計264名（作品）とし、受賞者数も過去最多を更新しました。

日中関係の改善が待たれる時期であったにもかかわらず、応募作が過去最多を記録したことで、中国の若者たちの日本への関心と日本語学習への意欲の高さが示された形となりました。

在中国日本大使館には第1回から後援していただいておりますが、第4回からはさらに「日本大使賞」を設け、歴代大使の宮本雄二氏、丹羽宇一郎氏、および現職の木寺昌人大使には、ご多忙の中、自ら大使賞の審査をしていただきました。ここで改めて、宮本氏と丹羽氏、木寺大使をはじめ大使館関係者の皆様に、心より御礼を申し上げます。

また、第2回から第6回までご支援いただきました日本財団の笹川陽平会長、尾形武寿理事長の本コンクールへのご理解と変わらぬご支持にも感謝を申し上げます。

これに引き続き第7回より協賛をいただいている株式会社ドンキホーテホールディングス創業会長兼最高顧問、公益財団法人安田奨学財団理事長の安田隆夫氏からは日本留学生向けの奨学金制度の設立など多大なご支援を賜りました。これは中国で日本語を学ぶ学生たちにとって大きな励みと目標になるものです。ここに心より感謝を申し上げます。

第9回からは、東芝国際交流財団にも協賛をいただいております。改めて御礼を申し上げます。

朝日新聞社には、坂尻信義氏（元中国総局長）のおかげで第7回から協賛をいただき、今回はメディアパートナーとしてご協力を賜りました。現任の古谷浩一総局長もかつて自ら遠方の受賞者を取材し、その記事を日本に伝えてくださいました。それは日中関係が厳しい状況にある中で、日本人が中国を冷静に見る一助になったことと思います。ここで両氏に敬意と感謝の意を表します。

また、谷野作太郎元中国大使、作家の石川好氏、国際交流研究所の大森和夫・弘子ご夫妻、さらにこれまで多大なご協力をいただきながら、ここにお名前を挙げることができなかった各団体、支援者の皆様にも感謝を申し上げます。誠にありがとうございました。

授賞式に参加、あるいは作品集を目にしたマスコミ関係の皆様が、各メディアを通して本コンクールの模様や作品集の内容を紹介してくださり、日中〝草の根交流〟の重要性や、日中関係の改善と発展のためにも意義深い中国の若者の声を広く報道されたことについても感謝を申し上げます。

中国で日本語教育に従事されている教師の皆様にも、ご支援とご協力に感謝を申し上げます。

これまでに中国全土の300以上の学校から応募がありましたが、このように広く展開できた上、今回の応募数が第1回（1890本）の2・5倍超に増加するなど、本コンクールが日本語学習者の間でこれほどまでに知名度を得られたのは、教師の皆様のご尽力のおかげです。

最後になりますが、応募者の皆さんにも改めて御礼を申し上げます。まず、皆さんの作文は本当にすばらしく、主催者はこれまで出版した作文集を何度も読み返してきました。そして、皆さんの若者ならではの活発な考えに刺激されることで、日中関係に対して前向きで明るく、楽観的な努力をしていく勇気とパワーを改めて湧き起こすことができました。

さらにこの11年間、先輩から後輩へと受け継がれてきたおかげで、本コンクールは今や中国の日本語学習者の間で、大きな影響力を持つまでになりました。現在、過去の応募者の多くが日中両国の各分野の第一線で活躍しています。

皆さんが学生時代に本コンクールに参加することが「日本語を勉強してよかった」と思えたり、日本への関心、特に日本語を専攻する誇りを高めたりすることに役立っていると聞き、私は主催者として大変励まされました。日本語を身につけ、日本を理解する若者が中国に存在しているということは、日本にとっても大きな財産であり、必ずや両国の共存共栄の大きな力になることでしょう。

できることには限りがあり、さまざまな困難に直面しますが、日本語学習者のため、また日中両国の明日のため、私たちは11年目の歩みをしっかりと進めています。

皆様、引き続きご支援、ご協力くださいますようよろしくお願いいたします。

２０１５年12月吉日

特別掲載

第十回中国人の日本語作文コンクール

授賞式開催報告と最優秀賞（日本大使賞）受賞者の日本滞在記

「第10回中国人の日本語作文コンクール」の表彰式が2014年12月12日、北京の在中国日本大使館で関係者ら約150人が出席して行われ、木寺昌人大使が最優秀賞（日本大使賞）を受賞した上海・東華大学の姚儷瑾《ようれいきん》さんに賞状を授与した（表彰式共催・日本大使館）。

木寺大使は10周年の節目の年を迎えたコンクールに対し、「今や日本語を学ぶ中国人学生にとって参加することが大きな目標となるほどの大会に発展した」と高く評価。その上で「安定した日中関係に大切なのは、若い世代がさまざまな交流を通じて感動を共有すること。今後ますます同世代の日本の若者との交流の機会を作り、たくさんの感動を共有してほしい」などと日本語を学ぶ学生たちを激励した。

多数の受賞者が授賞式会場につめかけた

姚儷瑾さんは、作文でACG（中国語圏でアニメ、コミック、ゲームの総称）を通じた新たな文化交流の可能性について訴え、見事最優秀賞を受賞した。

壇上に立った姚さんは日本語でスピーチし、アニメなどの文化を通じた交流に日中双方の「誤解を解く力が秘められている」とした上で、「好きなACGについて話し合いながら、相手国の姿を確認し合うのは、新たな文化交流の形になる」などと堂々とアピールした。

式典にはこのほか、一等賞受賞者5人のうち重慶師範大学の張玥さん、南京農業大学の汪婷さん、西安交通大学の向穎さん、山東財経大学の陳謙さんの4人が出席（受賞者はほか嶺南師範学院の姚紫丹さん、当日欠席）。「公共マナーと中国人」との題で、中国にいる日本語教師の率直な提言が、中国人の公共マナーや自分のあり方を見直すきっかけになったと話した汪婷さんら、それぞれが受賞作を力強く訴えた。

「第10回中国人の日本語作文コンクール」は、日本僑報社・日中交流研究所が主催し、日本国外務省、文化庁、在中国日本国大使館、日中友好7団体、中国日本商会、北京日本人会、中国中日関係史学会、中国日本友好協会などが後援。

株式会社ドンキホーテホールディングス、安田奨学財団、朝日新聞社、東芝国際交流財団が協賛して開催された。

作文コンクールの協賛企業・団体と後援団体の皆様

最優秀賞（日本大使賞）の姚儷瑾さんは2015年2月1日から8日まで副賞の「日本1週間招待」を受けて初めて来日し、東京都内の各所を訪問。受賞の喜びを報告したほか、観光などを楽しんだ。

とりわけ朝日新聞、東京新聞など大手メディアの取材を受けたのをはじめ、NHKラジオ第一放送の報道番組「私も一言！夕方ニュース」に生出演。さらに日本記者クラブでの記者会見に日本語作文コンクール受賞者としては初めて招かれ、ベテラン記者の質問にもしっかりとした日本語で応じるなど〝若手の民間大使〟として精力的に活動した。

姚さんは日本での1週間の活動を通じて「忙しかったけれど、日中各界の人々と交流できて光栄でした。貴重な体験を胸に、これからも頑張ります」と新たな抱負を述べていた。

なお、表彰式の模様は、NHK総合のニュース番組が「日本のアニメテーマに中国の学生が作文披露」と題して報道したのをはじめ、テレビ朝日、TBSなどでも報じられた。大手紙では朝日新聞、毎日新聞、読売新聞などが特集やコラムでこれを報道。中国メディアは、人民網の日本語版・中国語版のほか、チャイナネットが大々的に報道した。

また来日した姚儷瑾さんへのインタビューが前述の朝日新聞、東京新聞などで報道されたほか、来日リポートがNHKの国際放送「NHKワールド」で放送された。

瀬野清水氏（元重慶総領事）の自宅にホームステイ
日本の家庭の温かな雰囲気を体験

2月2日（月）

午前11時、東芝国際交流財団を表敬訪問

日本での初めてのランチは、築地魚市場で本場のお寿司

夜、池袋の居酒屋で開かれた姚さんの歓迎会に出席

2月3日（火）

午前、前駐米大使の藤崎一郎・上智大学特別招聘教授を表敬訪問

昼、宮本雄二・元中国大使主催の昼食会に出席

午後3時、
株式会社ドンキホーテホールディングスを表敬訪問

写真で見る受賞者の一週間

2月4日（水）

午前、参院の輿石東副議長を表敬訪問

午後、福田康夫元首相を表敬訪問

外務省に城内実副大臣を表敬訪問

午後4時、丹羽宇一郎・前中国大使に今回の受賞を報告

午後5時、
朝日新聞社を訪問し、石合力・国際報道部長と親しく懇談

午後6時半、
国際交流研究所の大森和夫・弘子夫妻宅での宴席へ

写真で見る受賞者の一週間

2月5日（木）

午前、自民党の高村正彦副総裁を表敬訪問

鳩山由紀夫元首相を表敬訪問

午後、文化庁の青柳正規長官に最優秀賞受賞を報告

都内で開かれた国会議員との懇談会に出席
近藤昭一衆院議員と懇談

西田実仁参院議員と

菊田真紀子衆院議員と

写真で見る受賞者の一週間

千葉商科大学の島田晴雄学長を表敬訪問

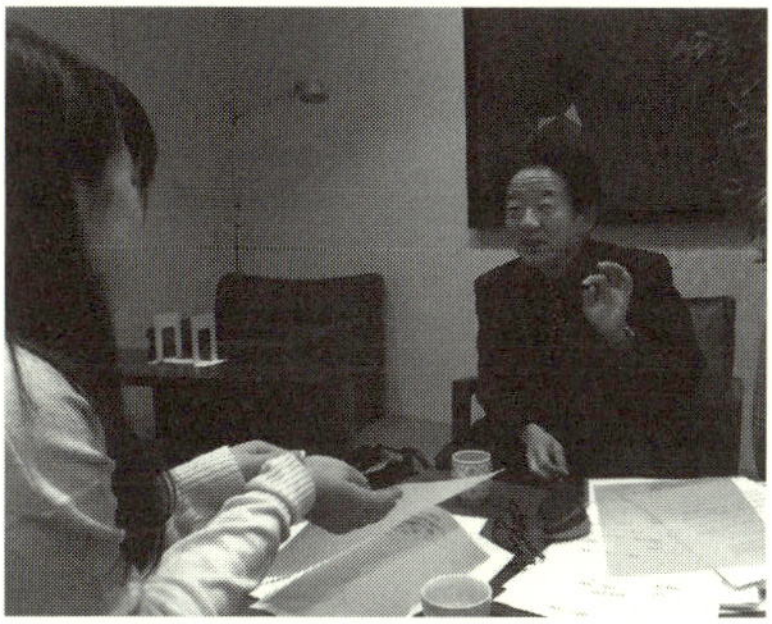

夕方、ＮＨＫラジオ第１
「私も一言！夕方ニュース」に生出演

2月6日（金）

午後、都内の日本記者クラブで
姚さんと指導教師の岩佐和美さんが会見

夜、駐日中国大使館で開かれた「2015留日学人春節招待会」に出席。程永華大使に受賞を報告

韓志強首席公使と

2月7日（土）

日中友好会館の武田勝年理事長に受賞を報告

写真で見る受賞者の一週間

楊　茜	曲阜師範大学
徐嘉熠	北京理工大学
周　熠	北京理工大学珠海学院
魯雪萍	黄岡師範学院
陳　洪	四川外国語大学成都学院
陳　穎	西南交通大学
陳　茹	中国医科大学
梁小傑	西南交通大学
陳　晨	大連大学日本言語文化学院
王思雨	長安大学
華雪峡	大連大学日本言語文化学院
袁慶新	聊城大学
勾宇威	北京師範大学
于聖聖	長春理工大学
孫麗麗	山東大学
賈海姍	大連東軟情報学院
文胎玉	湖北民族学院
李官臻	大連東軟情報学院
楊錦楓	揚州大学
賈少華	大連東軟情報学院
孫暁宇	揚州大学
馬小燕	西北大学
孟維維	淮陰師範学院
潘秋杏	惠州学院
謝夢佳	淮陰師範学院
魏麗君	惠州学院
王正妮	河南理工大学
鄭暁佳	吉林大学珠海学院
金　珠	遼寧軽工職業学院
徐逍綺	上海師範大学天華学院
唐淑雲	華僑大学
牛愛玲	山東交通学院
戴惠嬌	華僑大学
李　玲	山東交通学院
文暁萍	広東外語外貿大学
張　楠	山東交通学院
陳明霞	中南大学
呉家鑫	山東交通学院
蔡海媚	広州鉄路職業技術学院
方　荃	天津職業技術師範大学
孫小斐	山東理工大学
張丹蓉	北京第二外国語大学
孫　漪	哈爾浜理工大学栄成学院
曽　瑩	嶺南師範学院外国語学院
林　霞	青島農業大学
張暁坤	嶺南師範学院外国語学院
鄭芳潔	青島農業大学
陳玉珊	嶺南師範学院外国語学院
張静琳	長江大学
劉暁芳	青島大学
向　沁	湖南大学
崔倩芸	青島大学
張　偉	遼寧大学外国語学院
温殊慧	山西大学
陶穎南	通大学杏林学院
張蓓蓓	山西大学
姜光曦	哈爾浜工業大学
任家蓉	山西大学
王　芬	浙江工業大学之江学院
余姣姣	南京林業大学
金　鑫	浙江工業大学之江学院
李　希	南京林業大学
章佳敏	合肥学院
唐　雪	湖州師範学院
林先慧	合肥学院
李　慧	琳湖州師範学院
張雅琴	寧波工程学院
曽　光	遼寧対外経貿学院
馮茹茹	寧波工程学院
瞿　蘭	浙江師範大学
王　静	浙江農林大学
李　欣	航長春外国語学校
潘　呈	浙江農林大学
陸楊楊	上海交通大學
廖美英	集美大学
王　耀	華山東外貿技術学院
李甜甜	集美大学
黄篠芙	東北育才外国語学校
雷紅艶	湘潭大学
郭　欣	東北育才外国語学校
皮益南	湘潭大学
王茹輝	天津工業大学

第10回
中国人の日本語作文コンクール受賞者一覧

最優秀賞

姚儷瑾　　東華大学

一等賞

張　玥　　重慶師範大学
汪　婷　　南京農業大学）
姚紫丹　　嶺南師範学院外国語学院
向　穎　　西安交通大学外国語学院
陳　謙　　山東財経大学

二等賞

王淑園　　瀋陽薬科大学
楊　彦　　同済大学
姚月秋　　南京信息工程大学
陳霄迪　　上海外国語大学人文経済賢達学院
王雨舟　　北京外国語大学
徐　曼　　南通大学杏林学院
陳梅雲　　浙江財経大学東方学院
黄　亜　　東北大学秦皇島分校
陳林傑　　浙江大学寧波理工学院
呉　迪　　大連東軟情報学院
呉柳艶　　山東大学威海翻訳学院
孟文森　　大連大学日本言語文化学院
趙含嫣　　淮陰師範学院
郭　倩　　中南大学
王　弘　　楽山師範学院

三等賞

徐聞鳴　　同済大学
洪若檳　　厦門大学嘉庚学院
姚怡然　　山東財経大学
李　恵　　中南財経政法大学
尤政雪　　対外経済貿易大学
謝　林　　運城学院
黄子倩　　西南民族大学
万　運　　湘潭大学
丁亭伊　　厦門理工学院
梁泳恩　　東莞理工学院
王秋月　　河北師範大学匯華学院
孫丹平　　東北師範大学
伊　丹　　西安外国語大学
郝苗苗　　大連大学日本言語文化学院
徐　霞　　南京大学金陵学院
季杏華　　揚州大学
李　楊　　浙江万里学院
劉国豪　　淮陰師範学院
金夢瑩　　嘉興学院
鄢沐明　　華僑大学
陳　韵　　甘泉外国語中学
孫晟韜　　東北大学軟件学院
楊　珺　　北京科技大学
劉慧珍　　長沙明照日本語専修学院
林　婷　　五邑大学
申　皓　　山東財経大学
宋　婷　　長春理工大学
許　莉　　安陽師範学院
余立君　　江西財経大学
李　淼　　大連工業大学
馮其紅　　山東大学（威海）翻訳学院
陳　舸　　浙江工業大学之江学院
黄倩榕　　北京第二外国語大学
沈夏艶　　浙江農林大学
曹金芳　　東華大学
黎　蕾　　吉林華橋外国語学院
任　静　　山西大学
陳静逸　　吉林華橋外国語学院
徐夢嬌　　湖州師範学院
馮楚婷　　広東外語外貿大学

佳作賞

楊米婷　　天津財経大学
喬宇航　　石家庄外国語学校
林景霞　　浙江万里学院
王亜瓊　　中南財経政法大学
浦春燕　　浙江万里学院
黄斐斐　　上海海洋大学
戴舒蓉　　浙江万里学院
李瑶卓　　運城学院
程　月　　長春工業大学
来　風　　運城学院
瞿春芳　　長春中医薬大学
路志苑　　運城学院
伍錦艶　　吉首大学

第9回
中国人の日本語作文コンクール受賞者一覧

最優秀賞

李　敏	国際関係学院

一等賞

李渓源	中国医科大学
趙思蒙	首都師範大学
毛暁霞	南京大学金陵学院
李佳南	華僑大学
張佳茹	西安外国語大学

二等賞

李　彤	中国医科大学
沈　泱	国立中山大学
張　偉	長春理工大学
何金雍	長春理工大学
葛憶秋	上海海洋大学
王柯佳	大連東軟信息学院
王雲花	江西財経大学
李　靈	上海師範大学天華学院
王楷林	華南理工大学
鄭曄高	仲愷農業工程学院
朱樹文	華東師範大学
斉　氷	河北工業大学
厳芸楠	浙江農林大学
熊　芳	湘潭大学
杜洋洋	大連大学日本言語文化学院

三等賞

羅玉婷	深圳大学
崔黎萍	北京外国语大学日研中心
孫愛琳	大連外国語大学
顧思騏	長春理工大学
遊文娟	中南財経政法大学
張　玥	重慶師範大学
張　眉	青島大学
林奇卿	江西農業大学南昌商学院
田　園	浙江万里学院
馬名陽	長春工業大学
尹婕然	大連東軟信息学院
王　涵	大連東軟信息学院
蒋文娟	東北大学秦皇島分校
李思銘	江西財経大学
梁　勁	五邑大学
馬　倩	淮陰師範学院
陳林杰	江大学寧波理工学院
崔舒淵	東北育才外国語学校
劉素芹	嘉応大学
邵亜男	山東交通学院
周文弢	遼寧大学遼陽校
虞希希	吉林師範大学博達学院
彭　暢	華僑大学
尹思源	華南理工大学
郭　偉	遼寧大学
魏冬梅	安陽師範学院
楊　娟	浙江農林大学
牛　玲	吉林華橋外国語学院
馬源営	北京大学
高麗陽	吉林華橋外国語学院
宋　偉	蘇州国際外語学校
劉垂瀚	広東外語外貿大学
唐　雪	湖州師範学院
呼敏娜	西安外国語大学
李媛媛	河北師範大学匯華学院
梁　婷	山西大学
呂凱健	国際関係学院
黄金玉	大連大学日本言語文化学院
黎秋芳	青島農業大学
劉　丹	大連工業大学

佳作賞

達　菲	浙江工商大学
蔡麗娟	福建師範大学
褚　蓄	長春理工大学
陳全渠	長春理工大学
朱姝璇	湘潭大学
劉潁怡	華南理工大学
付莉莉	中南財経政法大学
王明虎	青島大学
邵　文	東北育才学校
馬麗娜	浙江万里学院
趙一倩	浙江万里学院
黄立志	長春工業大学
沈　一	長春工業大学
熊　茜	大連東軟信息学院
曹　静	大連東軟信息学院
薛　婷	大連東軟信息学院
鄭莉莉	東北大学秦皇島分校
侯暁同	江西財経大学
雷敏欣	五邑大学
葉伊寧	浙江大学寧波理工学院
陳　芳	楽山師範学院
趙倩文	吉林華橋外国語学院
田　園	東師範大学
梁　瑩	山東大学
張可欣	黒竜江大学
馬　駸	華僑大学
梁建城	華南理工大学
高振家	中国医科大学
張玉珠	南京農業大学
李暁傑	遼寧大学
陳聞怡	上海海洋大学
孫君君	安陽師範学院
張　悦	連外国語大学
楊雪芬	江農林大学
周琳琳	遼寧師範大学
郭会敏	山東大学(威海) 翻訳学院日本語学部
王　碩	ハルビン工業大学
曽　麗	長沙明照日本語専修学院
喬薪羽	吉林師範大学
方雨琦	合肥学院
章　芸	湘潭大学
金紅艶	遼寧対外経貿学院
包倩艶	湖州師範学院
陳　婷	湖州師範学院
郭家斉	国際関係学院
張　娟	山西大学
王菊力慧	大連大学日本言語文化学院
龍俊汝	湖南農業大学外国語学院
李婷婷	青島農業大学
李　淼	大連工業大学

第8回
中国人の日本語作文コンクール受賞者一覧

最優秀賞

李欣晨　湖北大学

一等賞

兪妍驕　湖州師範学院
周夢雪　大連東軟情報学院
張鶴達　吉林華橋外国語学院
黄志翔　四川外語学院成都学院
王　威　浙江大学寧波理工学院

二等賞

銭　添　華東師範大学
張　燕　長沙明照日本語専修学院
馮金津　大連東軟情報学院
魏　娜　煙台大学外国語学院
張君君　大連大学
羅　浩　江西財経大学
葉楠梅　紹興文理学院
周小慶　華東師範大学
施娜娜　浙江農林大学
高雅婷　浙江外国語学院
韓　璐　大連工業大学
潘梅萍　江西財経大学
李雪松　上海海洋大学
李　傑　東北大学
于　添　西安交通大学

三等賞

劉　珉　華東師範大学
呉智慧　青島農業大学
李暁珍　黒竜江大学
孫明朗　長春理工大学
王傑傑　合肥学院
周　雲　上海師範大学天華学院
黄慧婷　長春工業大学
楊　香　山東交通学院
洪雅琳　西安交通大学
王洪宜　成都外国語学校
張　瀚　浙江万里学院
馬雯雯　中国海洋大学
周亜平　大連交通大学
張　蕊　吉林華橋外国語学院
王　璐　青島科技大学
鄭玉蘭　延辺大学
王晨蔚　浙江大学寧波理工学院
邱春惠　浙江万里学院
張　妍　華僑大学
楊天鷺　大連東軟情報学院
郝美満　山西大学
李書琪　大連交通大学
李艶蕊　山東大学威海分校
王翠萍　湖州師範学院
許正東　寧波工程学院
張　歓　吉林華橋外国語学院
楊彬彬　浙江大学城市学院
薛思思　山西大学
趙丹陽　中国海洋大学
楊　潔　西安交通大学
李文静　五邑大学
劉庁庁　長春工業大学
佟　佳　延辺大学
劉宏威　江西財経大学
牟　穎　大連大学
石　岩　黒竜江大学
郭思捷　浙江大学寧波理工学院
傅亜娟　湘潭大学
周亜亮　蕪湖職業技術学院
胡季静　華東師範大学

佳作賞

趙　月　首都師範大学
閻　涵　河南農業大学
楊世霞　桂林理工大学
蒋華群　井岡山大学
王暁華　山東外国語職業学院
呉望舒　北京語言大学
何楚紅　湖南農業大学東方科技学院
耿暁慧　山東省科技大学
郭映明　韶関大学
馬棟萍　聊城大学
曹　妍　北京師範大学珠海分校
張　晨　山東交通学院
范暁輝　山東工商学院
李　峄　北京外国語大学
藍祥茹　福建対外経済貿易職業技術学院
魏　衡　西安外国語大学
陳　婷　上海外国語大学賢達経済人文学院
唐　英　東北大学
逄　磊　吉林師範大学
朱　林　温州医学院
熊　芳　湘潭大学
王亜欣　湖北第二師範学院
王穏娜　南京郵電大学
梁慶雲　広州鉄路職業技術学院
孫　瑞　遼寧工業大学
柳康毅　西安交通大学城市学院
趙瀚雲　中国伝媒大学
林　玲　海南大学
李冰倩　浙江理工大学
劉夢嬌　北京科技大学
呂　揚　広州第六高等学校
郭　君　江西農業大学
黄嘉潁　華南師範大学
張麗珍　菏澤学院
胡　桑　湖南大学
呉佳琪　大連外国語学院
蘇永儀　広東培正学院
侯培渝　中山大学
陳絢妮　江西師範大学
袁麗娜　吉首大学張家界学院
劉　莎　中南大学
段小娟　湖南工業大学
許穎穎　福建師範大学
劉艶龍　国際関係学院
張曼琪　北京郵電大学
任　爽　重慶師範大学
李競一　中国人民大学
井惟麗　曲阜師範大学
張文宏　恵州学院
劉依蒙　東北育才学校
韓　娜　東北大学秦皇島分校
王　歓　東北大学秦皇島分校

第7回
中国人の日本語作文コンクール受賞者一覧

最優秀賞

胡万程　国際関係学院

一等賞

顧　威　中山大学
崔黎萍　河南師範大学
曹　珍　西安外国語大学
何洋洋　蘭州理工大学
劉　念　南京郵電大学

二等賞

程　丹　福建師範大学
沈婷婷　浙江外国語学院
李　爽　長春理工大学
李桃莉　暨南大学
李　胤　上海外国語大学
李　竑　上海海洋大学
李炆軒　南京郵電大学
王　亜　中国海洋大学
徐澜境　済南外国語学校
李　哲　西安外国語大学
陳宋婷　集美大学
楊　萍　浙江理工大学
陳怡倩　湘潭大学
趙　萌　大連大学
陳凱静　湘潭大学

三等賞

劉　偉　河南師範大学
王鍶嘉　山東大学威海分校
冉露雲　重慶師範大学
李　娜　南京郵電大学
黄斯麗　江西財経大学
章亜鳳　浙江農林大学
張雅妍　暨南大学
王　玥　北京外国語大学
趙雪妍　山東大学威海分校
李金星　北京林業大学
羅詩蕾　東北育才外国語学校
莫倩雯　北京外国語大学
趙安琪　北京科技大学
欧陽文俊　国際関係学院
孫培培　青島農業大学
郭　海　暨南大学
孫　慧　湘潭大学
張徐琦　湖州師範学院
黄瑜玲　湘潭大学
楊恒悦　上海海洋大学
王吉彤　西南交通大学
任　娜　北京郵電大学
鄒　敏　曲阜師範大学
徐芸妹　福建師範大学
全　程　南京外国語学校
鄭方鋭　長安大学
秦丹丹　吉林華橋外国語学院
張臻園　黒竜江大学
任　爽　重慶師範大学
宋　麗　黒竜江大学
宣佳春　浙江越秀外国語学院
唐　敏　南京郵電大学
李玉栄　山東工商学院
陳　開　浙江越秀外国語学院
皮錦燕　江西農業大学
呉秀蓉　湖州師範学院
殷林華　東北大学秦皇島分校
黄　婷　浙江万里学院
雷　平　吉林華橋外国語学院
李嘉豪　華僑大学

佳作賞

範夢婕　江西財経大学
馮春苗　西安外国語大学
路剣虹　東北大学秦皇島分校
関麗嫦　五邑大学
何　琼　天津工業大学
趙佳莉　浙江外国語学院
崔松林　中山大学
王　菁　太原市外国語学校
馬聞嘒　同済大学
馬暁晨　大連交通大学
蔡暁静　福建師範大学
金艶萍　吉林華橋外国語学院
付可慰　蘭州理工大学
阮浩杰　河南師範大学
黄明婧　四川外語学院成都学院
高錐穎　四川外語学院成都学院
童　何　四川外語学院成都学院
李雅彤　山東大学威海分校
聶南南　中国海洋大学
王　瀾　長春理工大学
王媛媛　長春理工大学
朴太虹　延辺大学
張イン　延辺大学
呂　謙　東北師範大学人文学院
車曉曉　浙江大学城市学院
梁　穎　河北工業大学
李逸婷　上海市甘泉外国語中学
朱奕欣　上海市甘泉外国語中学
靳小其　河南科技大学
阮宗俊　常州工学院
呉灿灿　南京郵電大学
張　婷　大連大学
趙世震　大連大学
周辰溦　上海外国語学校
周　舫　湘潭大学
華　瑶　湘潭大学
霍小林　山西大学
文　羲　長沙明照日本語専修学院
王　星　杭州第二高等学校
李伊頔　武漢実験外国語学校
王　瑾　上海海洋大学
孙婧雯　浙江理工大学
童　薇　浙江理工大学
諸夢霞　湖州師範学院
林　棟　湖州師範学院
林爱萍　嘉興学院平湖校区
張媛媛　青島農業大学
顔依娜　浙江越秀外国語学院
王丹婷　浙江農林大学
陳婷婷　浙江大学寧波理工学院

第6回
中国人の日本語作文コンクール受賞者一覧

【学生の部】

最優秀賞
関　欣　西安交通大学

一等賞
劉美麟　長春理工大学
陳　昭　中国伝媒大学
李欣昱　北京外国語大学
碩　騰　東北育才学校

二等賞
熊夢夢　長春理工大学
徐小玲　北京第二外国語大学大学院
鐘自鳴　重慶師範大学
華　萍　南通大学
郭　莼　北京語言大学
王帥鋒　湖州師範学院
薄文超　黒竜江大学
彭　婧　湘潭大学
盧夢霏　華東師範大学
袁倩倩　延辺大学
周　朝　広東外語外貿大学
蒋暁萌　青島農業大学
周榕榕　浙江理工大学
王　黎　天津工業大学
陳　娟　湘潭大学

三等賞
樊昕怡　南通大学
呉文静　青島農業大学
潘琳娜　湖州師範学院
楊怡璇　西安外国語大学
王海豹　無錫科技職業学院
侯　姣　西安外国語大学
陸　婷　浙江理工大学
張郁晨　済南市外国語学校　高校部
張芙村　天津工業大学
呉亜楠　北京第二外国語大学大学院
沈　燕　山東交通学院
張　聡　延辺大学
許嬌蛟　山西大学
張　進　山東大学威海分校
方　蕾　大連大学
林心泰　北京第二外国語大学大学院
鐘　婷　浙江農林大学
王瑶函　揚州大学
甘芳芳　浙江農林大学
王　媚　安徽師範大学
杜紹春　大連交通大学
金銀玉　延辺大学
周新春　湖州師範学院
趙久傑　大連外国語学院
文　羲　長沙明照日本語専修学院
林萍萍　浙江万里学院
高　翔　青島農業大学
李億林　翔飛日本進学塾
馬暁晨　大連交通大学
呂星縁　大連外国語学院
任一璨　東北大学秦皇島分校

【社会人の部】

一等賞
安容実　上海大和衡器有限会社

二等賞
黄海萍　長沙明照日本語専修学院
宋春婷　浙江盛美有限会社

三等賞
胡新祥　河南省許昌学院外国語学院
蒙明超　長沙明照日本語専修学院
楊福梅　昆明バイオジェニック株式会社
洪　燕　Infosys Technologies(China)Co Ltd
唐　丹　長沙明照日本語専修学院
王冬莉　蘇州工業園区サービスアウトソーシング職業学院
桂　鈞　中化国際
唐　旭　常州職業技術学院

第5回
中国人の日本語作文コンクール受賞者一覧

【学生の部】

最優秀賞

郭文娟　青島大学

一等賞

張　妍　西安外国語大学
宋春婷　浙江林学院
段容鋒　吉首大学
繆婷婷　南京師範大学

二等賞

呉嘉禾　浙江万里学院
鄧　規　長沙明照日本語専修学院
劉　圓　青島農業大学
楊潔君　西安交通大学
戴唯燁　上海外国語大学
呉　玥　洛陽外国語学院
朴占玉　延辺大学
李国玲　西安交通大学
劉婷婷　天津工業大学
武若琳　南京師範大学
衣婧文　青島農業大学

三等賞

居雲瑩　南京師範大学
姚　遠　南京師範大学
程美玲　南京師範大学
孫　穎　山東大学
呉蓓玉　嘉興学院
邵明琪　山東大学威海分校
張紅梅　河北大学
陳　彪　華東師範大学
鮑　俏　東北電力大学
曹培培　中国海洋大学
龍斌鈺　北京語言大学
和娟娟　北京林業大学
涂堯木　上海外国語大学
王篠晗　湖州師範学院
魏夕然　長春理工大学
高　潔　嘉興学院
劉思邈　西安外国語大学
李世梅　湘潭大学
李麗梅　大連大学
謝夢影　暨南大学
馮艶妮　四川外国語学院
金麗花　大連民族学院
丁　浩　済南外国語学校
張　那　山東財政学院
姜　茁　中国海洋大学
韓若氷　山東大学威海分校
陳　雨　北京市工業大学
楊燕芳　厦門理工学院
閆　冬　ハルビン理工大学
朱　妍　西安交通大学
張姝嫻　中国伝媒大学
範　敏　聊城大学
沈釗立　上海師範大学天華学院
俞　婷　浙江大学寧波理工学院
胡晶坤　同済大学
温嘉盈　青島大学

【社会人の部】

一等賞

黄海萍　長沙明照日本語専修学院

二等賞

陳方正　西安NEC無線通信設備有限公司
徐程成　青島農業大学

三等賞

鄭家明　上海建江冷凍冷気工程公司
王　暉　アルバイト
翟　君　華鼎電子有限公司
張　科　常州朗鋭東洋伝動技術有限公司
単双玲　天津富士通天電子有限公司
李　明　私立華聯学院
胡旻穎　中国図書進出口上海公司

第4回
中国人の日本語作文コンクール受賞者一覧

【学生の部】

最優秀賞

徐　蓓　　北京大学

一等賞

楊志偉　　青島農業大学
馬曉曉　　湘潭大学
欧陽展鳴　　広東工業大学

二等賞

張若童　　集美大学
葉麗麗　　華中師範大学
張　傑　　山東大学威海分校
宋春婷　　浙江林学院
叢　晶　　北京郵電大学
袁少玲　　暨南大学
賀逢申　　上海師範大学
賀俊斌　　西安外国語大学
呉　珺　　対外経済貿易大学
周麗萍　　浙江林学院

三等賞

王建升　　外交学院
許　慧　　上海師範大学
龔　怡　　湖北民族学院
範　静　　威海職業技術学院
趙　婧　　西南交通大学
顧静燕　　上海師範大学天華学院
牛江偉　　北京郵電大学
陳露穎　　西南交通大学
馬向思　　河北大学
鐘　倩　　西安外国語大学
王　海　　華中師範大学
許海濱　　武漢大学
劉学菲　　蘭州理工大学
顧小逸　　三江学院
黄哲慧　　浙江万里学院
蘆　会　　西安外国語大学
陳雯文　　湖州師範学院
金　美　　延辺大学
陳美英　　福建師範大学
金麗花　　大連民族学院

【社会人の部】

最優秀賞

張桐赫　　湘潭大学外国語学院

一等賞

葛　寧　　花旗数据処理（上海）有限公司大連分公司
李　榛　　青島日本人学校
胡　波　　無錫相川鉄龍電子有限公司

二等賞

袁　珺　　国際協力機構 JICA 成都事務所
張　羽　　北京培黎職業学院
李　明　　私立華聯学院
陳嫻婷　　上海郡是新塑材有限公司

三等賞

楊鄒利　　主婦
肖鳳超　　無職

特別賞

周西榕　　定年退職

第3回
中国人の日本語作文コンクール受賞者一覧

【学生の部】

最優秀賞

陳歆馨	暨南大学

一等賞

何美娜	河北大学
徐一竹	哈尔濱理工大学
劉良策	吉林大学

二等賞

廖孟婷	集美大学
任麗潔	大連理工大学
黄　敏	北師範大学
張　旭	遼寧師範大学
金美子	西安外国語大学
頼麗苹	哈尔濱理工大学
史明洲	山東大学
姜　燕	長春大学
謝娉彦	西安外国語大学
銭　程	哈尔濱理工大学

三等賞

黄　昱	北京師範大学
張　晶	上海交通大学
呉　瑩	華東師範大学
蔡葭俍	華東師範大学
曹　英	華東師範大学
楊小萍	南開大学
于璐璐	大連一中
徐　蕾	遼寧師範大学
陸　璐	遼寧師範大学
黄　聡	大連大学
劉　暢	吉林大学
張　惠	吉林大学
鄧瑞娟	吉林大学
劉瑞利	吉林大学
劉　闖	山東大学
胡嬌龍	威海職業技術学院
石　磊	山東大学威海分校
林　杰	山東大学威海分校
叶根源	山東大学威海分校
殷曉谷	哈尔濱理工大学
劉舒景	哈尔濱理工大学
劉雪潔	河北経貿大学
尹　鈺	河北経貿大学
張文娜	河北師範大学
付婷婷	西南交通大学
張小柯	河南師範大学
張　麗	河南師範大学
文威入	洛陽外国語学院
王　琳	西安外国語大学
趙　婷	西安外国語大学
許　多	西安外国語大学
田　甜	安徽大学
朱麗亞	寧波大学
劉子奇	廈門大学
朱嘉韵	廈門大学
胡　岸	南京農業大学
張卓蓮	三江学院
代小艶	西北大学

【社会人の部】

一等賞

章羽紅	中南民族大学外国語学部

二等賞

張　浩	中船重工集団公司第七一二研究所
張　妍	東軟集団有限公司

三等賞

陳暁翔	桐郷市科学技術協会
厳立君	中国海洋大学青島学院
李　明	瀋陽出版社
陳莉莉	富士膠片（中国）投資有限公司広州分公司
朱湘英	珠海天下浙商帳篷有限公司

第2回
中国人の日本語作文コンクール受賞者一覧

最優秀賞

付暁璇　吉林大学

一等賞

陳　楠　集美大学
雷　蕾　北京師範大学
石金花　洛陽外国語学院

二等賞

陳　茜　江西財経大学
周熠琳　上海交通大学
庄　恒　山東大学威海分校
劉　麗　遼寧師範大学
王　瑩　遼寧師範大学
王荧艶　蘭州理工大学
張　嵬　瀋陽師範大学
張光新　洛陽外国語学院
王虹娜　厦門大学
許　峰　対外経済貿易大学

三等賞

曹文佳　天津外国語学院
陳　晨　河南師範大学
陳燕青　福建師範大学
成　慧　洛陽外国語学院
崔英才　延辺大学
付　瑶　遼寧師範大学
何　倩　威海職業技術学院
侯　雋　吉林大学
黄丹蓉　厦門大学
黄燕華　中国海洋大学
季　静　遼寧大学
江　艶　寧波工程学院
姜紅蕾　山東大学威海分校
金春香　延辺大学
金明淑　大連民族学院
李建川　西南交通大学
李　艶　東北師範大学
李一菡　上海交通大学
林茹敏　哈尔濱理工大学
劉忱忱　吉林大学
劉　音　電子科技大学
劉玉君　東北師範大学
龍　雋　電子科技大学
陸暁鳴　遼寧師範大学
羅雪梅　延辺大学
銭潔霞　上海交通大学
任麗潔　大連理工大学
沈娟華　首都師範大学
沈　陽　遼寧師範大学
蘇　琦　遼寧師範大学
譚仁岸　広東外語外貿大学
王　博　威海職業技術学院
王月婷　遼寧師範大学
王　超　南京航空航天大学
韋　佳　首都師範大学
肖　威　洛陽外国語学院
謝程程　西安交通大学
徐　蕾　遼寧師範大学
厳孝翠　天津外国語学院
閻暁坤　内蒙古民族大学
楊　暁　威海職業技術学院
姚　希　洛陽外国語学院
于菲菲　山東大学威海分校
于　琦　中国海洋大学
于暁艶　遼寧師範大学
張　瑾　洛陽外国語学院
張　恵　吉林大学
張　艶　哈尔濱理工大学
張　剣　洛陽外国語学院
周彩華　西安交通大学

第1回
中国人の日本語作文コンクール受賞者一覧

特賞・大森和夫賞

石金花　洛陽外国語学院

一等賞

高　静　南京大学
王　強　吉林大学
崔英才　延辺大学

二等賞

楊　琳　洛陽外国語学院
王健蕾　北京語言大学
李暁霞　哈爾濱工業大学
楽　馨　北京師範大学
徐　美　天津外国語学院
唐英林　山東大学威海校翻訳学院
梁　佳　青島大学
陶　金　遼寧師範大学
徐怡珺　上海師範大学
龍麗莉　北京日本学研究センター

三等賞

孫勝広　吉林大学
丁兆鳳　哈爾濱工業大学
李　晶　天津外国語学院
厳春英　北京師範大学
丁夏萍　上海師範大学
盛　青　上海師範大学
白重健　哈爾濱工業大学
何藹怡　人民大学
洪　穎　北京第二外国語学院
任麗潔　大連理工大学
于　亮　遼寧師範大学
汪水蓮　河南科技大学
高　峰　遼寧師範大学
李志峰　北京第二外国語学院
陳新妍　遼寧師範大学
姜舮羽　東北師範大学
孫英英　山西財経大学
夏学微　中南大学
許偉偉　外交学院
姜麗偉　中国海洋大学
呉艶娟　蘇州大学
蘇徳容　大連理工大学
孟祥秋　哈爾濱理工大学
李松雪　東北師範大学
楊松梅　清華大学
金蓮実　黒竜江東方学院
陳錦彬　福建師範大学
李燕傑　哈爾濱理工大学
潘　寧　中山大学
楊可立　華南師範大学
陳文君　寧波大学
李芬慧　大連民族学院
尹聖愛　哈爾濱工業大学
付大鵬　北京語言大学
趙玲玲　大連理工大学
李　艶　東北師範大学
魯　強　大連理工大学
蘇江麗　北京郵電大学
姚軍鋒　三江学院
宋　文　大連理工大学
張翠翠　黒竜江東方学院
崔京玉　延辺大学
裴保力　寧師範大学
鄧　莫　遼寧師範大学
田洪涛　哈爾濱理工大学
劉　琳　寧波大学
王　暉　青島大学
李　勁　大連理工大学
劉　麗　遼寧師範大学
武　艶　東北師範大学

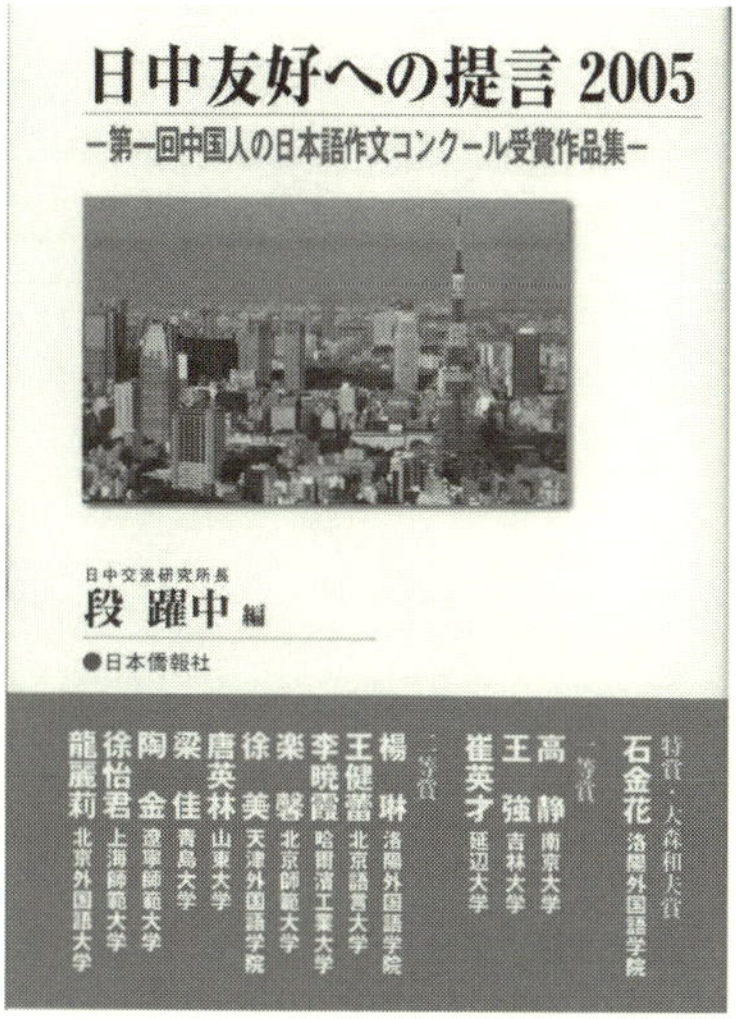

第１～４回、中国人の日本語作文コンクール受賞作文集

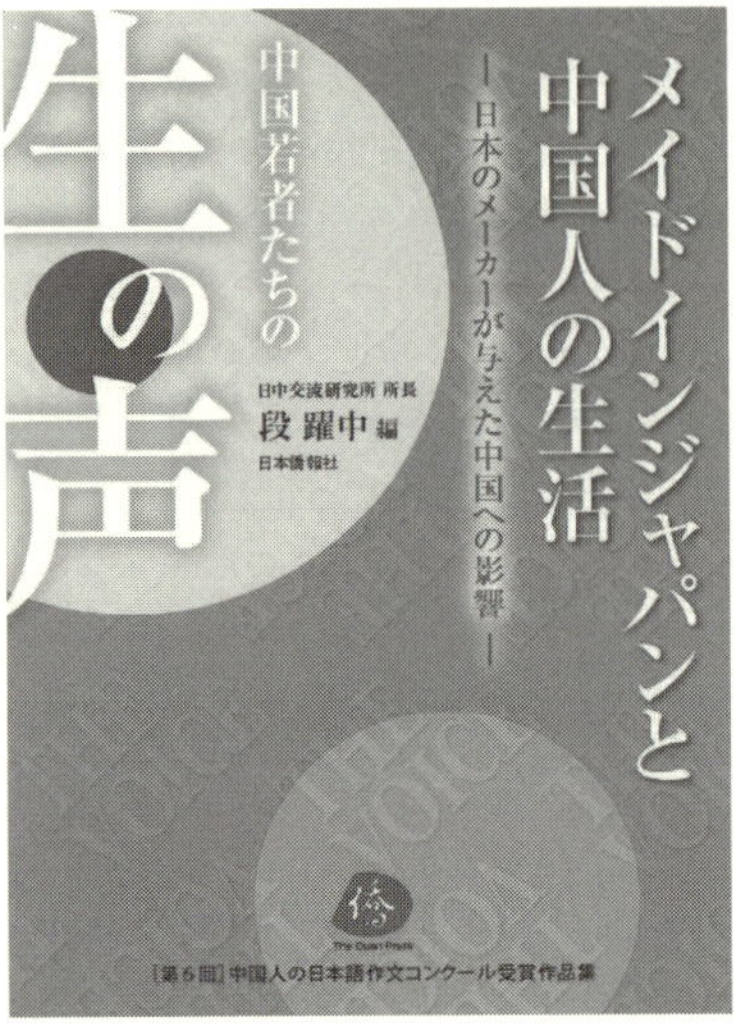

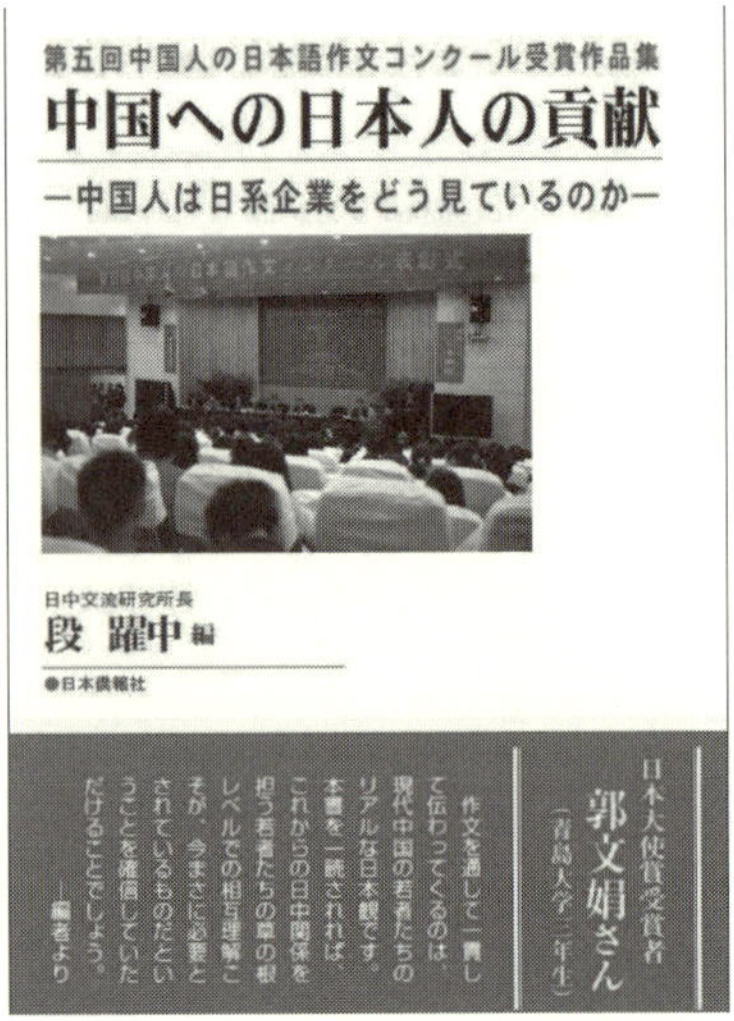

第5～8回、中国人の日本語作文コンクール受賞作文集

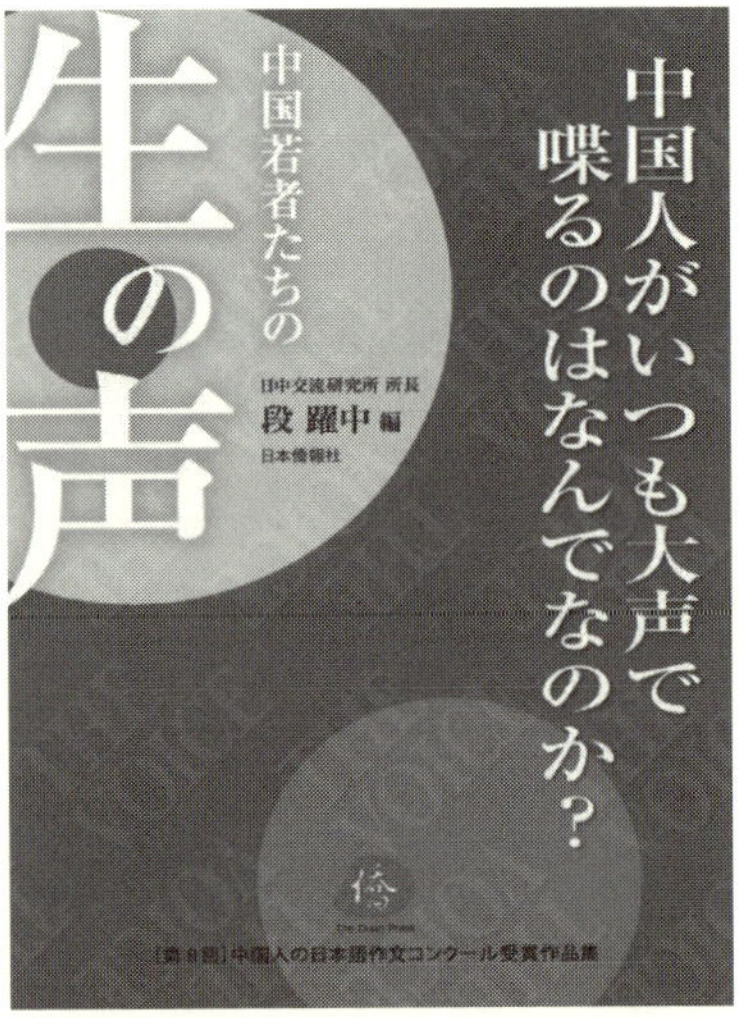

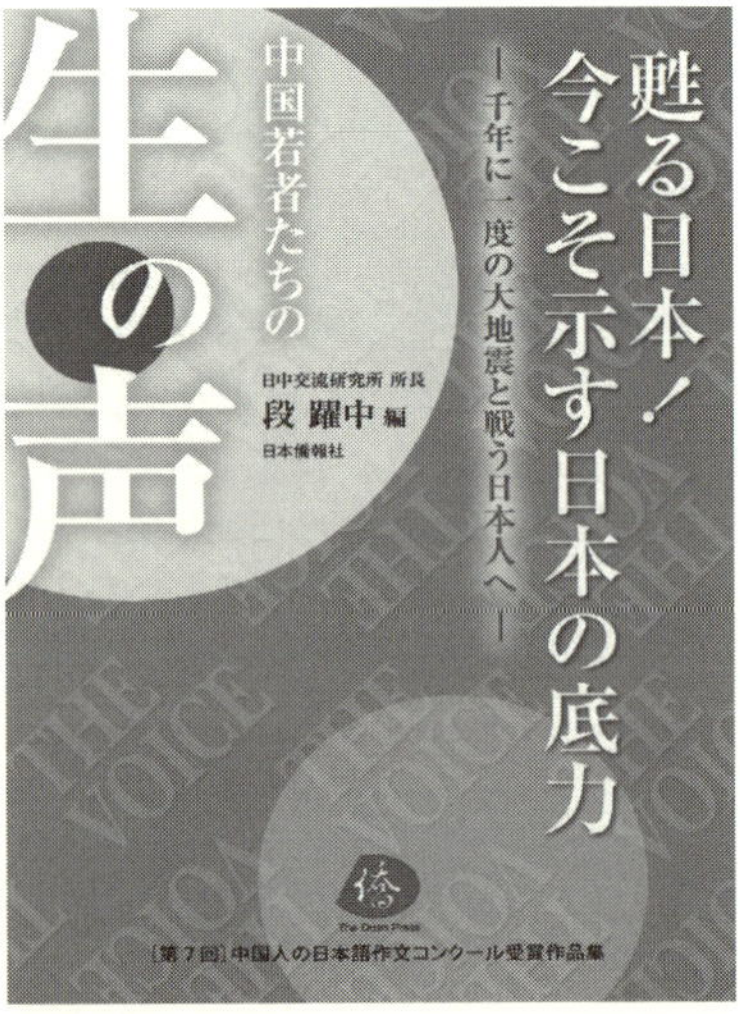

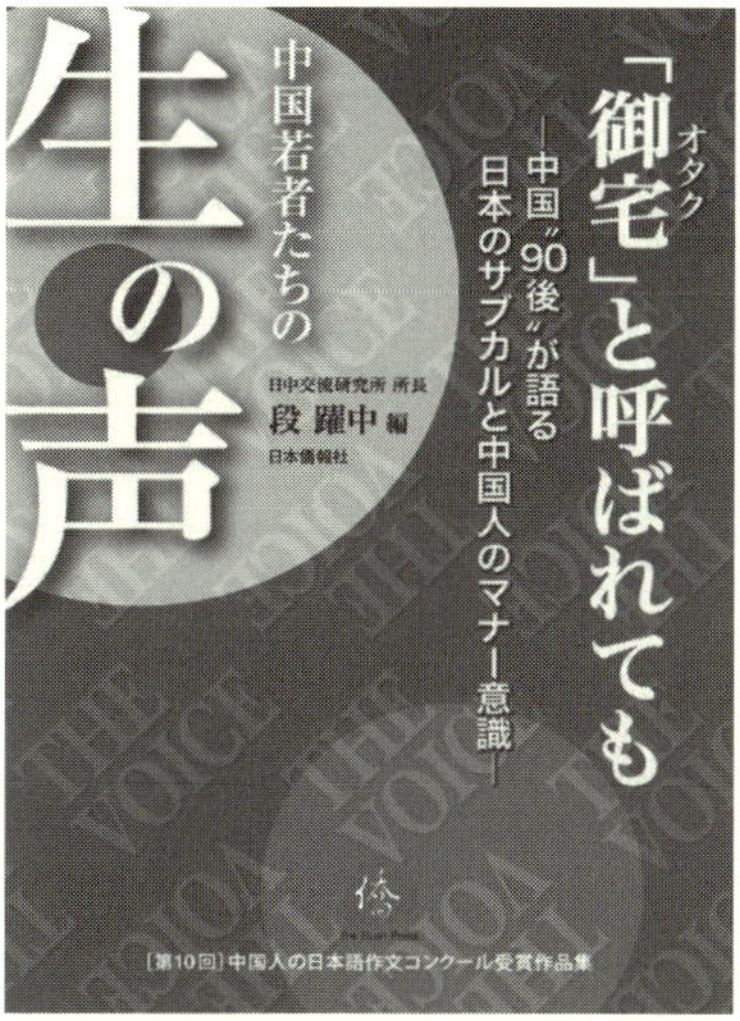

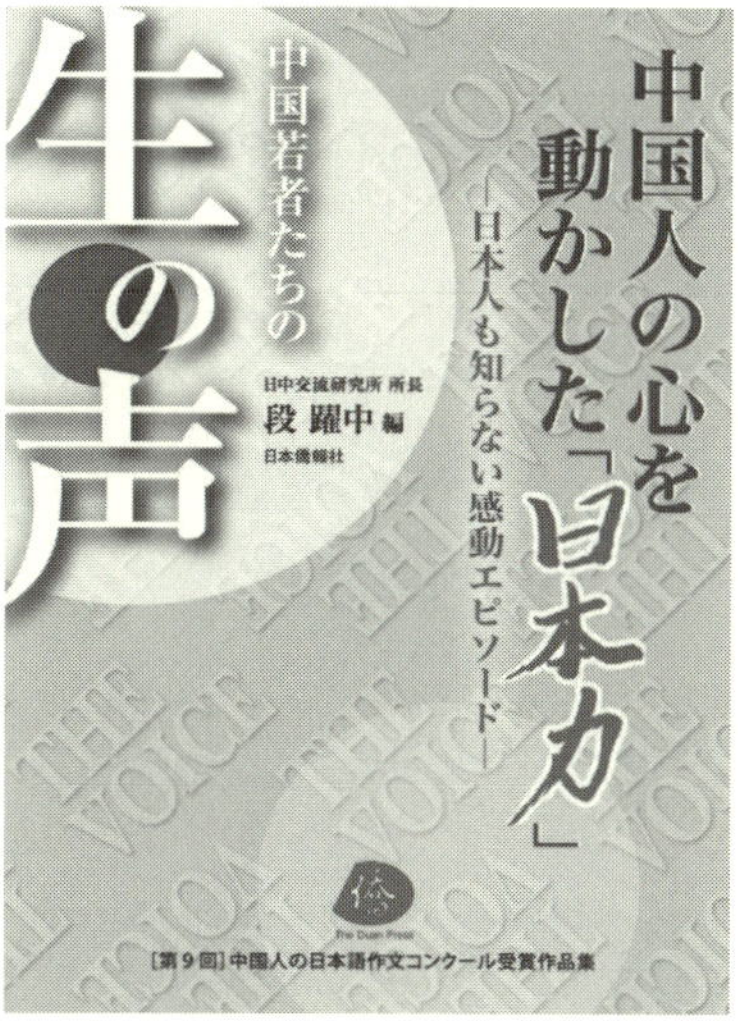

第９～１０回、中国人の日本語作文コンクール受賞作文集

書評委員 お薦め「今年の3点」

高原 明生

①「反日」以前 中国対日工作者たちの回想（水谷尚子著、文芸春秋・1300円）
②中国残留日本人「棄民」の経過と、帰国後の苦難（大久保真紀著、高文研・2520円）
③壁を取り除きたい 第二回中国人の日本語作文コンクール受賞作品集（段躍中編、日本僑報社・1890円）

①は戦中戦後に捕虜の教育や邦人送還などに従事した対日工作者たちとの貴重な面談記録。日本と日本人に深い理解と愛情を有した彼らに、日本人も強い敬愛の念を抱いたことが戦後の日中友好運動の牽引力だったと説く。日中関係の基本に光を当てる労作だ。

旧満州には150万人以上の日本人がいた。その中で中国に残留せざるをえなかった婦人や孤児は塗炭の苦しみを味わった。②は、長年の取材をもとに、その困難が帰国後も続くことを伝える。この人たちをこれ以上まだ苦しめるのか、日本社会の本質が問われる。

偏見の無い、心が通い合う社会を、そして世界をつくりたい。③は中国人学生による日本語作文コンクールの入賞作品集。これを読むと、日中間の「壁」に戸惑いつつ、理想を追う青年たちの明るく素直な思いが心に沁みる。筆者は、いや人は皆、どこでも同じだ。

朝日新聞
© 朝日新聞社
朝日新聞東京本社

2006年(平成18年)5月30日　火曜日　43154号　(日刊)

朝日新聞
© 朝日新聞社 2006年
発行所 〒104-8011 東京都中央区築地5丁目3番2号
朝日新聞東京本社
電話 03-3545-0131

中国語作文コンクールを開いた日中交流研究所長

ひと

段《ドゥワン》躍《ユエ》中《ジョン》さん(48)

日本人が対象の中国語作文コンクールは珍しい。奔走したのは、日中の相互理解を深めることが、在日中国人の責務と決意したからだ。

「犯罪や反日デモの報道だけで、暗いイメージが祖国に定着するのは耐え難い」

２４３人が応募、優秀作36点に和訳を付け、「我們永遠是朋友」（私たちは永遠の友人）と題し出版した。中国の新聞社などに１００冊を送った。

「日本語が読めない中国人にも、中国が好きな日本人の心情が伝わる意義は大きい」

きっかけは、中国人学生向けの日本語作文コンクールの表彰式に、04年に招かれたことだ。大森和夫・国際交流研究所長が私財を投じ、12年間続けてきた。中国人の日本語能力の向上と、対日理解の進展ぶりに感激した。

大森氏が事業の継続に限界を感じ断念したため、引き継ぐ一方、日本人も中国語で発信すれば「国民同士の本音の交流が広がる」と思い、日中交流研究所を設立した。

妻の日本留学を機に、中国青年報社を退職し、91年に北京から来日。在日中国人の活動を紹介する情報誌「日本僑報」を創刊、１３０冊の本を出版してきた。メールマガジンの読者は約1万人。

だが、不信感は日中双方の一部に根強い。自身のブログが批判されることもあり、運営費の工面にも四苦八苦だ。

来年は国交回復35周年。「受賞者同士が語る場を作り、顔も見える交流にしたい」

文・写真　伊藤　政彦

ひと

日中作文コンクールを主催する在日中国人

段《だん》 躍《やく》中《ちゅう》さん

本音を伝え合い 理解を深める努力を

「両国民の相互理解を深めようと奔走する民間の努力が台なしになった。15日の参拝は、傷つけられた中国人の心の傷口をさらに広げただけ」

小泉純一郎首相の靖国神社参拝を巡って揺れ続ける日中関係を憂う。

靖国参拝が続いたこの5年、双方の民衆に不信感が広がるのを感じた。「在日中国人ができることとは何か」と考え、昨年1月、日中交流研究所を設立。中国人の日本語作文と日本人の中国語作文コンクールを始めた。

「多くの人は相手の国について報道などの限られた情報しか知らない。民衆が相手の言葉で自分の気持ちを伝えていく。これこそ民間の友好を培う力になる」と説く。今年、中国人1616人が応募した。日本人側は現在募集中だ。将来は「両国の受賞者でフォーラムを開き、顔を合わせて語り合う場を作りたい」。

中国有力紙「中国青年報」の記者だったが、妻の留学に伴い、91年に来日した。目に映ったのは在日中国人の活躍ぶりがほとんど紹介されていない実態だった。自ら在日中国人の活動を記録し始め、96年から活動情報誌「日本僑報」を発行、出版も始めた。5年前からは日本語と中国語の対訳で書かれた新スタイルの書籍も出版。出版数は140冊に上り、ホームページへのアクセスは1日3000件を超す。

「日中関係が冷え込むこんな時こそ、民間の間に交流チャンネルを張り巡らせていかなければ。これは在日中国人の責務だ」。そう自らに課す。

――文と写真・鈴木玲子

中国湖南省出身。「現代中国人の日本留学」など著書多数。48歳。中国語作文の募集要項は、http://duan.jp/jc.htm。日中交流研究所は03・5956・2808。

2006年8月25日付け毎日新聞紙面より

15 オピニオン 統12版 2013年(平成25年)12月5日(木)

MAINICHI 毎日新聞

発言

草の根発信で日中をつなごう

段 躍中 日本僑報社編集長

中国在住の日本語学習者を対象とした日本語作文コンクールを主催して9年になる。

毎回、中国全土で日本語を勉強する留学未経験者たちから約3000もの力作が集まるが、昨年来の両国関係の悪化による影響で応募が減るのではないかと心配していた。

だが、蓋《ふた》を開けると例年と変わらぬ数の作品が寄せられ、胸をなでおろした。同時に長年、日中の草の根交流活動に従事している立場として、この状況でも日本語を熱心に勉強している中国人学生が数多くいるとわかり、うれしい気持ちにもなった。

今年のテーマは「中国人の心を動かした『日本力』」とした。それは、国と国との関係がどれほど冷え込もうとも「感動」は両国民の心をつないでくれると考えたからだ。応募作には作者自身や、家族、友人が体感した日本文化や触れ合った日本人から受けた感動的なエピソードが若者らしいみずみずしい文章で描かれており、彼らを感動させた「日本力」は審査員を務めた日本人にさえ日本の素晴らしさを再認識させた。

それら「日本力」は世界的に有名な日本のアニメなどのサブカルチャーと同様、全世界に訴えかけられるソフトパワーだ。このパワーこそ日中関係改善の切り札になり得る。

コンクールの応募者たちは、時に周りから日本語を学ぶことを批判されながらも勉強にいそしんでいるばかりでなく日本人や日本文化への理解も深め、その素晴らしさに感動し、作文という形で発信してくれた。彼らは今後も日本の良さに触れ、それを何らかの形で発信してくれるはずだ。世界中に数多く存在する「日本ファン」たちもフェイスブックやツイッターなどを使い、優れた「日本力」について発信し続けている。

日中という「引っ越しできない隣人同士」が〝ウィンウィン〟の関係を築くためには、お互いが尊重し合い、気持ちを通わせながら関係を築くことが必要ではないかと思う。その実現には、両国の政治家やメディアの努力ももちろん重要だが、一般市民の努力も必要だ。だからこそ日本の人々にも、先に述べたような新メディアを活用して自ら中国に対してアピールする「発信者」になってもらいたいと思うのだ。

「謙虚さ」は日本人が持つ素晴らしい特徴ではあるが、この場面では不要だ。「中国語や英語ができないから……」としり込みする人もいるかもしれないが、世界には日本の良き理解者でもある日本語学習者や「日本ファン」が大勢いる。あなたがインターネットを通して日本語で発信した言葉がそれらの人を介して中国をはじめとする全世界に広めてもらえる可能性が十分にある。

1991年に来日した筆者は東京を拠点に、出版活動や中国人を対象とした日本語作文コンクール、日本人及び在日中国人向けの「星期日漢語角」(日曜中国語コーナー)などの活動を行っているが、皆さんに「日中関係改善のための発信者の会」の設立を呼びかけたい。一人でも多くの「日本人発信者」が登場し、両国関係の改善に一役買ってくれることを願っている。

だん・やくちゅう 元中国青年報記者。編著書「中国人がいつも大声で喋るのはなんでなのか?」

朝日新聞
2013年（平成25年）
12月7日

私の視点

日本僑報社編集長

段《だん》 躍中《やくちゅう》

日中友好

冷めぬ中国の日本語学習熱

国交正常化後で最悪と言われる日中関係だが、中国の若者の日本への興味と関心まで冷え込んでいるわけではない。中国で日本語を学習している留学未経験の学生を対象にした「中国人の日本語作文コンクール」で、今年は応募数の減少が懸念されたが、最終的には2938本が寄せられ、例年と変わらない盛況だった。「日本語学習熱」は冷めてはいない。

コンクールは私が代表を務め、日中関係の書籍を出版している日本僑報社と日中交流研究所が2005年から開催してきた。これまでに中国の200を超える大学から、2万本もの作文が集まった。

9回目の今年はテーマを「感動」にした。両国関係が試練に見舞われても、「感動」が両国民の心をつなぐきっかけになると考えたからだ。日中関係が悪化すれば、中国国内で日本語を学習すること自体、「難しい立場」に立つことになる。それでも、彼らは日常生活の中で、自分や家族が日本人と触れ合い、感動した体験を思い思いに描いていた。

いにしえの優雅さを短い言葉の中で語る和歌の世界や、出会って1週間しかたたない中国人に「国が原因で中国人を拒否するのは理不尽」と〝おもてなし〟の精神で誕生日を祝ってくれる研修仲間、旅行で訪れた日本で迷子になり、道を尋ねると、目的地まで連れて行ってくれた夫婦……。

そこには政治的な対立を乗り越え、積極的に交流を続け、友好を育もうとする、ごく普通の日中の市民が登場する。もちろん、文化や習慣の違いは大きい。「相互理解」と言っても、実生活で簡単に実現するものでもない。そこを認識した上で、その差を縮めていこうという強い意思、お互いを尊重し合うという前提に立てば、感動も共有できる。そういった体験が真摯につづられていた。

コンクールの入選作は、中国在住の学習者とは思えないほど日本語のレベルが高いものが多い。「入選作品集」は、中国では日本語学習教材にも利用されている。

日本人の審査員からは「日中関係の改善に、真剣に取り組もうとする両国の若者に感動した」「中国での日本人への評価が高いことに驚いた」などの声も上がった。

日本で日中友好活動に携わる立場から見ても、こうした若者は、両国の将来に頼もしい存在になるように思える。そんな彼らを、みなさんにも応援していただければありがたい。多くの人に、彼らの「生の声」とも言える入選作品集を、ぜひ手にとって読んでいただきたい。中国人の心を動かした「日本」は、きっとみなさんの心も感動させるはずだ。

2013年（平成25年）3月26日（火曜日） 東京新聞

東京新聞
中日新聞東京本社
東京都千代田区内幸町二丁目1番4号
〒100-8505 電話 03(6910)2211

日本語を学ぶ中国人学生

五味 洋治

沖縄県・尖閣諸島を日本政府が国有化して半年が過ぎたが、島をめぐる日本と中国の対立は一向に改善されない。日本に関心を持ち、日本語を学んでいる中国の学生たちは就職や日本留学が難しくなり、将来への不安を抱いている。

対立憂う 懸け橋の卵たち

二〇〇九年の調査によると、中国の日本語学習者数は約八十三万人。独学者を含めるとさらに増える。世界でも韓国（九十六万人）に次いで学習者が多い。国際交流基金などが行う日本語能力試験は中国全土で約十一万人が受験している。

同じ漢字文化圏だけに、短期間で中・上級段階に達する人が多い。最近、中国の外相に就任した王毅氏も、若いころ日本語を専門に学んだ。

日本語を学ぶ中国人は、日中両国の間をつないでくれる大切な人材だが、いま困難な状況に陥っている。

日本僑報社（東京・池袋）などが毎年主催する日本語作文コンクールで優秀な成績を収めた大学生たちが、安倍晋三首相への手紙という形で、自分たちの様子を日本語で同社に送ってきた。原文のままを引用してみる。

湖北大外国語学院の李欣晨さん（二二）は「進学と就職の問題について、さんざん迷っています」。日中関係悪化の影響で就職先が減り、日本への留学も家族や友人の強い反対に遭っているためだ。

李さんは、今年一月、作文コンクール最優秀賞の副賞で日本を訪問した。「過激な行動でお互いに傷つけているのが何の意味もないことを、しみじみ感じました。日本への先入観を取り除くために、微力ながら、自分なりの力を尽くしたいです」

外交官志望者が学ぶ国際関係学院（北京）四年生胡万程さん（二二）は、「外交の基本原則は自国の国益を守ること。しかし、自国の国益だけを追って、双方の国益を損なう結果になっていまいか。即刻解決が困難な問題は、双方、暫時、静観するという方法はとれないか」と提案した。

同じ国際関係学院四年生欧陽文俊さん（二三）は昨年五月、中国大学生訪日団の一員として日本を訪問し、大学生と将来の夢を話し合った。

「日本への留学を準備しています。自分の目で見た日本、体験した日本を丸ごとに友達や家族に教えたい。より多くの日本人と友達になりたいと思っているからです。中日関係を改善するには安倍首相が一番有力ではないでしょうか。中日両国が各レベルでちゃんと話しあえる未来に導いてほしい」と要望した。

尖閣諸島については公船を使って実力行使してくる中国側に問題がある。しかし中国にも、対立に戸惑い、和らげたいと思っている人たちが少なからずいる。手紙は今月、安倍首相に郵送された。ぜひ読んでほしい。（編集委員）

11 2014年(平成26年)4月4日(金曜日) 読売新聞

〒100・8055 読売新聞東京本社編集委員室 kaisetsu@yomiuri.com

論点

小さな市民交流 重ねて

日中関係改善への一歩

段《だん》 躍中《やくちゅう》氏

「中国青年報」記者を経て1991年来日。新潟大院博士課程修了。96年に日本で出版社「日本僑報社」設立、編集長。55歳。

領土や歴史認識に関する主張が対立する日中関係の改善は、残念ながら、当面は望めない。そんな中で、市民の立場からも、少しでも関係が良い方へ向かうよう、自ら考えて行動すべきではないだろうか。

私も微力ながら相互理解に役立てばと、6年前から東京・西池袋公園で「漢語角」という中国語の交流会を行ったり、中国で日本語を勉強している学生が対象の日本語作文コンクールを主催したりしている。コンクールは今年で10回目を迎え、毎年約3000もの作品が寄せられる。応募数は、日中関係が悪化した2012年以降も減っていない。日本語の水準は様々だが、「中国のごく普通の若者が一生懸命日本語で書いたもの」という点で共通しており、非常に大きな意味を持つと思う。

彼らの多くは日本のアニメやドラマなどのサブカルチャーから日本に興味をもったようで、今年は作文コンクールのテーマの一つを「ACG(アニメ・コミック・ゲーム)と私」としたほどだ。日本語を学ぶには至らないが、そうしたものが大好きな中国人は多い。日本の企業が作った電化製品や自動車などを高く評価し、好んで購入する人たちも常に存在する。つまり、中国には相当数の「日本ファン」がいるのだ。

そこで、日本国民にお願いしたいのが、「日本ファン」のサポートだ。

例えば、最近は日本各地で中国人旅行者と遭遇する機会が多くなっていると思う。買い物のためだけに来日したという印象を持たれるかもしれないが、彼らにとって日本への旅費は決して安くなく、「日本を楽しもう」という思いは、欧米からの旅行者より強いかもしれない。サポートとは、中国人旅行者が困っているのを見かけた時、ほんの少しでも手を差しのべてもらえないかということだ。道に迷っているなら交番を教えるだけでもいい。店舗内なら、店員を呼んで来るだけで構わない。小さな親切は良い思い出として残り、帰国後に周囲に語られ、さらにその周囲にも広がる。一つの〝小さな国際交流〟で影響を与えられる人数は少なくても、その機会が多ければ多いほど、影響される人数も増えていく。

ほかにも、市民にできる行動はある。

先日、昨年の日本語作文コンクールの受賞作をまとめた書籍「中国人の心を動かした『日本力』」に関する読売新聞の記事を読んだ女性から、3冊注文が入った。後日頂戴したはがきには、1冊は自分用、1冊は日本人の友人、もう1冊は中国から来た友人にプレゼントしたと書いてあった。私は感激するとともに、草の根交流を推進する者として、非常に刺激を受けた。

今はフェイスブックやツイッターなどもある。街で見知らぬ中国人に声をかけることができなくても、こうしたツールを活用して一般市民が両国の「良い部分」を伝え、広められる。それを読んだ中国人から、拙い日本語で書かれたメッセージを日本人が受け取る日が来れば、日中関係が改善に向かう、小さいが確実な一歩となるだろう。

THE YOMIURI SHIMBUN
讀賣新聞　2014年9月22日

popstyle ポップスタイル・クール
Cool

受験、恋…関心は同じ

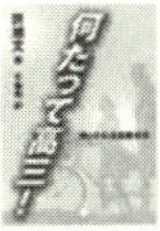

I love JPN

日本僑報社編集長
段躍中さん 56
DUAN Yuezhong

「中国の若者の間での日本のサブカルチャーの影響力を思い知りました」。中国で日本語を学んでいる学生が対象の日本語作文コンクールを主催しているが、10回目の今年、テーマの一つを「ＡＣＧ（アニメ・コミック・ゲーム）と私」にしたら、過去最多の4133人の応募者のうち約８割が、それを選んだからだ。

中国の全国紙「中国青年報」記者を経て、1991年８月に来日し、日本生活は23年になる。95年に新潟大学大学院に入学し、中国人の日本留学についての研究に取り組んだ。96年に「日本僑報社」を設立、まず月刊誌刊行を始めた。「日中の相互理解のために役立つ良書を出版したい」との思いから、中国のベストセラーの邦訳などを出している。

2006年には、大学受験生たちを描いた中国のベストセラー小説『何たって高三！　僕らの中国受験戦争』の邦訳を出版。昨年９月には、不倫や老いらくの恋などの人間模様を描いた現代小説『新結婚時代』の邦訳書を出した。「中国社会は大きく変化を遂げており、日本人と中国人の関心事が重なるケースが多くなってきています」

▲中国人の日本語作文集や中国小説の邦訳本を書棚から取り出す段躍中さん（東京都内の日本僑報社で）

中国人の作文コンクールの作品集も毎年出版しており、第９回のタイトルは『中国人の心を動かした「日本力」』だった。一方、日本の書籍の版権を取り次ぎ、中国で出版する仲立ちもつとめている。その成果の一つとして、日本の与野党政治家の思いをまとめて02年に出た『私が総理になったなら　若き日本のリーダーたち』が、04年に中国で翻訳・出版された。「今後も『日本力』を中国に伝える仕事をしていきたい」と力を込める。

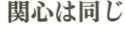

オピニオン　12版▲　2012年（平成24年）12月24日　月曜日

朝日新聞

風　北京から

坂尻 信義

日本語を学ぶ　若者の草の根交流が氷を砕く

この冬2度目となる雪化粧が北京にほどこされた14日、中国各地で日本語を学ぶ学生が日本大使公邸と棟続きのホールに集まった。「中国人の日本語作文コンクール」の表彰式に出席するためだ。

日中関係の書籍を出版する日本僑報社（東京・池袋）の主催で、今年で8回目。同社編集長の段躍中さん(54)は1991年、日本に留学した妻を追って、共産主義青年団の機関紙・中国青年報を辞めて来日した。アルバイトのない日は巣鴨の4畳半アパートと豊島区立図書館を往復する生活で、50音から日本語を学んだ。B5サイズ18㌻のタブロイド判情報誌から始め、これまでに出版した書籍は約240冊にのぼる。

今年のコンクールには、中国の大学、専門学校、高校、中学の計157校から2648編が寄せられた。応募資格は「日本留学の経験がない学生」。優秀賞数編の中から日本大使が選ぶ最優秀賞の受賞者には、副賞として1週間の日本行きが贈られる。

会場で、昨年の最優秀賞を受けた胡万様さん(21)が、かいがいしく準備を手伝っていた。北京の国際関係学院4年。東日本大震災後、インターネットの掲示板に「ざまみろ」と書き込んだ高校時代の同級生との対立と和解を描いた作文「王君の『頑張れ日本』」で受賞し、今年2月に日本を初めて訪れた。

日本に行ったら「すべてを見たい」と昨年の表彰式で話した胡さんは、卒業後の日本留学を目指している。

今年の最優秀賞に選ばれたのは、中国内陸部にある湖北大外国語学院日本語学科4年の李欣晨さん(21)。受賞作「幸せな現在」は、祖父の戦争体験を踏まえ、日中両国の人々が「過去の影」に縛られてはいけないと書いた。

やはり日本への留学志望の李さんは、国有企業に勤める父親から、最近の日中関係の悪化を受けて難色を示されていた。でも、今回の受賞で「私が自分の目で見た日本が『想像した通りに人々が優しく、景色がきれいだったら、留学を支持する』と父親は言ってくれました」と、うれしそうだった。「やさしい響きが好き」という日本語の教師になることが、将来の夢だ。

今年あった、もうひとつの「日本語・提言コンテスト」の表彰式も、印象深かった。1等賞に選ばれた河南省の安陽師範学院3年、韓福艶さん(22)は「苦しい選択　日本語科」と題し、中国の農村部でこそ日中交流が必要と訴えた。子供のころ、テレビで見る戦争映画の日本兵は、鬼のような人物ばかりだった。

日本のアニメに魅せられて日本語を専攻したという韓さんは「私の選択が間違っていなかったことを両親に証明したい」と語った。

こちらの表彰式は、満州事変の発端となった柳条湖事件から81年の9月18日だった。中国では「国恥の日」と呼ばれるこの日、日本政府による尖閣諸島国有化に反発したデモが中国国内約100都市で燃え上がっていた最中で、会場探しに苦労したという。

こうした草の根交流が、運営資金の工面に苦しみながら、細々と続けられている。

大使不在の公邸の日本庭園は、雪のあとに降った雨が凍りつき、先週の雪でまた白く染まった。6年前、当時の安倍晋三首相が日中関係を修復するため決断した訪中が、中国で「破氷の訪問」と呼ばれていたことを、ふと思い出した。

（中国総局長）

朝日新聞

2014年（平成26年）
1月27日

風　北京から

古谷 浩一

悪化する日中関係　それでも日本語を学ぶ若者

言うまでもなく、日中関係はとても悪い。こんなとき、中国で日本語を学ぶ若者たちはいったい何を感じているのだろうか、と思った。

「本当にいいのか。日本語なんて勉強しても将来性はないだろう」。日本僑報社が主催する「中国人の日本語作文コンクール」で1等賞をとった李佳南さん(21)は、受賞作文のなかで、父親にそう言われた経験を書いていた。それでも彼女は、福建省にある華僑大学日本語学科に入学した。「（両国民が）互いに尊敬し、助け合える日が来るだろう」と信じているという。

李さんに会ってみたいと思い、電話をした。「えっ」と驚いた様子の李さんだったが、すぐに承知してくれた。日本人と話す機会はほとんどないそうで、「私にとってもチャレンジです」という。

江西省の玉山県にある李さんの実家を訪ねた。省都の南昌から鈍行列車でゴトゴトと約4時間。郊外に山と農地が広がる地方の小さな街だ。

小ぎれいなアパートの部屋で、白と黒の縞のワンピースを着た李さんは、ちょっと緊張した表情で話してくれた。日本語学科に入ったのは、語学への関心からで、日本語にこだわったわけではなかったこと。両親は就職に有利な経済関係の学科を勧めたけど、合格点に達しなかったこと。

——今の中国で、日本語を学ぶって、どんな気持ち？

「別に……。でも2年生のときは最悪。勉強しても意味がないと思った」

李さんが言ったのは、一昨年の尖閣国有化の際の反日デモのことだ。「（日本語学科の）みんなは、ああ、この専門は良くないんだな、選択ミスだなって感じた」

——安倍首相の靖国参拝については？

「本当につらい。どうしてこうなっちゃうんだろう。経済や文化の面で関係を発展させるのは悪いことなのかな？私たちは私たちで勉強するしかないけど」

父親は出稼ぎに出ており、不在だった。近くの山で農業を営む祖父の達木さん(82)を李さんと一緒に訪ねた。日中戦争の時、この辺りにも日本の軍隊が来て、食べ物などを奪っていった。殺された人もいたという。ちょっと迷ったが、聞いてみた。

——孫が日本語を学ぶのは嫌ですか。

「そんなことはないよ」。達木さんは笑顔でそう言った。でも、それ以上は何を聞いても、あまり話してくれない。李さんは、私に申し訳なさそうな顔をした。

中国では今、約100万人が日本語を学んでいる。有名な日本語教師、笈川幸司氏によると、こうした学生たちにとって、31日からの春節（旧正月）は、親族のなかで居心地の悪いものになりそうだという。日中の交流がしぼめば、就職先もぐっと減る。

中国と言えば、きつい表情をした報道官が日本を厳しく批判する場面が頭に浮かぶかもしれない。日本人が中国政府の対応に怒りを感じることがあるのはよく分かる。

だけど、中国にも、私たちと同様、こんな状況は嫌だと思う人がいることも知って欲しい。対立を深める二つの政府の関係だけが、日中関係のすべてであってはならない。

取材を終え、駅に向かうタクシーのなかで、李さんに将来の希望を尋ねた。返ってきた答えは「日本に留学できれば、一番いい」。垂れた前髪の奥で、その目はずっと前を見つめていた。

（中国総局長）

産経新聞

2014年7月31日

日本僑報社編集長
段 躍中 56
（東京都豊島区）

アピール

日中友好支える日本語教師の努力

国際交流基金の日本語教育に関する調査によれば、2012年度に世界で約400万人の人々が日本語を勉強しており、うち約104万人が中国の学習者だったという。

驚いたのは、ここ数年、日中関係はどん底とも言われる冷え込みの中にあるにもかかわらず、学習者数が2009年度より20万人以上も増加しており、日本語教育機関の数も同年度比で5・4%増の1800施設だったことである。

私は毎年、「中国人の日本語作文コンクール」を主催しているが、10回目を迎えた今年、応募件数は過去最多の4133件に上った。中国での日本語学習熱は、両国関係にあまり左右されないとは感じていたが、これらの数字を目にして、それが確信に変わると同時に、感動すら覚えた。

ただ、中国の日本語学習者や日本語教師を取り巻く状況はかなり厳しいと、容易に想像できる。事実、コンクールの応募作にも、日本語を学ぶことを家族や友人に反対された経験をつづったものが数多くあった。

しかし、彼らのほとんどは外野の圧力に屈することなく日本語学習を続け、日本や日本人への理解を深め、日本語だけでなく日本のことも好きになっている。つまり、中国には日本語学習を通じて日本に好印象を抱く可能性のある人が、100万人以上もいるわけだ。

私は彼らの存在こそ、今後の日中関係において非常に重要だと考えている。現在のように両国トップが対話できない状況下で、国と国とをつなぐのは市民同士の交流以外にないと思うからだ。

日本語学習者という〝日中市民交流大使〟の育成には、日本語教師、とりわけ日本の本当の姿を正確に伝えられる日本人教師の皆さんの力添えが必要である。コンクールには、そのような高い志をもつ日本語教師をたたえる賞を設けることにした。賞が少しでも彼ら日本語教師の励みになればと心から願っている。

讀賣新聞

2013年(平成25年)
2月24日日曜日

中国人がいつも大声で喋るのはなんでなのか?

段躍中編　日本僑報社　2000円

評・須藤　靖(宇宙物理学者 東京大教授)

相互理解に様々な視点

それそれ、そうだよネ。そんな声の合唱が聞こえてくるような秀逸かつ直球のタイトル。この宇宙がダークエネルギーに支配されているのはなぜか、大阪人にパキューンと撃つマネをすると必ず胸を押さえて倒れてくれるのはなぜか、などと同レベルの深く根源的な問いかけだ。

チマチマした印税稼ぎのために軽薄な説を押し付ける似非《えせ》社会学者による使い捨て新書の類いか?という疑念も湧きそうだ(残念ながら現代社会にその手の書籍が蔓延《まんえん》しているのも事実)。しかし本書はそれらとは一線を画す、日本語を学ぶ中国人学生を対象とした「第8回中国人の日本語作文コンクール受賞作品集」なのだ。

大声で主張するのは自信と誠実さを示す美徳だと評価され学校教育で繰り返し奨励されているという意外な事実。発音が複雑な中国語は大声で明瞭に喋《しゃべ》ることは不可欠。はたまた、通信事情が悪い中国では大声で喋らないと電話が通じない、という珍説も飛び出す。公共の場所において大声で喋るのは、他人を思いやらない無神経さの表れ。日本人が抱きがちなそんな悪印象が、視点をずらすだけでずいぶん変化する。

大皿に盛られた料理を大勢で囲み、にぎやかに喋りながら楽しむ食事。知り合いを見つけるや、はるか遠くからでも大声で会話を始める農村部の人々の結びつき。想像してみると確かにうらやましい文化ではないか。いかにも文集という素朴な雰囲気の装丁の中、日中両国を愛する中国人学生61名が、文化の違いと相互理解・歩み寄りについて、様々な視点から真摯《しんし》に、かつ生の声で語りかけてくれるのが心地良い。

酔っぱらった時の声がうるさいと、家内にいつも大声で叱責される私。しかし故郷の高知県での酒席は到底太刀打ちできない喧《やかま》しさ。でも単なる聞き役に回る私ですら飛び交う大声は不快どころか楽しさの象徴だ。高知県人は深いところで一衣帯水の中国と文化を共有しているらしい。中国移住を真剣に検討すべきだろうか。

◇だん・やくちゅう=1958年、中国・湖南省生まれ。91年に来日し、新潟大大学院修了。日本僑報社編集長。

「大声で喋る」中国人と「沈黙のなか」で生きる日本人が理解し合う知恵を

佐高信の政経外科《せいけいげか》

Sataka Makoto

連載683

Layout Kazuhiro Tada

日中交流研究所所長の段躍中が編んだ『中国人がいつも大声で喋るのはなんでなのか?』（日本僑報社）という「中国人の日本語作文コンクール受賞作品集」がある。「中国若者たちの生の声」を集めたもので、第八回のコンクールの作品集だ。日本への留学経験のない中国人の学生を対象に募集された。

テーマもユニークだが、中にいろいろな声が出てくる。

大連交通大学の李書琪は、パリのノートルダム寺院には、漢字で「静かに」と注意の紙が貼ってある、と書き始める。

山東大学威海分校の李艶蕊の説明が説得力があるが、彼女の実家を含めて中国では十三億の人口のうち、九億ほどが農民であり、彼らは畑や市場で、たとえば、

「君のトウモロコシは良いね」

「そんなことないよ、天候がよくないから」

といった遣り取りを大声でする。中国人は賑やかさこそがいいことだと思っているからでもある。

李は「最近は農村から都市に移り住む人が多くなったが、彼らは大声の習慣も持ってきた」と指摘する。

長春工業大学の黄慧婷は、中国人の彼と日本人の彼女が恋人になったけれども、うまくいかなくなった時のことを書く。

「もう我慢できない。あなたと一緒にいるのは恥ずかしいのよ。いつも大声で喋るなんて、信じられない」

怒りを爆発させた彼女に、彼は一瞬黙り、にっこりと笑って言った。

「皆にはっきりと僕の気持ちを伝えるためだよ。もちろん、君にもそうだよ」

日中友好の象徴パンダの「鈍感力」が両国に必要だ

こうした違いを踏まえて、浙江大学寧波理工学院の王威は「十四億人あまりの二つの国で、たった一％の政治家や経済評論家だけが新聞やテレビにいつも出て、お互いの国の話をするのはおかしくないだろうか。国の中では、政治家や経済学者より働いている一般民衆の方がずっと多い。一つの国の本当の姿は、その国の民衆を見なければならない。利益より、文化の共感と人間の温情を強調し、他国の道徳観に対しては、責めるというより理解するという姿勢こそ両国のマスコミが持つべき態度ではないか」と提言する。

華東師範大学の銭添の「パンダを見てみよう！」も傾聴に値する。

日本と中国の間の暗い過去を乗り越え、偏狭なナショナリズムから脱して、恒久的な平和を築くためにはパンダが教えてくれる「鈍感力」が必要だというのである。

「パンダは物事に対して決して鈍いわけではなく、ただ余裕を持って過ごしているだけだ。いちいち大騒ぎするのではなく、寛容な態度で物事に接することこそ、両国国民の親近感を高めるのに最も欠かせないものなのではないか」

これを読むと、日中友好のシンボルのパンダが、また違って見えてくるだろう。

女優の檀れいは、あるテレビ番組で「海外で心惹かれる国」を問われて、「昔の中国」と答えたらしい。「昔の中国」は、現在とは逆に、「沈黙」が問題だった。

ドレイ根性を排した魯迅がこう嘆いたようにである。

「私は衰亡する民族の黙して声なき理由を知った。ああ、沈黙！　沈黙のなかで爆発しなければ、沈黙のなかで滅びるだけだ」

いまは、日本が「沈黙のなかで滅び」ようとしている。いずれにせよ、何で日本語なんか学ぶのかという白い眼の中で、それを学んだ若者たちの作文は貴重である。

【編者略歴】

段 躍中（だん やくちゅう） 1958年、中国湖南省で生まれる。中国の有力紙「中国青年報」記者・編集者などを経て、1991年に来日。2000年、新潟大学大学院で博士号を取得。1996年「日本僑報社」を設立、刊行書籍は300点を超えている。2005年から日中作文コンクールを主催、2007年8月から星期日漢語角（日曜中国語サロン）、2008年9月から日中翻訳学院を主宰している。2008年小島康誉国際貢献賞、倉石賞受賞。2009年外務大臣表彰受賞。1999年と2009年、中国国務院の招待を受け、建国50周年と60周年の国慶節慶祝行事に参列。

日本湖南省友の会共同代表、日本湖南人会会長、ＮＰＯ人日中交流支援機構理事長。北京大学客員研究員、首都経済貿易大学客員教授、同済大学国際文化交流学院海外漢学研究中心特約研究員（第一号）、中国華僑国際文化交流促進会理事、青島市帰国華僑聯合会海外顧問、中国新聞社『世界華文伝媒年鑑』編集委員。主な著書に『現代中国人の日本留学』、『日本の中国語メディア研究』など多数。

詳細：http://my.duan.jp/

第11回中国人の日本語作文コンクール受賞作品集
どうしてそうなるの？―中国の若者は日本のココが理解できない

2015年12月12日　初版第1刷発行
編　者　段躍中
発行者　段景子
発行所　株式会社日本僑報社
〒171-0021 東京都豊島区西池袋3-17-15
TEL03-5956-2808　FAX03-5956-2809
info@duan.jp
http://jp.duan.jp
中国研究書店 http://duan.jp

 ISBN 978-4-86185-208-4 C0036

日本僑報社のベストセラー書籍

日本語と中国語の落し穴
同じ漢字で意味が違う - 用例で身につく日中同字異義語 100

久佐賀義光 著　王達 監修

" 同字異義語 " を楽しく解説した人気コラムが書籍化！中国語学習者だけでなく一般の方にも。漢字への理解が深まり話題も豊富に。

四六判 252 頁 並製　定価 1900 円 + 税
2015 年刊　ISBN 978-4-86185-177-3

春草
〜道なき道を歩み続ける中国女性の半生記〜

裘山山 著　于暁飛 監修
徳田好美・隅田和行 訳

中国の女性作家・裘山山氏のベストセラー小説で、中国でテレビドラマ化され大反響を呼んだ『春草』の日本語版。

四六判 448 頁 並製　定価 2300 円＋税
2015 年刊　ISBN 978-4-86185-181-0

日中中日 翻訳必携　実戦編
より良い訳文のテクニック

武吉次朗 著

2007 年刊行の『日中・中日翻訳必携』の姉妹編。好評の日中翻訳学院「武吉塾」の授業内容が一冊に！実戦的な翻訳のエッセンスを課題と訳例・講評で学ぶ

四六判 192 頁 並製　定価 1800 円＋税
2014 年刊　ISBN 978-4-86185-160-5

病院で困らないための日中英対訳 医学実用辞典
指さし会話集＆医学用語辞典

松本洋子 編著

16年続いたロングセラーの最新版。病院の全てのシーンで使える会話集。病名・病状・身体の用語集と詳細図を掲載。海外留学・出張時に安心。医療従事者必携！

A5 判 312 頁 並製　定価 2500 円＋税
2014 年刊　ISBN 978-4-86185-153-7

日本語と中国語の妖しい関係
中国語を変えた日本の英知

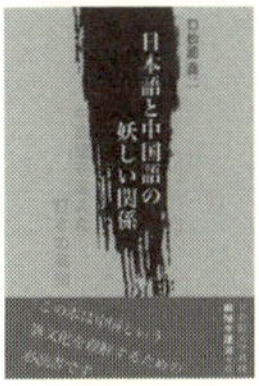

松浦喬二 著

この本は、雑誌『AERA』や埼玉県知事のブログにも取り上げられた話題作。日中の共通財産である「漢字」を軸に、日本語と中国語の特性や共通点・異なる点を分かりやすく記している。

四六判 220 頁 並製　定価 1800 円＋税
2013 年刊　ISBN 978-4-86185-149-0

中国人がいつも大声で喋るのはなんでなのか？
中国若者たちの生の声、第８弾！

段 躍中 編　石川好氏推薦

大声で主張するのは自信と誠実さを示す美徳だと評価され学校教育で奨励。また、発音が複雑な中国語は大声で明瞭に喋ることは不可欠。など日本人が抱きがちな悪印象が視点をずらすだけでずいぶん変化する。（読売新聞書評より）

A5 判 240 頁 並製　定価 2000 円＋税
2012 年刊　ISBN 978-4-86185-140-7

新中国に貢献した日本人たち
友情で綴る戦後史の一コマ

中国中日関係史学会 編
武吉次朗 訳

埋もれていた史実が初めて発掘された。日中両国の無名の人々が苦しみと喜びを共にする中で、友情を育み信頼関係を築き上げた無数の事績こそ、まさに友好の原点といえよう。元副総理・後藤田正晴

A5 判 454 頁 並製　定価 2800 円＋税
2003 年刊　ISBN 978-4-93149-057-4

中国人の心を動かした「日本力」
日本人も知らない感動エピソード

段 躍中 編　石川好氏推薦

「第９回中国人の日本語作文コンクール受賞作品集」。朝日新聞ほか書評欄・NHK でも紹介の好評シリーズ第９弾！反日報道が伝えない若者の「生の声」。

A5 判 240 頁 並製　定価 2000 円＋税
2013 年刊　ISBN 978-4-86185-163-6

中国の " 穴場 " めぐり
ガイドブックに載っていない観光地

※ブックライブ http://booklive.jpから電子書籍をご注文いただけます。

日本日中関係学会 編著
関口知宏氏推薦

本書の特徴は、単に景色がすばらしいとか、観光的な価値があるとかいうだけでなく、紹介を通じていまの中国の文化、社会、経済の背景をも浮き彫りにしようと心掛けたことでしょうか。（宮本雄二）

A5 判 160 頁（フルカラー）並製　定価 1500 円 + 税
2014 年刊　ISBN 978-4-86185-167-4

新疆物語
〜絵本でめぐるシルクロード〜

王麒誠 著
本田朋子（日中翻訳学院）訳

異国情緒あふれるシルクロードの世界
日本ではあまり知られていない新疆の魅力がぎっしり詰まった中国のベストセラーを全ページカラー印刷で初翻訳。

A5 判 182 頁 並製　定価 980 円＋税
2015 年刊　ISBN 978-4-86185-179-7

※ご注文先は、奥付に記載されています。

僑

日本図書館協会選定図書（日本僑報社の刊行書籍より）

日中関係は本当に最悪なのか

政治対立下の経済発信力

日中経済発信力プロジェクト 編著

２万社の日系企業が 1000 万人雇用を創出している中国市場。経済人ら 33 人がビジネス現場から日中関係打開のヒントを伝える！

四六判 320 頁並製 定価 1900 円＋税
2014 年刊 ISBN 978-4-86185-172-8

人民元読本

今こそ知りたい！中国通貨国際化のゆくえ

陳雨露 著
森宣之（日中翻訳学院）訳
野村資本市場研究所シニアフェロー・関志雄氏推薦

本書は、貨幣史や、為替制度、資本移動の自由化など、様々な角度から人民元を分析。「最も体系的かつ権威的解説」

四六判 208 頁並製 定価 2200 円＋税
2014 年刊 ISBN 978-4-86185-147-6

ことづくりの国」日本へ

そのための「喜怒哀楽」世界地図

関口知宏 編
ＮＨＫ解説委員・加藤青延氏推薦

鉄道の旅で知られる著者が、世界を旅してわかった日本の目指すべき指針とは「ことづくり」だった！と解き明かす。「驚くべき世界観が凝縮されている」

四六判 248 頁並製 定価 1600 円＋税
2014 年刊 ISBN 978-4-86185-173-5

日本の「仕事の鬼」と中国の＜酒鬼＞

漢字を介してみる日本と中国の文化

冨田昌宏 著

鄧小平訪日で通訳を務めたベテラン外交官の新著。ビジネスで、旅行で、宴会で、中国人もあっと言わせる漢字文化の知識を集中講義！

四六判 192 頁並製 定価 1800 円＋税
2014 年刊 ISBN 978-4-86185-165-0

日中対立を超える「発信力」

中国報道最前線　総局長・特派員たちの声

段 躍中 編

未曾有の日中関係の悪化。そのとき記者たちは…日中双方の国民感情の悪化も懸念される 2013 年夏、中国報道の最前線の声を緊急発信すべく、ジャーナリストたちが集まった！

四六判 240 頁 並製 定価 1350 円＋税
2013 年刊 ISBN 978-4-86185-158-2

新版 中国の歴史教科書問題

―偏狭なナショナリズムの危険性―

袁偉時（中山大学教授）著
武吉次朗 訳

本書は『氷点週刊』停刊の契機になった論文『近代化と中国の歴史教科書問題』の執筆者である袁偉時・中山大学教授の関連論文集である。

A5 判 190 頁 並製 定価 3800 円＋税
2012 年刊 ISBN 978-4-86185-141-4

日中外交交流回想録

林祐一 著

林元大使九十年の人生をまとめた本書は、官と民の日中交流の歴史を知る上で大変重要な一冊であり、読者各位、特に若い方々に推薦します。
衆議院議員 日中協会会長 野田毅 推薦

四六判 212 頁 上製 定価 1900 円＋税
2008 年刊 ISBN 978-4-86185-082-0

わが人生の日本語

劉 徳有 著

大江健三郎氏推薦の話題作『日本語と中国語』（講談社）の著者・劉徳有氏が世に送る日本語シリーズ第４作！日本語の学習と探求を通して日本文化と日本人のこころに迫る好著。是非ご一読を！

A5 判 332 頁 並製 定価 2500 円＋税
2007 年刊 ISBN 978-4-86185-039-4

『氷点』事件と歴史教科書論争

日本人学者が読み解く中国の歴史論争

佐藤公彦（東京外語大学教授）著

「氷点」シリーズ・第四弾！
中山大学教授・袁偉時の教科書批判の問題点はどこにあるか、張海鵬論文は批判に答え得たか、日本の歴史学者は自演と歴史認識論争をどう読んだか…。

A5 判 454 頁 並製 定価 2500 円＋税
2007 年刊 ISBN 978-4-93149-052-3

『氷点』停刊の舞台裏

問われる中国の言論の自由

李大同 著
三潴正道 監訳　而立会 訳

世界に先がけて日本のみで刊行！！
先鋭な話題を提供し続けてきた『氷点』の前編集主幹・李大同氏が、停刊事件の経緯を赤裸々に語る！

A5 判 507 頁 並製 定価 2500 円＋税
2006 年刊 ISBN 978-4-86185-037-0

※ご注文先は、奥付に記載されています。